Fritz Meyer-Scharffenberg
Zwischen Strom und Haff

Fritz Meyer-Scharffenberg

Zwischen Strom und Haff

Warnemünde, Nienhagen,
Bad Doberan, Heiligendamm,
Kühlungsborn, Rerik

Überarbeitet von Klaus Meyer

Mit Federzeichnungen von
Dietrich Becker

VEB Hinstorff Verlag Rostock 1987

ISBN 3-356-00143-4

9. (3. überarbeitete) Auflage 1987. Lizenz-Nr. 391/240/83/87
Printed in the German Democratic Republic
Einbandgestaltung: Dietrich Becker
Herstellung:
INTERDRUCK Graphischer Großbetrieb Leipzig – III/18/97
Bestell-Nr. 522 552 9

00830

Lieber Leser!

Die über tausend Jahre umfassende Kunde vom Raum zwischen Warnemünde, Doberan und Rerik enthält eine Fülle historischer Ereignisse, und eine gewissenhafte Sichtung des umfangreichen Stoffes war nicht leicht. Die vorhandene aufschlußreiche Literatur über diese Landschaft befaßt sich vorwiegend nur mit eng abgegrenzten Gebieten oder mit der Kirchen- und Fürstengeschichte. Mein Bemühen ging deshalb dahin, eine zusammenfassende und erweiterte Schilderung aus der Sicht unserer Tage über das mannigfaltige Wirken der Bevölkerung in diesem Küstengebiet zu geben, wobei ich nicht den Anspruch auf Vollständigkeit erheben kann. Sollte es mir aber gelungen sein, der tätigen Liebe zur Heimat, mit diesem Buche neuen Auftrieb zu geben, so wäre der Zweck des Mühens erreicht. Allen Freunden, die mir selbstlos halfen und bei der Beschaffung des Quellenmaterials behilflich waren, sei herzlichst gedankt.

Fritz Meyer-Scharffenberg

Warnemünde

Seewärts, vorbei an der Kartause

Landungsbrücken sind für Reisende in aller Welt mit freudigen wie wehmütigen Empfindungen verbunden. Fern- und Heimweh machen dem Scheidenden zu schaffen und ringen miteinander, auch dann noch, wenn sein Fuß schon längst auf den Planken eines Schiffes steht. Doch in diesen Zwiespalt der Gefühle geraten nicht wir, die auf der Brücke am Kabutzenhof in Rostock auf die Abfahrt warten, denn von dort geht die Fahrt nur bis Warnemünde und, wenn es sein muß, am selben Tage noch zurück. Wir wissen aber: hinter Warnemünde rauscht die weite See, und das Fernweh streift uns leise ...

Aus Nordwest weht eine leichte Brise, und die Warnow schimmert mattgrau, altem Silber gleich. Der Blick schweift über das jenseitige Ufer. Bäume, Villen, Alleen, Segel- und Ruderboote wirken wie bunte Tupfen, eine Fähre furcht durch die kaum merkbar fließende Flut, und drüben, unter dem Gehlsdorfer Ufer, wartet jemand im grüngestrichenen Kahn auf den großen Fisch.

Einst gehörte das Land um Toitenwinkel, das die Dörfer Gehlsdorf, Krummendorf, Oldendorf, Peez, Hinrichsdorf, Nienhagen, Goorsdorf, Lübbersdorf und Häschendorf umfaßt, den Herren von Moltke. Unter ihnen war einer, der zur Zeit Wallensteins dessen kühne Reformpläne vertrat und dafür nach der Rückkehr des landesflüchtig gewesenen mecklenburgischen Herzogs bitter büßen mußte. Doch das ist lange her; viel Wasser floß seitdem die Warnow hinunter. Aber wer träumt nicht gern auf so einer kleinen umspülten Brücke?

Es ist noch Zeit bis zur Abfahrt unseres Dampfers. Ir-

gendwann war doch einmal im Geschichtsunterricht von dem dänischen König Erich die Rede, der sich als Herrscher über Rostock fühlte und zu Pfingsten anno 1311 mit prunkendem Gefolge und vollen Segeln die Warnow heraufgerauscht kam, um mit anderen Fürsten in Rostock ein Turnier abzuhalten und den Bürgern vor allen Dingen seine Macht zu zeigen. Doch die selbstbewußten Rostocker schlossen die Tore und ließen den König wissen, daß eine solche Unruhe ihrer Stadt nicht gut täte, so daß Erich von Dänemark seine Zelte am Ufer bei Toitenwinkel vor der Stadt aufschlagen mußte und nun außerhalb der Mauern durch glänzende Reiterspiele in Purpur und Atlas, mit Wein und Bier und allen erdenklichen Genüssen einer üppig beladenen Tafel die Bürger zu blenden versuchte.

Schweißer sind es, die mich mit ihrem plötzlich aufblitzenden Licht in den Werktag unserer Zeit zurückrufen. Welch Unterschied! Jenseits der Warnow das Idyll und die Verführung, der Vergangenheit nachzusinnen, und auf dieser Seite der hämmernde Rhythmus der Gegenwart, die alte Neptunwerft, in der moderne Schiffe mit Dieselmotorenantrieb entstehen. Die „Saßnitz“ und die „Warnemünde“ wurden auf dieser Werft gebaut. Zusammen mit der größ-

ten Eisenbahnfähre Europas, der schwedischen „Trelleborg“, wurden sie 1959 und 1963 für den Trajektverkehr zwischen Skandinavien und der Deutschen Demokratischen Republik in Dienst gestellt.
Die Hilfe der Sowjetunion ermöglichte es, daß die Werft nach 1945 wieder arbeitsfähig wurde, und nicht nur das, denn auf dem Werftgelände sind heute Kultur- und Sozialeinrichtungen vielfältiger Art für die Werftangehörigen geschaffen worden. In einem vorbildlichen Klubhaus befindet sich ein großer Festsaal für kulturelle Veranstaltungen, an denen auch die Bevölkerung regen Anteil nimmt; Musik- und Spielzimmer wie auch Arbeitsräume für besondere Neigungen der Werktätigen, die in Mal-, Grafik-, Foto-, Modellbau-, Volkskunst- und mehr Zirkeln vereinigt sind, weist dieses Klubhaus auf, und eine Tanzgaststätte dient der fröhlichen Entspannung. Im selben Gebäude liegt auch eine modern eingerichtete Poliklinik für ambulante Behandlung durch Fachärzte. Auf der anderen Seite der Warnow wurde in Gehlsdorf für die Angehörigen der Neptunwerft ein Nachtsanatorium geschaffen, in dem der Werktätige, der ein Heilverfahren benötigt, wohnt und betreut wird, wie er auch von dort aus seiner Arbeit nachgehen kann.
Inzwischen haben die Felder und Wiesen um Toitenwinkel ihr Gesicht verändert. Wo 1958 noch geackert wurde, stehen moderne Bauten, laufen breite Straßen von Süd nach Nord, durchqueren Eisenbahnschienen das Land, laden und löschen die 10000-Tonner an neuen Kaianlagen des Petersdorfer Ufers. In der frischen Brise flattern die Flaggen vieler Nationen, deren Schiffe Rostock in großer Zahl anlaufen. Es ist ein weltweiter Atem, der über die Warnowmündung weht und die Geister bewegt.
Der kleine weiße Dampfer tutet herausfordernd. Beeile dich, Träumer, sonst geht die Fahrt ohne dich davon. Die Schiffsschraube schlägt das matte Silber zu sprudelndem Schaum. Ich springe ohne lange Überlegung an Bord, denn der Bootsmann hat den Laufsteg bereits fortgenommen.

Wie auf einem Aquarell hebt sich vom grünblauen Himmel die Silhouette Rostocks ab. Neben mir blicken wohl ein Dutzend Jungen über die Reling. Es sind Oberschüler, die in wenigen Monaten ihr Abitur machen werden. Die Werft ist es, auf die sie ihr Augenmerk richten, die hämmernde Neptunwerft mit den im Dock liegenden Schiffskörpern, den riesigen Armen der Krananlagen. Wie Filigranwerk stehen die stählernen Gerüste gegen den Himmel. Die jungen Menschen haben ein gutes Auge für alles. Sie achten darauf, daß die Silhouette der alten und heute so neuen Stadt bei ihren Aufnahmen den Hintergrund bildet – aber im Vordergrund steht die Werft!

„... im Vordergrund steht die Werft!" Ja, immer noch, auch heute, über zehn Jahre nach der letzten durchgesehenen Auflage dieses Buches. „August Neptun" nennen viele Rostocker liebevoll ihre Werft. Sie bestimmt das Profil der Stadt entscheidend mit.

Nimmt man die Länge zum Maßstab, lief das größte Schiff 1972 vom Stapel. Es war die Fähre „Rügen" mit ihren 152,74 Metern vom Bug bis zum Heck. Sie verkehrt heute zwischen Saßnitz und Trelleborg.

Auch ich habe die gute alte „Undine" am Kabutzenhof bestiegen und mich abwärts tragen lassen, den Fluß hinunter. Doch, auf der Werft hämmert es noch. Aber es sind nicht die Niethämmer längst Chronik gewordener Zeiten, die den Takt angeben, sondern es ist der Puls unserer Stadt, der hier schlägt und gemessen werden kann.

In moderner Schweißtechnik wurden in den letzten Jahren Stückgutfrachter vom Typ „Poseidon" oder „Neptun" auf Kiel gelegt oder 13000-Tonner des Typs „Lam Dousie". Daß sich die Technologien von Jahr zu Jahr verbesserten, braucht wohl kaum noch erwähnt zu werden. Aber imposant ist es schon, wenn heute die Zweipunktkiellegung angewendet wird.

Nichts sieht man davon, wenn die „Undine" an der Werft vorbeigleitet. Aber jeder Schiffbauer kann es einem erklären. „Das ist so", würde er sagen, „früher – und das ist

erst ein paar Jahre her – früher haben wir das Schiff von einem Punkt aus nach zwei Seiten hin gebaut, also in Richtung Bug und Heck. Heute beginnen wir an zwei Punkten. Da ist höchste Präzision gefordert, klar. Jeder muß auf den hundertstel Millimeter genau sein, denn es wird immerhin nach vier Seiten gebaut, und stimmen soll es hinterher ja auch, nicht? Glauben Sie man ja nicht, daß auch nur einer unserer Handelspartner ein Auge zudrückt, weder die Freunde, noch die Inspektion unserer Handelsflotte, auch die Abnahmekommissionen anderer sozialistischer Länder nicht. Und dann der Kapitalist erst!"
536 Schiffe wurden von 1945 bis 1979 gebaut, die fast 300 Kleinfahrzeuge nicht mitgerechnet. Und nebenbei – jedem Neptuner wird das wie abwertend klingen – sind die Reparaturleistungen für internationale Auftraggeber überdurchschnittlich gestiegen.
Nicht nur die Schiffe haben die Werft zum Begriff gemacht, sondern auch ihr Kulturhaus. Viele repräsentative Veranstaltungen haben hier stattgefunden. Wenn Rostock nun auch über eine neue Sport- und Kongreßhalle verfügt, manch einer wird sich mit etwas Wehmut an Konzerte, Theateraufführungen und Ballettabende bei „August Neptun" erinnern. Und alles zu volkstümlichen Preisen, versteht sich!
Natürlich steht das Kulturhaus heute nicht leer. Fragen Sie mal einen, der dabei war, ob er die Veranstaltungsreihe „In den besten Jahren" missen möchte. Oder lassen Sie sich von einem Neptunwerker mal zum Familiensonntag mitnehmen, rund um die Uhr fast, mit Frühschoppen, Kinderfest, Mittagessen, Preisskat, Kaffee und Kuchen, kulturellen Darbietungen.
Und so hervorragende Volkskunstkollektive wie der Kammerchor der Werft und das Arbeitertheater prägen das kulturelle Gesicht Rostocks mit. Angehörige des Zirkels schreibender Arbeiter wirken weit über das Werfttor hinaus.
Vieles könnte man noch erwähnen, aber Großmutter „Undine" gewinnt an Fahrt.

Die Gedanken eilen noch einmal zurück, bis in die Zeiten der Kolonisation, als westfälische und niederländische Einwanderer die Wälder rodeten, Sümpfe trockneten und Hütten und feste Bauten schufen. In späterer Zeit hat sich die Stadt Rostock durch Taten voll tapferen Widerstandes gegen Landesherren und übermütige Ritter in die Geschichte eingetragen. Sie hat sich in schwierigen Situationen ohne kaiserliche Hilfe selbst geholfen. So wuchs sie zur größten und weltzugewandten Stadt Mecklenburgs heran.

Wenn Rostocker Unterhändler zu den Fürsten gingen, trugen sie nicht selten unter dem Wams den Harnisch. Damit aber diese Harnischträger nun nicht selbst übermütig wurden, waren Handwerker, Schiffer und Arbeiter immer bereit, aufkommenden Übermut nachdrücklich zu kühlen.

„Der schwarze Köter von St. Petri", wie der Lutheranhänger Joachim Slüter von seinen Gegnern genannt wurde, predigte in unmißverständlichem Plattdeutsch, das gemeine Volk unterstützte ihn und half dem Fortschritt schnell voran. Herzog Karl Leopold sperrte die Rostocker Abgesandten in Doberan vergebens in überheizte Kammern. Mitten im Leben stehend, die Philosophie liebend, Physik und Mathematik achtend, lehrten die Professoren. In Rostocks Mauern wurde Feldmarschall Leberecht von Blücher geboren, und der plattdeutsche Erzähler John Brinckman gehörte zu den Söhnen der Stadt.

Feuersbrünste wüteten an alten Baudenkmälern, doch noch immer stehen die trutzigen Tore, und der mitreißende Schwung der gotischen Kirchenbauten ist zum Teil geblieben, trotz der Bomben, die aus Kunstwerken Ruinen schlugen.

Noch immer schauen hinter der vorgehängten barocken Schürze die ausdrucksstarken sieben Türme des Rathauses über den Markt, von vielen Heimatdichtern wieder und wieder besungen. Schon die Handwerksburschen des Mittelalters sagten:

Säven Döhren tau Sankt Marien-Karken,
Säven Straten von den' groten Markte,
Säven Dohre so dar gahn tho Lande,
Säven Kopmannsbrüggen by dem Strande,
Säven Thören so up den' Radhuß stahn,
Säven Klocken so dar däglich schlahn,
Säven Linden up den' Rosengarden,
Dat sünd de Rostocker Kennewarden.

Die dem Erdboden gleichgemachten Profanbauten um den Marktplatz sind aus der Asche neu erstanden. Moderne Straßenzüge stehen an Stelle der zerbombten, und ganze Stadtteile wachsen überraschend schnell empor. Mitten durch Rostock führt eine neue Prachtstraße. Sie ist aus Schutt und Trümmern im Rhythmus unserer Tage entstanden. Wenn sich künftig ehemalige Gäste Rostocks irgendwann und irgendwo der Hafenstadt erinnern, dann wird es neben anderen Bauwerken diese Straße sein, deren Bild sich ihnen eingeprägt hat.
Rostock ist eine alte Stadt? Das mag der Träumer glauben! Rostock ist eine junge Stadt. Künftige. Generationen werden Wunder erleben, nachdem das Tor zur Welt durch den neuen Hafenbau noch weiter, noch breiter aufgestoßen wurde.
Und sie werden über ihre Wunder unsere vergessen. Meinem Vater mag die Lange Straße noch als Prachtstraße erschienen sein. Ich empfinde sie heute als bemerkenswert in der Einheitlichkeit ihres herben Stils, zaghafter erster Flirt mit der Backsteingotik vergangener Jahrhunderte. Anheimelnder wirkt auf mich der Boulevard mit dem sich nun kräftig zur norddeutschen Bautradition bekennenden Eckhaus an der Breiten Straße, das 1979 aus industriell vorgefertigten Teilen zusammengesetzt wurde. Und ich bin gespannt auf die neuen Wohnquartiere, die dort entstehen werden, wo die Altstadt teilweise abgerissen werden mußte.
Noch immer wachsen ganze Stadtteile „überraschend

schnell empor“. Das vorläufige Ende des Rostocker Baubooms ist mit dem Bau des Wohngebietes im Raum Dierkow-Brinckmansdorf-Gehlsdorf konzipiert. Aber weiß man ’s?

1953 hatte es mit dem Bau von Reutershagen I begonnen. Inzwischen sind Reutershagen II, die Südstadt, Lütten Klein, Evershagen, Lichtenhagen und Schmarl entstanden. Während ich diese Zeilen schreibe, ziehen täglich neue Familien ins entstehende Groß Klein. Wenn es fertig ist, haben Rostocker Bauleute rund 50 985 Wohnungen montiert, in denen zirka 168 900 Menschen leben werden.

Gewiß, der Blick den Strom hinunter ist schöner, auch kann man ihn noch auf dem Grün des rechtsseitigen Warnowufers ruhen lassen. Wenn unsere „Undine“ vielleicht gerne die backbordseitigen Bullaugen schließen möchte – sie kommt hier in der Saison jeden Tag ein paarmal vorbei – werfen Sie ruhig einen Blick auf das linke Warnowufer. Schönheit hin und Schönheit her – die Rostocker wollen mit dem Nötigen und auch mit Komfort versorgt werden. Da liegen die Industrieanlagen des Bauwesens, da breiten sich Komplexe der Lebensmittelindustrie aus und Lagerhallen. Schornsteine des Heizkraftwerkes müssen akzeptiert werden, wenn man warme Wohnungen will. Wer weiß, daß für den Bau dieses Industriegebietes die rationellste und optimalste Variante gefunden wurde, den versöhnt das vielleicht mit seinem Anblick. Alle Investitionen wurden vorher koordiniert und konnten zentral vorfinanziert werden. Kein Betrieb bekam hier die Gelegenheit, nur bis zu seinem Bauzaun zu denken. Geld und Kapazitäten wurden sinnvoll eingesetzt.

Freundlicher stimmt die Skyline von Evershagen am Horizont. Sähe man diesen Stadtteil von oben, man würde eine gewisse Ähnlichkeit mit Lichtenhagen entdecken. Das Bild beider ist von großförmigen Mäandern geprägt. In Lütten Klein herrscht dagegen die straffe Häuserzeile vor. Doch dieser Stadtteil wird unserem Blick weitgehend vom fröhlichen Schmarl verdeckt, mit seinen farbigen Fassaden

und weitschwingenden runden Formen. Abgeschrägte windbrechende Ecken sind die bestimmenden Formen von Groß Klein. Jeder Stadtteil hat sein unverwechselbares Gesicht.
Nimmt man die Mieten als Vergleichsgrundlage, liegt Rostocks Bauwesen unter den Bedingungen des industriellen Massenwohnungsbaus mit an der Spitze in der DDR, dem sozialistischen Lager und in der Welt. Die Versorgung mit Schulen und Kindergärten ist ohne Beispiel.
Nach mehr Kinos, Gaststätten, Kultureinrichtungen, nach bitter nötigen Klubs für Jugendliche und umweltfreundlichen Arbeitsmöglichkeiten in den Stadtteilen höre ich fragen. Nun, es ist nicht so, daß die Experten nicht wüßten, was fehlt. Prof. Dr. Rudolf Lasch, der Chefarchitekt der Stadt, antwortet so: „Die Lebensqualität in den Stadtteilen wird von den Fixpunkten ‚Arbeiten, Wohnen, Freizeitgestaltung' bestimmt. Darüber besteht eine Gesamtplanung. Aber irgendwo mußte man anfangen, und der Wohnungsbau steht an erster Stelle. Daran lassen wir nicht rütteln. Für das Freizeitangebot haben wir einiges getan. Noch nicht genug. Das ist klar. Aber auch da wird es weiter vorangehen. Und wir haben unser Augenmerk auch darauf, Arbeitsplätze im Wohngebiet zu schaffen. Wir suchen nach optimalen Strukturen. Ich bin sicher, daß wir sie finden werden. Wissen Sie, wir in Rostock haben eine langfristige Planung und verwirklichen sie Schritt für Schritt. Wir werden das bewährte Schrittmaß beibehalten."
Dieses Schrittmaß ist von produktiver Unruhe getrieben. Daher bestimmen Rostocker Bauleute die Weltspitze mit. Von ungefähr kommt das nicht. Rostocker sind immer auf dem Sprung, Neues aufzunehmen, Kritik und Selbstkritik zu üben, Vorschläge zu machen. Es gab keine Großbauphase ohne Diskussion zwischen Partei, Staatsapparat, Bauschaffenden, Künstlern und Bürgern.
In einem Gespräch erklärte der Hauptarchitekt, Dipl. Ing. NPT Peter Baumbach, das fruchtbare Rostocker

Bauklima so: „Entscheidende Voraussetzung für unsere schöpferische Arbeit war das enge Vertrauensverhältnis zu den gesellschaftlichen Auftraggebern. Darauf vertrauend, konnten wir viel experimentieren."
Vielleicht noch ein Grund anzunehmen, warum Rostocker Schrittmaß auch morgen und übermorgen gut sein wird, ist eine weitere Äußerung Peter Baumbachs. Sie zeugt von Verantwortungsbewußtsein und davon, daß Menschen aus Fleisch und Blut, Menschen mit Verstand und Gefühl das Baugeschehen mitbestimmen. „Für Aufgaben derartiger Dimensionen müssen die Kräfte über Jahre hinweg zusammenwachsen. Und in diesem Prozeß gibt es für jeden Beteiligten Beglückendes und Trauriges dicht beieinander. An einem Tag möchte man alles in die Ecke hauen, und am nächsten Tag holt man es doch wieder hervor."
Auch die Künstler haben in den Neubaugebieten Rostocks mit kräftiger Hand Zeichen gesetzt. Giebel- und Fassadengestaltungen, Wandbilder, Plastiken und bemalte Hausdurchgänge individualisieren neben den schon genannten architektonischen Großformen die Stadtviertel.
Dieser Fakt dürfte auch noch interessant sein: Rostocks Bauschaffende haben weder für den Wohnungsbau noch für den Gesellschaftsbau mehr Geld bekommen als andere Städtebauer. Sie haben es jedoch verstanden, die materiellen Möglichkeiten mit ihrem architektonischen Anliegen in Übereinstimmung zu bringen. Würzig weht es aus Nordwest zu uns herüber. Es riecht nach Fisch, nach vielen Sorten Räucherfisch und Marinaden. In wenigen Jahren entstand in Marienehe nach 1945 auf dem Gelände der ehemaligen Heinkelwerke am linken Warnowufer das volkseigene Fischkombinat. Als im Juni des Jahres 1950 die ersten fünf Logger an einer behelfsmäßigen Brücke in Marienehe festmachten, hatten Arbeiter, Ingenieure und Wissenschaftler unseres Arbeiter-und-Bauern-Staates nach gründlichem Meinungsaustausch mit sowjetischen Fachleuten die Voraussetzung für eine serienmäßige Verwertung der silbrigen Fänge geschaffen, so daß sich ein

hochleistungsfähiges Fischkombinat entwickeln konnte. An die Stelle der langsamen Schiffswinde, die den Fang aus dem Laderaum hievte, sind elektrische Anlagen getreten; Anladehallen entstanden, Fahrrinnen wurden ausgebaggert, statt der Körbe dienen Rollenbänder zur Beförderung, eine Eisfabrik ist gebaut worden, ein neuer Hafen für Logger und Trawler wurde geschaffen, und als dies alles lief, gingen die Werkleute von Marienehe an den Bau ihrer Kultur- und Sozialeinrichtungen, um der Neptunwerft in nichts nachzustehen. Das Fischkombinat besitzt jetzt einen hervorragend gestalteten Kultursaal großen Ausmaßes für kulturelle und sportliche Veranstaltungen. Es verfügt über eine moderne Kinderkrippe und Kindertagesstätte. Seit Mai 1954 hat eine Großküche mit einem Speiseraum für 1400 Personen ihren Betrieb aufgenommen.
Volkseigene Betriebe in der Deutschen Demokratischen Republik leben in keiner Weise von der Hand in den Mund; so hat auch das Fischkombinat längst an seinen Nachwuchs gedacht und dafür gesorgt, daß über 300 künftige Hochseefischer und Fischwerker als Lehrlinge in einem schönen Heim Aufnahme finden und in einer Betriebsberufsschule ihre Ausbildung erhalten.
Während der Fangzeit des Jahres 1958 fischten mit Radaranlagen ausgerüstete Fahrzeuge aus Marienehe bereits an der Küste Westgrönlands. Geringe Zeit später pflügten Fang- und Verarbeitungsschiffe quer durch den Nordatlantik, um ihre Netze in die fischreichen Gewässer um die Neufundlandinseln zu werfen.
Nichts bleibt das, was es einmal war. Wer spricht heute, 1980, angesichts von Fangleitzentren, Flottenleitzentralen und effektivstem Einsatz von Wissenschaft und Technik in Marienehe noch von der Selbstverständlichkeit Radar, der Sensation von einst, wer noch von Loggern und den Fischgründen vergangener Zeiten!
Wo beginnen? Vielleicht beim Spezie. Nicht die hochprozentige braune Flüssigkeit ist gemeint, die angeblich zur Seefahrt dazugehört wie das Wasser unterm Kiel. Spezie

nennen die Fischer Trawler, die ihre prallen Büdels oder vollen Steerte an Mutterschiffe übergeben, auf denen der darin befindliche Fisch sofort verarbeitet und gefrostet wird und von wo die fertige Ware unter Umständen auch wieder von einem Kühl- und Transportschiff abgeholt werden kann. Flotillenfischerei ist das Zauberwort unserer Tage. Ein Fang- und Verarbeitungsschiff wird von zehn bis zwölf Spezies beliefert. Das Rationelle dieser Methode leuchtet ein.

Längst ist die Produktion in der Hochseefischerei industriell organisiert. Neben den bereits genannten Schiffstypen gibt es noch Frosttrawler und natürlich die berühmten Supertrawler aus der Volkswerft Stralsund, die dritte Generation moderner Fischereifahrzeuge darstellend.

Von Netzen könnte man schreiben, die so groß sind, daß 60 Güterwaggons oder das Rügenhotel von Saßnitz hineinpaßten, von hydroakustischen Echoloten, die den Fisch orten, und von Netzsonden.

170 Besatzungsmitglieder hat zum Beispiel das Transport- und Verarbeitungsschiff „Junge Welt". Schwimmende Fabriken nennt man Schiffe dieser Größenordnung. Doch der Begriff ist ungenau. Nichts sagt er aus über die Möglichkeiten der Freizeitgestaltung zum Beispiel unter den Bedingungen der durchgehenden Sechs-Stunden-Schichten, nichts davon, daß das Schiff für rund drei Monate das Zuhause der Besatzung ist, nichts von der ärztlichen Betreuung und, und, und. Jedermanns Sache ist so ein Leben nicht. Das sollte bedacht werden, wenn die Stories vom großen Geld umgehen.

Heute werden die Besatzungen in der Regel alle 80 bis 100 Tage ausgetauscht, per Flugzeug als fliegende Fischer via Las Palmas, Luanda oder Havanna. So bleiben die Schiffe länger im Fisch, und geregelter Urlaub ist gewährleistet.

Die Jahresanlandeerlöse der Großschiffe entsprechen bei zwei bis drei Reisen im Jahr denen mittlerer Industriebetriebe. Und was nützt das alles, höre ich fragen? Früher war das Angebot in den Fischgeschäften reichhaltiger? Tja,

die Fänge sind international zurückgegangen, und man macht sich bereits um eine intensive Bewirtschaftung der Meere Gedanken. Versuche laufen, und erste erfolgreiche Ergebnisse von Fischfarmen im Salzwasser liegen vor.
Dann ist da das Problem der nationalen ökonomischen Zonen. Also müssen neue Fanggründe und auch neue Fangtiefen erschlossen werden. Es gibt Fangquoten und vorgeschriebene Maschengrößen der Netze. Heute jagen Marieneher Fischer das Silber des Meeres vor Westafrika, im Nordatlantik, im Südatlantik, vor dem Eismeer und sogar im Pazifik.
Die Fischknappheit oder der gestiegene Bedarf an diesem hochwertigen Nahrungsmittel, man kann es nennen, wie man will, zwingt zu internationaler Zusammenarbeit, von der schon traditionellen Freundschaft zur Sowjetunion mal ganz abgesehen. Also hat Fischerei heute auch mit Außenpolitik zu tun. Und in der Tat sind Experten, von denen einige einst auf den Loggern von Marienehe angefangen haben dürften, nun unsere Vertreter in den verschiedensten internationalen Fischereigremien.
Und wenn Sie blaue Jungs in Rostock sehen, das Zeichen der Hochseefischer über dem Mützenschirm, es sind Lehrlinge des Industriezweigs Hochseefischerei. 500 werden jährlich eingestellt. Sie sind diejenigen, die die Türen der Speisekammern der Ozeane einmal ganz öffnen werden.
Marienehe – die Erklärung dieses Ortsnamens liegt keineswegs auf der Hand und ist umstritten. Behaupten die einen, der Ursprung des Namens sei Marinowe, was mit Friedensort zu übersetzen ist, so sagen die andern, der Name sei durch ein Wortspiel aus Mernowe entwickelt worden. Mernowe tauchte zum erstenmal 1304 in einer Urkunde auf. Es wandelte sich dann ab in Merghenewe, später in Margine und so fort.
Nachdem das Dorf längere Zeit im Besitz verschiedener Ritterfamilien gewesen war, kauften es Rostocker Patrizier; nicht ohne Grund, denn die klugen Handelsherren liebten keine Ritternester vor der Haustür. Ende des

14. Jahrhunderts schenkten Bürgermeister Baggel und sein Schwiegervater das Dorf dem Kartäuser Mönchsorden. Es sollte fortan Himmelszinnen heißen, so wollte es der Bischof. Dieser Name bürgerte sich aber nicht ein, es entwickelte sich vielmehr das vorher schon erwähnte Marienehe, und dabei ist es geblieben.
Die Kartäuser, deren Orden einst von einem Deutschen aus Köln und späteren Reimser Kanonikus in der Gebirgseinsamkeit La Chartreuse – die Freunde eines guten Tropfens mögen mit der Zunge schnalzen – bei Grenoble gegründet wurde, waren handwerklich, künstlerisch und wissenschaftlich gebildete Mönche. Sie legten sich keine gemeinsamen Wohn- und Schlafräume an, sondern lebten, den Regeln ihres Ordens gemäß, in kleinen Einsiedeleien, die, durch Gartenland getrennt, gut 100 Meter auseinander lagen. Durch ihre Beschäftigung mit wissenschaftlichen Arbeiten hielten die Mönche enge Verbindung mit der später gegründeten Universität in Rostock und auch mit den druckenden „Brüdern vom gemeinsamen Leben“. Somit vermehrten sie ihre Bibliothek beträchtlich. Sie kam später der Universität zugute. Ludwig Dietz, Mecklenburgs erster öffentlicher Buchdrucker und einer der bedeutendsten des ganzen Nordens, kam aus der Kartause zu Marienehe. Die von ihm herausgebrachten Werke, wie das berühmte „Narrenschiff“ von Sebastian Brant und „Reinke de Vos“, erlangten weite Verbreitung.
Wie fern, wie fern ist die Zeit, in der Ludwig Dietz als junger Mensch zu den Füßen seiner Lehrer an der Warnow saß. Zerfallen sind die Fachwerkhütten der Mönche, die Kirche und das Wohnhaus des Priors, die alles umgebende Mauer, die Gärten und Stallungen. Kein Stein blieb auf dem anderen. Sie wurden zum Schloßbau in Güstrow und später auch zum Festungsbau auf der Insel Poel verwandt. Getreulich notierte der Chronist Dietrich van Lohe: „In diesen jar ungeferlich word das kloster Marien-E dalegebraken und de stene nah Gustrow gefort, dat slot darmit to buwen. Un den doktor Boweke sine Huse buwen word in der

Breden strate, dar let he ok fast 40 foder halen von den struckstenen van Marien-E."

Die Kartause vor Rostock ging unter in den Stürmen der Reformation, obgleich sie sich lange unter ihrem letzten Prior Marquard Behr zu wehren wußte. Auf Befehl des Herzogs nahmen darauf dreihundert Bewaffnete das Kloster mit Gewalt, und bald danach pfiff der Wind durch die Ruinen.

Anno 1590 machte sich der fahrende Scholar Michael Franck aus Frankfurt a. d. Oder auf Schusters Rappen von Rostock nach Warnemünde auf den Weg, um weiter nach Dänemark zu gelangen. Was er auf seiner Wanderung in Marienehe vorfand, hat er uns getreulich berichtet. Es war ein zerstörtes, wüste liegendes Kloster.

Im 17. Jahrhundert machte Marienehe noch einmal vorübergehend als Münze von sich reden. Dann wurde es wieder Bauernland, was es vor der Klosterzeit gewesen war, und erst in unserem Jahrhundert kam der Name dieses Ortes abermals in vieler Menschen Mund. Doch das ist ein trübes Kapitel. Am laufenden Band entstanden dort Flugzeuge – nicht zum Segen der Menschheit. Der Lehrer neben mir sagt dies, und er nennt die Jahre, in denen es geschah, dann schweigt er, und die Burschen auch. Ich weiß nicht, was sie denken, doch der eine und der andere werden sich an Bombennächte erinnern, an die ersten grauenvollen Eindrücke ihrer Kinderzeit.

Eine kleine Werftanlage ist steuerbords liegengeblieben. Ich wende mich an den Bootsmann und frage ihn, wo die Hundsburg liege. „Hundsburg? Nie gehört! – Du", ruft er seinen Kollegen, „hest du mal wat von 'ne Hundsburg hürt?" – „Was soll das denn sein?" will der Kollege wissen. Ich erkläre ihm, daß es, sofern man mir recht berichtet hätte, eine Landzunge sein müsse. Sie liege südlich von Schmarl am linken Ufer und rage ein gutes Stück ins Wasser hinein. Da erinnert er sich. Er zeigt voraus. „Dat kann blot disse Wisch sien!" meint er, und ein älterer Herr, der unser Gespräch hört, bestätigt seine Behauptung.

So also sieht die Hundsburg aus: Wiese und Busch! Diese Landzunge ist noch im Mittelalter eine Insel gewesen. Im Laufe der Jahrhunderte wurde sie durch Schwemmassen landfest. Einst war sie also der rechte Ort, um ein Raubritternest zu tragen, und es dauerte auch gar nicht lange, da war die Burg darauf fertig. Die Rostocker mögen nicht schlecht geguckt haben; sie witterten auch sogleich Böses. Nicht zu Unrecht, denn schon drangen die ersten Boote mit schnell rudernden und schwer bewaffneten Knechten aus dem dichten Schilf hervor. Aus war es mit der ungehinderten Schiffahrt, und mancher Handelsherr, so meldet die Chronik, hat Bekanntschaft mit dem dunklen, naßkalten Hungerturm der Burg gemacht. Wieviel Schiffsknechte dabei ins Gras beißen mußten oder in den Wellen umkamen, steht nirgends geschrieben.

Diese Überfälle gingen den Rostockern an den Lebensnerv. Anno 1278 schlugen sie zu und zerstörten schonungslos das Räubernest. Der Fürst Waldemar, des Landes Herr, verkaufte darauf das Gebiet der Hundsburg an die Stadt. Argwöhnisch beobachtete fortan Rostock jede Veränderung auf der Insel. Anno 1582 standen noch die Ruinen. Niemand hatte es gewagt, sich Steine zu holen oder gar die Burg wieder aufzubauen, dann aber wurden die Trümmer zur Befestigung einer neuen Durchfahrt bei Warnemünde genommen, dem heutigen Alten Strom. Die Burschen am Bug unseres Schiffes beachten die Hundsburg kaum. Ihr Interesse hat sich längst einem ungewöhnlichen Blickfang zugewandt. Die riesige Kabelkrananlage der Warnowwerft erhebt sich über Hallen und Hellinge. Schiffskörper von zehntausend und fast doppelt so vielen Tonnen stehen unter Arbeit. Die schwarzen Schiffswände ragen haushoch aus dem Wasser, und die Menschen, die daran arbeiten, wirken winzig. Von den Schülern spricht keiner, sie schauen und schauen. Die Giganten der Weltmeere tauchen ihnen zu unvermutet aus dem Idyll der Boddenlandschaft auf. Und sie schauen hinüber nach der anderen Seite des Ufers, wo unter Scheppern der Bagger, Rollen

der Loren und Hämmern der Rammböcke der größte Hafen der Republik entstanden ist.
Mein Bootsmann wußte von der Hundsburg gar nichts mehr. Aber er schnurrte bald etwas herunter, das sich so anhörte: „Zur Linken das Traditionsschiff, die ehemalige ‚Frieden', Schiff der ersten 10000-Tonnen-Klasse, heute Stätte der Bildung, Kultur und Erholung, einzigartig in der DDR, Schiffbaumuseum, Sporthalle, Hotel, Restaurant. Daneben die ‚Büchner', 11000 Tonnen. Internat und Ausbildungsstätte zukünftiger Seeleute."
Verzeihen wir ihm die fehlende Hundsburg und den Telegrammstil, vielleicht war er nur eine Aushilfe, und die Hundsburg bedeckt sicher auch bald Beton. Oder?

Ein Tor wurde aufgestoßen

Nach kurzer Fahrt auf dem Neuen Strom sind wir in unserem kleinen Schiff um die Mittelmole herumgebogen und können am Kai des Alten Stromes in Warnemünde festmachen; Warnemünde ist heute ein Stadtteil Rostocks.
Wie mag es an der Warnowmündung in ein paar Jahren aussehen? Als im Jahre 1958 nach einem lang andauernden, hartnäckigen Winter die Zugvögel aus dem warmen Süden bereits nordwärts zogen, schob die alte Warnow immer noch eine brodelnde graue, zerbrochene Eismasse langsam in die See hinaus. Mit singendem Flügelschlag kamen flach über den Strom fünf weiße Schwäne, um auf einer Wake am Ufer des Breitlings zu wassern. Vier erhoben sich bald wieder, von ungewohnten Geräuschen aufgeschreckt, der fünfte aber, durch die lange Reise sichtlich geschwächt, blieb länger. Mißtrauisch beobachtete er jedoch das lebhafte Getriebe an dem sonst so stillen, schilfumwachsenen Gewässer.
Zementpfähle standen in langer Reihe, große Flächen abgrenzend. Neue Lokomotiven mit leuchtend roten Rädern warteten auf die ersten gefüllten Loren. Knirschend

gruben sich die Greifer eines Baggers in das Erdreich. Mit Kreuzhacke und Spaten bemühten sich in freiwilligem Einsatz und mit rührendem Fleiß junge Menschen um ungewohnte Arbeiten.
Als der weiße Schwan nach erholsamer Rast seine großen Schwingen lüftete und sich mit rauschendem Flügelschlag erhob, polterten Lastwagen, von Treckern gezogen, mit schweren Steinen über die Straße nach Petersdorf.
Entlang der von Frühlingsstürmen umtosten Küste waren Schüler mit ihren Lehrern beim Sammeln von Steinen. Auch auf den schmalen Feldwegen im Innern des Landes schoben sich vorsichtig schwere Lastwagen entlang, und junge Männer schleppten Felsbrocken und große Steine herbei, um sie zu verladen. In den Steinbrüchen in Thüringen und Sachsen ließen die Sprengmeister ebenfalls Felsen zur Verladung sortieren. Alle diese Arbeiten galten einem Ziel, dem Ausbau des Rostocker Hafens.
Es sind große Pläne, die an der Warnowmündung ins Werk gesetzt wurden. Bisher war dort die Hafeneinfahrt nicht für beladene Zehntausendtonner geeignet. Man mußte sich mit dem zufriedengeben, was dort hinein und auch wieder hinaus ging. Diese Genügsamkeit war nicht mehr tragbar, denn die wirtschaftlichen Verhältnisse diesseits der Elbe haben sich gründlich verändert.
Nun sind aber die Umschlagmöglichkeiten im Rostocker Hafen einschließlich des Breitlings viel zu günstig, als daß sie ungenutzt liegenbleiben durften, zumal die industrielle Entwicklung einen Hafen mit hoher Umschlagkapazität erfordert. Diese Möglichkeit bot sich nach eingehender Prüfung allein in Rostock. Der nach dem Hafenausbau sich einstellende volkswirtschaftliche Nutzen ist bedeutend, denn seit die großen Schiffe zum Laden und Löschen keine fremden Häfen mehr anzulaufen brauchen, ergeben sich Ersparnisse an Devisen im Werte von vielen Millionen, die anderweitig notwendig gebraucht werden.
Die bei diesen Überlegungen zuerst aufgetauchte Frage war: Wie kann die Verbreiterung der Durchfahrt bei

Warnemünde erreicht werden? Sollte man den Neuen Strom erweitern oder eine völlig neue Einfahrt schaffen? Es sind alle Möglichkeiten gründlich erwogen worden, und schließlich fand unter vielen Vorschlägen der des Entwurfbüros Stralsund die Zustimmung. Der Neue Strom wurde nicht verbreitert, dafür entstand östlich der bisherigen Ostmole eine über 10 Meter tiefe neue Durchfahrt, breiter als der Suezkanal, um auch größere Überseeschiffe bequem passieren lassen zu können. Der bisherige Verkehr durch den Neuen Strom blieb ungestört. Den Platz für die neuen Kaianlagen, für Kräne, Speicher und Geleise zu bestimmen hat einiges Kopfzerbrechen bereitet. Es waren viele Vorschläge zu prüfen. Sollten die vorhandenen Anlagen ausgebaut werden, oder sollte man an der Warnow nordöstlich der Altstadt beginnen? Ungünstig für diese Vorschläge waren beim alten Hafen die Möglichkeiten zum Abfahren der Waren, außerdem gäbe es viel Rauch und Lärm für die Anwohner. Der Platz nordöstlich der Altstadt ist schon lange unzureichend.

Günstig erschien das Gelände zwischen Rostock und Warnemünde, da die Hafenanlage zugleich die beiden Teile mit klar abgegrenztem Industrie- und Wohngebiet ineinanderwachsen lassen würde. Doch auch dieser Plan mußte verworfen werden, denn alle Güterzüge müßten dann über den Rostocker Personenbahnhof laufen, und das hätte unweigerlich zu den größten Verkehrsschwierigkeiten geführt.

Als vierter Vorschlag wurde der Neubau eines Hafens in der Bucht nordöstlich von Warnemünde erwogen. Wellen- und Windeinwirkung sprachen dagegen, außerdem hätten für die Verladeeinrichtungen tiefe Landeinschnitte gemacht werden müssen. Hinzu käme der Aufbau einer völlig neuen Stadt, so daß es ein sehr teures Projekt geworden wäre.

Nach Ablehnung dieser Vorschläge sprach alles für das südliche Ufer des Breitlings bei Petersdorf. Dort war Raum vorhanden, so daß unter Umständen eine kaum benötigte

Umschlagkapazität von 20 Millionen Tonnen im Jahr erreicht werden kann; die vier großen Hafenbecken sind leicht anzusteuern, und das Abfahren der Ladung macht keine Schwierigkeiten.
Dies alles waren kühne Pläne, und die Augen der alten Segelschiffskapitäne würden sicher sehr groß sein, wenn sie noch einmal Warnemünde anzusteuern vermöchten. Sie können es nicht mehr, doch ihre Enkel stehen auf der Brücke moderner Motorschiffe und fahren ohne Schwierigkeit und Havarie nach Rostock hinein und in alle Welt hinaus.
Die Arbeiten an diesem Riesenwerk begannen am 26. Oktober 1957. Punkt 14 Uhr setzte der Rostocker Oberbürgermeister den großen Schwenkschaufler in Bewegung. Alle Schiffssirenen in Rostock und Warnemünde heulten und dröhnten. Der erste „Spatenstich" war getan.
Das ganze Volk: Arbeiter, Techniker, Ingenieure, Wissenschaftler, Schriftsteller, Künstler, Schüler, Studenten, Angestellte, sie alle legten mit Hand an. Allein 32778 freiwillige Helfer leisteten bis zum Oktober 1958 unmittelbar auf den Baustellen 255100 freiwillige Aufbaustunden.
Vorbei war es mit dem Idyll hinter der Hohen Düne und unter den Kiefern am Strand von Petersdorf. Naß- und Trockenbagger gaben keine Ruhe mehr, bei Tag und Nacht gruben sich ihre Eimer knirschend in Schlamm und Sand, Schuten fuhren unablässig die Grundmassen ab, und daneben wuchs stündlich die neue Mole. In Monaten schuf Meister Püschel, Held der Arbeit, mit seinen Molenbauern eine 500 Meter lange Mole und verarbeitete darin über 60000 Tonnen Steine, zusammengetragen von groß und klein in der ganzen Republik. Keinen Augenblick stockte die Arbeit, was niemand für möglich hielt, geschah: Der Seekanal des neuen Hochseehafens konnte 15 Monate früher als geplant eingeweiht werden! Es war ein strahlender Herbsttag. Unter Jubel und Freude trug sich der 9. Jahrestag der Republik in die Geschichte ein. 20000 Menschen machten sich auf nach Warnemünde, um

diesen historischen Augenblick zu erleben. Im Morgenwind des jungen Tages wehten die Fahnen der Arbeiterklasse und der Republik; Schiffe, Boote, Schuten, Schlepper und Bagger hatten über alle Toppen geflaggt. Am Strand, auf den Molen, auf Schiffen und Kränen standen die Menschen und sahen voll Freude den Schlepper „Aktivist“ dem weißen Band entgegenfahren, das quer über die neue Einfahrt gespannt war. Unterwassersprengungen stießen riesige Fontänen in den Himmel. „Freie Fahrt den Hochseeschiffen für Frieden und Sozialismus!“ Mit diesen Worten zerschnitt Karl Mewis, damals 1. Sekretär der Bezirksleitung Rostock der Sozialistischen Einheitspartei Deutschlands, die Initiator des Hochseehafens ist, das Band. Ein Schild mit der Aufschrift „Fahrt frei“ schoß aus der Flut, von allen Schiffen heulten die Sirenen, Böllerschüsse hallten durch die Luft, und am seidigen Herbsthimmel entfalteten sich im knatternden Feuerwerk rote und schwarzrotgoldene Fahnen, die unter dem Beifall der Gäste zur Erde schwebten. Langsam glitt der „Aktivist“, von vielen festlich geschmückten Booten gefolgt, durch die neue Einfahrt. Der Weg für die Giganten der Weltmeere nach Rostock ist frei.

Das Wort von den Giganten will ich der dichterischen Freiheit meines Vaters zuschreiben. Aber immerhin, das größte Schiff, das den Rostocker Überseehafen anlief, hatte 50000 tdw. Seine Getreideladung wurde von schwimmfähigen Hebern gelöscht, schnell, sicher, zuverlässig.

Im Zeitraum von 1960 bis 1979 hat der Überseehafen rund 39245 Schiffe gesehen, und ungefähr 150 Millionen Tonnen Güter wurden umgeschlagen. Die Abfertigungsorganisation entspricht den Bedingungen der internationalen Linienschiffahrt. Als Universalhafen mit einem breiten Leistungsangebot kann der Rostocker Überseehafen sich international durchaus sehen lassen. Auf seinem Territorium arbeiten etwa 10000 Menschen.

Die 18 Liniendienste verlangen 800 Abfahrten im Jahr,

möglichst auf die Stunde genau. Dreißig Züge mit silbrig glänzenden Großkisten verbinden wöchentlich den Hafen mit allen Bezirken der Republik. Ein Teil ihrer Ladung wird über den Containerdienst nach London oder Riga umgeschlagen.

Auf den mitteleuropäischen Autobahnen rollen Transitgüter aus der ČSSR, Ungarn und Rumänien heran, von den Leistungen der Bahn ganz zu schweigen. Auch Jugoslawien, die Schweiz, die BRD und Österreich verschiffen Waren über Rostock.

Neben den rund 190 Handelsschiffen unserer Flotte sind es vor allem sowjetische Frachter, die abgefertigt werden, denn 45 Prozent des Warenumschlags vollzieht sich mit der Sowjetunion.

Etwas abseits, von Hafenrundfahrten nicht berührt, liegt der Ölhafen. Pipelines verbinden ihn mit Schwedt und Leuna.

In der Perspektive soll die Umschlagsanlage für den Roll on – Roll off – Dienst (Ro-Ro) erweitert werden, und die zweite Baustufe der Erz-Kohle-Umschlagsanlage wird in Betrieb genommen. Die Rekonstruktion des Ölhafens findet ihren Abschluß, und Baggerarbeiten werden bestimmte Abschnitte für Schiffe mit größerem Tiefgang zugänglich machen.

Das sind nüchterne Zahlen und Fakten, und den einen oder anderen langweilen sie vielleicht auch. Nun gut, dann möge derjenige sich an den imposanten Eindruck halten, den ein Schiffskörper auf ihn macht, kraftvoll und elegant zugleich, schön und zweckmäßig. Eventuell weht ihn von Deck eines Frachters der Hauch von Weite an.

Und wer bei seiner Fahrt die Warnow hinunter Glück hat, kann auch einen Blick in die Zukunft erhaschen, dann nämlich, wenn an der Ro-Ro-Anlage modernste Schiffe liegen, die wie Entwürfe aus einem utopischen Roman anmuten. Innerhalb weniger Stunden haben sie ihre Ladung gelöscht und neue genommen, ähnlich einer Eisenbahnfähre, die ganze Züge „verdaut“. Freilich, rentabel

ist das, aber für den Seemann bleibt oft nicht genug Zeit, seinen Fuß auch nur für eine Stunde an Land zu setzen.
Auch die Flotte der DDR verjüngt sich ständig. 1979 bekam sie sechzehn neue moderne Schiffe, darunter vier der Poseidon-Serie von der Neptunwerft, drei vom Typ „Neptun" und fünf Meridian-Schiffe von der Warnowwerft. Achtzehn veraltete Schiffstypen konnten ausgesondert werden.

Frühling am Strom

Klaashähning schob beide Hände tief in die Joppentaschen, als er gemächlich am Alten Strom entlang ging. Die blaue Fischermütze hatte er fest auf den Kopf gezogen.
Merkwürdig, er beobachtete es bereits durch das Fenster: die vom Eisbrecher geschaffene Fahrrinne war nicht wieder zugefroren. Dies trieb ihn hinter dem Ofen hervor, um einmal von der Ecke bei der Lotsenstation genau nach dem Wetter zu sehen. Er hätte ja noch bis weit auf die Mole hinausgehen können, doch das überließ ein richtiger Klaashahn gern den Fremden.
Nun muß man wissen, was ein Klaashahn, von dem die Koseform Klaashähning abgeleitet wurde, eigentlich ist. Ein Klaashahn ist ursprünglich, ganz schlicht gesagt, eine Ente, eine Wildente, und zwar heißt sie nur in Warnemünde so.
Oft jagten die Warnemünder Fischer im Herbst und Winter diese Wildenten. Waren die Tiere gut im Futter, so wurde ihr Fett in der Pfanne ausgelassen und als Klaashahnenbodder aufs Brot gestrichen. Da Mecklenburg das Land der Ökelnamen, sprich Spitznamen, ist, hießen die Warnemünder wegen ihrer Vorliebe für diesen an unseren Küsten nicht seltenen Vogel bald überall Klaashahns.
Somit wissen wir also, wie der Mann mit den Händen in der Joppentasche zu seinem Namen kam. Natürlich gilt diese Bezeichnung nicht im Weichbild Warnemündes. Es

ist auch möglich, daß die Einwohner sie nicht lieben, genausowenig wie sich die Leute aus Wieck, Born und Prerow noch gern Darßer Dodschläger nennen lassen, ein Name, der ihnen lange unter der seefahrenden Bevölkerung anhing.
In sagenhafter Zeit, so wird erzählt, als dort in der Kirche noch gebetet wurde: „Herr, segne unsern Strand!", mit Strandgut von gescheiterten Schiffen nämlich, fesselten die Einwohner in stürmischen Nächten einem Pferd ein Vorderbein, hingen ihm eine Laterne um den Hals und führten es am Strand auf und ab. Vorbeifahrende Schiffer, die das winkende Lichtzeichen sahen, glaubten in rabenschwarzen Nächten ein Hilfszeichen zu sehen, hielten darauf zu und strandeten, um von den Darßern mausetotgeschlagen und ausgeraubt zu werden. Nehmen wir aber zugunsten der Fischländer an, alles sei nur böser Leumund.
Unser Klaashahn war nun schon wieder auf dem Wege nach Hause. Bei der alten Vogtei traf er einen Bekannten, der nach seinem Kutter sehen wollte. Er rief ihm zu: „Körling, dat Wärer sleiht üm", was auf hochdeutsch heißt: „Karl, es wird anderes Wetter!" Zu Hause nahm er sich sogleich die Zeitung vor und fand seine Beobachtung im Wetterbericht bestätigt. Schmunzelnd umfaßte er die große Kaffeetasse mit seinen breiten Händen, so daß nichts mehr von ihr zu sehen war, und er dachte dabei, daß es nun ja nicht mehr lange dauern könnte, bis das bunte Badeleben begänne.
Knapp drei Monate, und es würde in Warnemünde schon anders aussehen. Zwar werden dort Bäume und Sträucher später grün als im Binnenlande, doch dafür belebt sich der Ort bald mit allen nur denkbaren Farben. Neben bunten Frühlingsblumen, gestreiften Jalousien und frisch gestrichenen Booten leuchten die grünen, gelben, roten, blauen Röcke der tausendwochenalten Mädchen mit der immer bunter werdenden Bekleidung der Männer um die Wette. Sie kommen dann aus allen Richtungen, um die würzige

und sauerstoffreiche Luft Warnemündes zu genießen, um sich zu erholen und braungebrannt wieder abzureisen. Natürlich sind alle andern Jahrgänge mit eingerechnet, denn dieser windumwehte Badeort an der Warnowmündung, der nur sieben windstille Tage im Jahr haben soll, ist bei jung und alt beliebt.
So geht es jahrein und jahraus. War es immer so? Machen wir doch einmal einen großen Gedankensprung bis zu der Zeit, da noch niemand an Warnemünde dachte und kein Spaßvogel den ulkigen Spitznamen Klaashahn erfunden hatte.
Betrachten wir eine der letzten erdgeschichtlichen Epochen wie einen Zeitraffer-Film, dann erleben wir folgendes: Als vor etwa 20000 Jahren endlich milde Winde über den eisigen Norden unseres Kontinents wehten, schienen die lebenerweckenden mit den lebenvernichtenden Kräften erbittert zu ringen. Unsere gute Erde hatte auch lange genug das alles erstarrende Eis getragen. Es begann zu donnern und zu tosen. Die Kraft der Sonne sprengte allmählich die dicksten Panzer, und gewaltige Wassermassen begaben sich auf die Reise. Es bildeten sich Seen, Ebenen, Täler und Hügel. Mergel und Felsen, einst von den Gletschern aus dem hohen Norden mitgebracht, lagerten sich ab. So entstand auch die Aufschüttung, die uns als schönes Ausflugsziel bei Warnemünde unter dem Namen Stoltera bekannt ist. Sie ist ein Teil einer Endmoräne, die sich als Steilufer entlang der Ostsee hinzieht.
Die Warnow war in dieser Zeit ein gewaltiger Strom. Ihr Wasser brauste in einem 750 Meter breiten Bett von 40 Meter Tiefe der See zu. Nach dieser Schmelze bildeten sich an vielen Stellen auch Teiche und kleine Seen, die im Laufe von Jahrhunderten im großen Weltenfrühling vertorften. Buschwerk sproß aus dem Moor hervor, Erlen strebten darüber hinaus, bis ihre Wurzeln in übermächtig wachsendem Moos erstickten, Busch und Weichholz wieder versanken und ebenfalls vertorften. Darauf wuch-

sen dann Birken, hier und dort auch Kiefern, doch immer noch war das kleine unscheinbare Moos mächtiger, umklammerte unauffällig und unnachgiebig auch deren Wurzeln, so daß sie das gleiche Schicksal wie das Weichholz erlitten, und es war noch ein weiter Weg, bis unsere herrlichen Eichen und Buchen das Feld behaupten konnten.

Als vor schätzungsweise 5000 Jahren sich zum erstenmal Menschen am Osthang der Stoltera ansiedelten, standen keine großen Laubbäume auf diesem Küstenstreifen. Die Bewohner hausten noch in Gruben und Erdhütten, denn natürliche Höhlen gab es dort nicht. Sie hatten Waffen aus Stein; reiche Funde, die auf einen Werkstattplatz schließen lassen, beweisen es. Mit dieser Bewaffnung gingen sie den Tieren zu Leibe, um sich Fleisch, Felle und Knochen zu beschaffen. Aus den Knochen machten sie sich wieder Angelhaken und Speerspitzen. So lebten sie einfach und dürftig, bis sie die Bronze kennenlernten und zu nutzen verstanden.

Im Verlauf der Jahrtausende war die Vegetation üppiger geworden. Als um die Wende des 20. Jahrhunderts das Bett für den Neuen Strom ausgeschachtet wurde, fand man eichene Baumreste, deren Alter davon zeugt.

Vor etwa 4000 Jahren entstand eine neue Veränderung. Unsere Küste senkte sich, und die See heimste dabei breite Streifen Land ein. Die Stoltera verlor wohl über 2000 Meter. Durch Westostströmung begann eine Küstenversetzung, die noch andauert. Als diese Umgestaltung ihren Anfang nahm, bildete sich das breite und lange Haff, der Breitling. Strömung und Wind trugen von der Stoltera her mehr und mehr Sand herüber, so daß vor der Mündung der Warnow eine Nehrung entstand.

Der feine Sand wird heute noch vor Warnemünde abgelagert. Er bildet dort den stets breiter werdenden weißen Strand. So sind die Menschen gezwungen, einen fortwährenden Kampf gegen die Verlandung des Breitlings zu führen, die stellenweise jährlich einen Meter betrug. Die

Warnow hat zwar im Lauf der Jahrtausende den ihr vorgelagerten Riegel mehrfach durchbrochen, so daß ein richtiges Delta entstand, doch mit der Zeit verlandeten die Arme wieder, bis die Menschen die Natur zwangen, sich ihrem Willen zu beugen, und sie fortan den Lauf des Wassers vorschrieben. Der Fluß fügte sich schnell. Er fließt nur sehr gemächlich, so daß ihn sich die See ungeduldig hereinholt. Das Brackwasser reicht fast bis nach Gehlsdorf hinaus; das Brackkraut, eine Brackwasserpflanze, beweist dies anschaulich. Daß die Menschen durch Buhnen, Molen, Bagger und immer wieder neue Anpflanzungen seit vielen Generationen gegen die wandernde Erde ankämpfen müssen, verdanken sie an diesem Teil der Küste sozusagen der Stoltera. Die Warnemünder sind aber trotz allem stolz auf diese Höhe, die Rostocker nicht minder, und die Gäste lernen sie ebenfalls schnell schätzen, ist sie doch der einzige Hügel in unmittelbarer Nähe des Badeortes. Außerdem liegt auf dem bewaldeten Rücken eine idyllische Gastwirtschaft, von deren Stühlen man bequem ein weites Panorama mit dem hellschimmernden Warnemünde im Mittelpunkt und dem dunklen Waldstreifen der Heide im Hintergrund übersehen kann.

Gelegentlich bietet sich den Schaulustigen ein kleines Naturwunder. Wenn unvermittelt kalter Wind über die unmittelbar auf dem Wasser liegende Luftschicht streicht, ist am Rande der Rostocker Heide die gelbe Wand der Stoltera durch Luftspiegelung zu sehen.

Am Strand liegen bis weit in die See hinein große Felsen; einige von ihnen, die heute wohl hundert Meter vom Ufer entfernt sind, lagen vor fünfzig Jahren noch auf dem Festland. So frißt, nagt, zerrt und reißt der Nordost unablässig Jahr für Jahr das Ufer mürbe, um es bei der nächsten großen Sturmflut herabzuziehen.

Wie aber mag die Höhe zu dem seltsam klingenden Namen gekommen sein? „Sie hieß einmal Stolterort, genau so wie Darßer Ort", sagen die einen. Da die alten Warnemünder sich gewöhnt hatten, die beiden letzten Konsonanten

wegfallen zu lassen, klang der Name wie Stoltero. Dann kamen die Hochdeutschen und entstellten ähnlich wie an der Elbe die plattdeutsche Bezeichnung Oliv. Bei Cuxhaven wurde aus dem hochdeutschen Namen des Schiffswrackes Olivia das plattdeutsche Oliv, woraus die Hochdeutschen dann wieder Alte Liebe machten, und bei Warnemünde wurde aus Stoltero Stoltera.
„Aber das stimmt ja alles gar nicht", sagen die andern. Sie behaupten, die Höhe hätte ihren Namen nach einem kleinen Bach bekommen. Er gehörte dem Müller Stolter und hieß deshalb allgemein Stolteraa. Aa wird auf dänisch wie o gesprochen und bedeutet in dieser Sprache Fluß oder Bach, also Stolters Bach, denn Dänen waren lange Herren über Warnemünde. Und wem dies noch nicht plausibel ist, der lese auch die dritte Version, nach der behauptet wird, daß der Name von dem altslawischen Wort stolu – Stuhl, Abhang abzuleiten ist.
Eine tragische Mär berichtet, daß irgendwann vor den schroffen Schründen der Stoltera des Müllers Töchterlein weinend stand. Es war bis über beide Ohren in einen fremden Seemann verliebt, das Schlimmste, was einer Warnemünderin geschehen konnte. So blieb dem armen Ding nichts anderes übrig, als sich, o grausamer Entschluß, in die feuchte Tiefe zu stürzen, denn Müllermeister Stolter soll zu keinem Jawort zu bewegen gewesen sein.
Wie dem auch sei, auf alle Fälle liegt hier ein wunderschönes Stückchen Erde, ein beliebtes Ausflugsziel, das eine herrliche Fernsicht bietet.

An einem Sommersonnensonntag

Weit, unendlich weit verliert sich die Bläue, und es rührt sich kein Hauch. Bis an den Horizont stehen bewegungslos die weißen Segel, und am Strand flimmert der gelbe Sand. An einem solchen Tag lockt die See lautlos und ohne Geste die Menschen, und sie kommen. Sie verlassen die kühlen

Stuben, das benachbarte Dorf, die ferne Stadt, um im Wasser, in Wind und Sonne mit Behagen zu baden und, soweit sie noch in der Maienblüte ihrer Jahre stehen, sich bewundern zu lassen.
An einem solchen Sonntag gleicht Warnemünde einem Ameisenhaufen, denn kaum ein Seebad an unserer Küste ist so leicht zu erreichen! Eine Kunststraße, ein gar nicht umständlicher Schienenweg, eine schnelle Dampferverbindung führen unmittelbar dorthin.
Schon in den frühen Morgenstunden sind die Warnemünder zum Empfang der Gäste bereit. Die jungen Familienväter nehmen ihre Kleinsten an die Hand und mischen sich unter die Menge. Heute gehen sie nicht in die Werft, sondern spielen Kurgast. Am Nachmittag kommen ihre Frauen dazu, und alle freuen sich, daß ihnen ihr Wohnort so viel Abwechslung bietet. Die Invaliden machen den Selbstfahrer startklar, lassen sich von ihren Angehörigen bequem hineinbetten und fahren nach ihrem Standplatz Am Strom, wo sie sich mit ihren zu Fuß kommenden Freunden treffen. Es stehen dort viele Bänke, alle scheinen sonntags Stammplätze zu sein, denn sie sind fast den ganzen Tag besetzt. Morgens sitzen auf ihnen an einem solchen Tag alte Vaddings, gelegentlich krabbelt ein Enkelkind um sie herum. Viel zu erzählen haben sie sich untereinander nicht; kein Wunder, wenn man sich täglich vor Augen hat. Dafür gibt es aber um so mehr „tau kieken", zu sehen. Fast alle tragen sie die blaue Seglermütze mit weißem Bezug, und unter dem Schirm hervor mustern sie die „Berliners". Diese Bezeichnung bekamen in Warnemünde alle Auswärtigen schon zu Urgroßmutters Zeiten, und bei den Alten heißen sie zum Teil noch heute so, auch wenn die „Berliners" meistens aus Sachsen oder Thüringen stammen.
Ich setze mich dreist zu den Alten auf eine Bank. Sie schauen mich wie eines der sieben Weltwunder an. Ich aber wünsche nun mit dem freundlichsten Gesicht einen schönen guten Morgen und setze mich auf den äußersten Rand.

Zuerst herrscht tiefes Schweigen, doch als ich gleichgültig in mein Buch sehe, nehmen sie langsam den Faden ihres Gespräches wieder auf.
Wer da glaubt, daß alle die alten blaubemützten Herren ehemalige Schiffer, Fischer oder Lotsen sind, fällt einem Irrtum zum Opfer. Sie sind es beileibe nicht, und mancher ist gar kein alter Warnemünder. Der Ort hat, wie alle in unserer Heimat, seit Kriegsende viele Bürger aufgenommen, und so wird auch platt- und hochdeutsch durcheinander gesprochen. Es geht dabei nicht um ein bestimmtes Thema, keineswegs, es sind sozusagen nur Randbemerkungen, die dort fallen.
„Kiek de Lütt an", sagt der Alte mit dem rosigen Gesicht und dem schneeweißen Bart unter der Nase. Sie schauen behaglich einem frischen Mädchen mit hochgesteckten Haaren, einem quittengelben Blüschen und einem nicht kürzer gehenden Rock nach. Es trägt unter dem rechten Arm einen Bademantel, und mit dem kleinen Finger der

linken Hand hält es einen braungebrannten Burschen fest, der vielleicht in Rostock studiert oder auf der Werft arbeitet; so etwas ist heute am Äußeren nicht genau festzustellen. Sie haben es eilig und blicken weder nach rechts noch nach links, die See zieht sie an wie ein Magnet. Der weißbärtige Alte aber denkt an die Großmutter der Kleinen, deren Augen einst so keck wie die der Enkelin in die Welt schauten und der er, wie es schmunzelnd aus seinem Munde zu vernehmen ist, als junger Mann so gern Maischollen ins Haus brachte.
Das Plattdeutsch, das die Warnemünder früher sprachen und das noch in den ersten Jahrzehnten dieses Jahrhunderts zu hören war, unterschied sich vom übrigen Plattdeutsch in Mecklenburg. Es hatte einen ausgesprochen weichen und singenden Klang, so daß man im ersten Augenblick Schwedisch zu hören meinte. Sie nannten sich zum Beispiel nicht Warnemünder, sondern Warn'minners, sie sagten statt frischer Aal frisker Aal, und bei ihnen hieß es nicht he kümmt, wie sonst überall auf Platt, sondern he kimmt!
Immer mehr Menschen strömen vorbei. Kein Wunder, denn die Reichsbahn verkaufte schon vor dem Kriege in einem Jahr so viele Rückfahrkarten von Rostock nach Warnemünde, daß jeder Rostocker jährlich mindestens siebenmal in Warnemünde gewesen sein könnte.
Wenn die Züge aus Rostock eingelaufen sind, gibt es fast ein kleines Gedränge. Die Fahrgastdampfer löschen ebenfalls laufend ihre lebendige und erwartungsfrohe Fracht, die aus Fenstern und Veranden genau beobachtet wird. Unter diesen vielen Menschen verlieren sich die Fahrgäste aus den Omnibussen fast, doch der Schein trügt, denn die Omnibusse kommen alle halbe Stunde und öfter. Eine ihrer Haltestellen vor Warnemünde ist Lütten Klein.
Kleines Klein hört sich wie eine Übertreibung an. Doch wenn man dem Ursprung des Wortes nachforscht, so ist Klein = Klenow mit Ahornort zu übersetzen. Bei der deutschen Besiedlung dieser Gegend sonderten sich die

Siedler von den Slawen ab und gründeten Dudesche Klene, das nicht weit davon entfernte Groß Klein. Aus Wendeske Klene wurde dann Lütten Klein. Mit solchen Überlegungen aber beschäftigen sich die Omnibusgäste kaum, denn die See ruft und lockt auch sie, so daß alle sofort nach dem Verlassen des engen Gefährts nördlichen Kurs einschlagen, der unfehlbar immer ans Meer führt.

Inzwischen ist es Mittag geworden. Die Opapas sitzen bereits am gedeckten Tisch. Es ist eng in ihrer kleinen Küche, da um diese Jahreszeit alle andern Räume den Gästen gehören. So greift der Alte nach dem Essen bald wieder zum Spazierstock, um weiter die Parade der Gäste abzunehmen. Lange dauert es nicht, dann kommt des einen oder anderen Mudding hinterher. Sie will wenigstens am Sonntagnachmittag auch ein bißchen „kieken". Und der Nachmittag bringt immer noch mehr Menschen an die Küste. Dann wird es nämlich erst interessant, um die Zeit kommen die meisten bekannten Gesichter aus Rostock.

Jeder Stuhl in den Cafés und Restaurants ist besetzt, die Kaffeetassen klirren, Teller und Bestecke klappern, alle Gäste wollen befriedigt werden, und die Kellner balancieren und kassieren.

Soeben ist wieder ein Zug aus Rostock eingelaufen. Zwischen dem bunt wie die Stieglitze gekleideten jungen Volk und dem etwas behäbiger dahinschreitenden „Mittelalter" hastet ein altes Ehepaar. Sie trippelt vorauf, er eilt hinterher. Seinem Gesicht ist es anzusehen, daß er gar nicht mit dem Tempo einverstanden ist, doch schon erfährt Vadding, warum er sich so schnell zu bewegen hat. „Man zu, man zu", lockt Mudding gehetzt, „sonst sind alle Plätze weg", und plattdeutsch fährt sie fort: „Du wist doch ok din Tass Kaffe drinken!" Der Alte eilt wortlos hinterher.

Ist das ein Leben am Alten Strom, und neben all dem Gewimmel liegt still und behäbig der Fischereihafen. Mast neben Mast. Kutter an Kutter auf der einen Seite, viele Yachten, Jollen und Jollenkreuzer auf der andern bieten in diesem Hafen eines der anmutigsten und schönsten Bilder

der Ostseeküste. Auch Küstenschutzboote, die Fahrzeuge des seehydrographischen Dienstes, des Wasserbauamtes und die Versetzboote der Lotsenstation liegen dort vertäut.
Und wenn Sie nicht alle Wasserfahrzeuge über einen Kamm scheren, können Sie die „Navigation“ ausmachen, 21,5 Meter lang. Auch nach dem Umbau 1974 läßt sich das Gefährt für den Kenner nicht als ehemaliger Binnenschlepper verleugnen. Seine technischen Anlagen haben es allerdings in sich. Sichtfunk- und Goniometerpeiler, Decca-Navigator, Sprechfunkgeräte, Echolotanlage, Kreiselkompaß und Radar machen in dieser Konzentration auf so einem relativ kleinen Schiff stutzig. Der Eigentümer ist jedoch die Ingenieurhochschule für Seefahrt Warnemünde/Wustrow. Sie wurde am 1. September 1969 gegründet. Fachliche, personelle und materielle Basis bildeten die Seefahrtsschule Wustrow und die Ingenieurschule für Schiffstechnik Warnemünde.
Mit ihren Sektionen Schiffsführung, Schiffsbetriebstechnik und Schiffbautechnologie ist die IHS eine eindeutig zweigspezifisch orientierte Bildungs- und Forschungseinrichtung für die See- und Hafenwirtschaft sowie die Werftindustrie. An ihr werden Schiffsoffiziere des Seetransports, des Fischfangs und Hochschulingenieure ausgebildet. Unter den Studenten sind nicht selten Hörer aus den sogenannten Entwicklungsländern anzutreffen.
Zurück zur „Navigation“. Vom 2. Studienjahr an hat hier jeder Student der Sektion Schiffsführung Gelegenheit, sein theoretisches Wissen in der Praxis zu überprüfen. Sollten Sie auch noch die Hochseeyachten „Mutafo“ und „Nadir“ entdecken – auch sie sind in den Ausbildungsprozeß zukünftiger Schiffsoffiziere eingegliedert.
Wenn Sie wissen, daß beispielsweise ein Fang- und Verarbeitungsschiff des Fischkombinats einen Wert von rund 50 Millionen Mark verkörpert, dann schauen Sie den jungen Leuten auf der „Navigation“ und den beiden Hochseeyachten ruhig mal ins Gesicht. Sie sind es, die in

den nächsten Jahren unsere Millionenobjekte sicher über die Weltmeere steuern werden.
So stellt sich der Binnenländer einen Fischerhafen vor. Er findet alles, was er sucht, sogar die alten „Seebären", und wenn er ein paar Stufen tiefer tritt, auch einen „Seehund", in diesem Fall eine Gaststätte. Schon tuckert eine Jolle, voll beladen mit Gästen, zur Lustfahrt in die See hinaus. Natürlich ist ein Segel gesetzt worden, denn wenn auch der Motor das Boot treibt, so wahrt das Segel dem Unternehmen doch den Schein einer Segelfahrt, und das Fahrzeug liegt steifer im Seegang.
Die Fahrgäste kommen braungebrannt, rot gesotten wie die Krebse oder weiß von der Seekrankheit zurück. Wie es auch immer ausging, sie waren jedenfalls auf hoher See.
Drüben am rechten Ufer des Alten Stromes, wo die Yachten mit dem Knurrhahn-Wimpel liegen, lächeln die Warnemünder Sportsegler halb mitleidig, halb spöttisch über die für Landratten veranstalteten „Lustfahrten in See". Da sind doch die großen internationalen Regatten, die alljährlich vor Warnemünde durchgeführt werden, eine ganz andere zünftige Auseinandersetzung mit Wind und Wellen!
Zwischen den Strandkörben jenseits der breiten Promenade leuchten während des Sommers alle Farben; bis weit an die Stoltera baden die sonnenhungrigen Menschen. Darüber steht ein blauer Himmel, der so klar ist, als ob ihn nie ein Wölkchen trüben könnte.
Es lohnt sich, durch das alte Warnemünde, durch die Theodor-Körner-Straße zu bummeln. Im Volksmund heißt diese schmale Straße immer noch „Achterreeg", auf hochdeutsch „Hinterreihe", im Gegensatz zur „Vörreeg", der Straße Am Strom. Wie winklig dieses Gäßchen ist! Und trotz der schmalen Bürgersteige bauten die Einwohner vor ihre Häuser noch Veranden, so daß vom Gehsteig nichts mehr übrigbleibt. Deshalb spielt sich auch der Fußverkehr auf dem Fahrdamm ab. In den Veranden sind Geschäfte eingerichtet, wie das zum Teil auch Am Strom der Fall ist.

Ungewöhnlich hieran ist, daß der Grund und Boden, auf dem die Veranden gebaut wurden, nicht den Eigentümern der Häuser, sondern der Stadt Rostock gehört. Doch man hat damals nicht lange gefragt, und so ist daraus ein Gewohnheitsrecht geworden. Würden die Veranden aber einmal wieder entfernt, was man nur begrüßen könnte, wäre Warnemünde mit seinen dann frei gewordenen Giebeln und dem Fachwerk einer der schönsten Stadtteile an der ganzen Ostseeküste.

Schon blinkt wieder die See. Die Westmole ragt weit hinaus, der Leuchtturm hoch hinauf; von seinem Rundgang kann man bei klarer Sicht die Küste Dänemarks sehen. Zu seinen Füßen feierte der alte „Teepott" seit 1968 in neuer Gestalt fröhliche Urständ, so daß seine Gäste bei Speise und Trank, Kaffee und Kuchen gemütlich dem bunten Leben am Strand und auf der See wieder zuschauen können.

Die Menschen, ob sie nun zum Molenkopf streben oder von dort kommen, haben fast immer ein ungewöhnliches Gesicht. Vielleicht empfinden sie es unbewußt als Wagnis, so weit auf der kühn und schmal in die See gezogenen Linie vorzudringen, vielleicht ist es auch die Weite, das Unendliche und Maßlose, das ihr Gesicht verklärt.

Unbekümmert halten die Angler ihre Ruten und warten auf die freßgierige Makrele oder den arglosen Hornfisch; geduldig schauen ihnen die Molenpilger zu. Manche, ob alt oder jung, halten sich umschlungen oder bei der Hand; vielleicht merken sie das aber gar nicht. Sie suchen den Horizont ab und sprechen kaum. Dann kehren sie ebenso schweigsam zurück, die Weite noch immer im Ausdruck der Augen und vielleicht mit ein ganz klein wenig Fernweh im Herzen.

Auf dem Ausguck

Wie von der Kommandobrücke eines Schiffes, so ist auch vom Haus der Lotsenstation die See zu übersehen. Über dem Zimmer des Lotsenkommandeurs sitzt Tag und Nacht der Wachtlotse auf dem Ausguck, neben sich das Glas, um den Horizont absuchen zu können. Setzt ein Schiff im Vormast die Lotsenflagge, so läuft das Versetzboot mit dem diensttuenden Lotsen aus, um ungefähr zwei Seemeilen vor der Warnemünder Einfahrt längsseits zu gehen. Der Lotse entert an Bord und hilft, das Schiff sicher in den Hafen zu führen. Dort setzt er sich in die Bahn und fährt zurück.

Bei Nebel gibt das Schiff Signale, ist die Nacht klar, wird Flackerfeuer mit der Morselampe gegeben. Alles geht seinen geregelten Gang, und es müssen schon nach lange anhaltendem Orkan vor der Einfahrt tiefe Grundseen stehen, wenn ein Schiff nicht eingeholt werden kann und auf der Reede warten muß. Doch auch dann fährt der Lotse fast immer aus, um den Kapitän des Schiffes auf die Gefahr aufmerksam zu machen. Ein tiefgehendes Schiff könnte bei der aufgewühlten See leicht auf Grund stoßen und dadurch schwer beschädigt werden. Kleinere Schiffe, die jahraus, jahrein denselben Törn laufen, verzichten wohl auch auf den Lotsen, da sie das Fahrwasser selber genau kennen. Lotsengeld müssen sie aber trotzdem zahlen, wenn auch kein Lotsenzwang besteht. Vor 1914 gab es bei der Küstenschiffahrt Rostocker Kapitäne, die eine Lotsenprüfung für die meisten von ihnen angelaufenen Häfen gemacht hatten.

Spätestens hier muß der Überarbeiter ergänzend eingreifen. Seit 1970 sind die Lotsen in der neuen Lotsenstation zu Hause. Dieses neue Gebäude steht, vom Bahnhof gesehen, jenseits der Fahrrinne auf der Hohen Düne. Es beherbergt auch die Verkehrsleitstelle, die für Ordnung und Sicherheit, wie es im gängigen Vokabular heißt, auf der Reede und im Fahrwasser zu den Rostocker Häfen ver-

antwortlich ist. Sie hat alle Schiffsbewegungen zu koordinieren, damit weder auf Reede noch in dem relativ engen Fahrwasser Schiffe miteinander kollidieren.
Die rund 31 Warnemünder Lotsen werden von zwei Oberlotsen und einem Lotsenkapitän kommandiert. In jeder Schicht sind zwei der äußerst seetüchtigen kleinen grünen Lotsenversetzboote im Dienst. Warnemünder Lotsen werden auch als sogenannte Überseelotsen in der Nord- und Ostsee tätig. In der Regel aber gehen sie zirka drei Seemeilen vor der Hafeneinfahrt an Bord der zu lotsenden Schiffe. Das Durchschnittsalter liegt bei etwa 45 Jahren. Der Nachwuchs rekrutiert sich aus Kapitänen der Handelsschiffahrt und des Fischkombinats, die das Patent A6 tragen und mindestens sechs Jahre auf Großer Fahrt gewesen sind.
Einer der beiden Oberlotsen antwortet auf meine Frage, ob bei jedem Wetter gelotst würde, armenisch weise: „Im Prinzip ja."
„Aber?" frage ich.
„Nun, das ist schiffsbedingt."
Viel Reden ist nicht ihre Sache. Zumindest kann man der Antwort jedoch entnehmen, wie verantwortungsvoll die Arbeit der Wachlotsen und der Verkehrsleitstelle ist.
Verantwortungsbewußtsein ist vielleicht die hervorstechendste Eigenschaft dieser Männer und das nicht nur eng auf den Beruf bezogen. DDR-Lotsen, Kollegen aus Wismar und Stralsund einbezogen, leisteten in der Vergangenheit und gegenwärtig vielleicht schon wieder irgendwo, tätige Solidarität. Außer in Ägypten haben sie auch im Jemen, in Algerien und Angola geholfen.
Übrigens, der Warnemünder Lotse muß heute auch die Technik und die Wissenschaft des Kompensierens beherrschen. Vereinfacht ausgedrückt heißt das, er muß Kreiselkompasse und Funkpeilsender regulieren und eventuelle Störfelder ausschalten können.
Abschließend vielleicht noch: Auf Zuruf geht nichts mehr, denn alle Einsatzbefehle bekommen die Warnemünder

Lotsen von der Schiffsmaklerei. Bei ihr werden die mit allen Fahrwassern gewaschenen Männer per Funk oder auf anderem Wege von in- und ausländischen Kapitänen angefordert, manchmal 21 mal in der 12-Stunden-Schicht. Das sind rund 9 000 Schiffsbewegungen pro Jahr.
Das Gebäude der ehemaligen Lotsenstation beherbergt heute das Traditionskabinett der technischen Flotte.
Bis zum Jahre 1802 konnte jeder Warnemünder das Lotsengewerbe betreiben, doch dann wurde dieser Zustand durch eine Verfügung aufgehoben. Es heißt darin, daß niemand gewählt werden kann, „der nicht wenigstens vierzig Jahre alt, fünfzehn Jahre zur See gefahren und vom Lotsen-Commandeur zu Warnemünde das Zeugnis seiner Tüchtigkeit und seines Wohlverhaltens beizubringen vermögend ist".
Nach einigen Jahren stellte sich heraus, daß vierzig Lotsen nicht ausreichten, und die Zahl wurde auf hundert erhöht. Das klingt verwunderlich, doch man muß bedenken, daß die Lotsen verpflichtet waren, „dem Lothsen-Commandeur in allem was das Lothsen- und Bergewesen betrifft, sowie beim Laden und Löschen der Schiffe und Nachprahmen auf der Reede, ohne Widersetzlichkeiten in Worten und Werken auf das pünktlichste zu gehorchen, er mag der Reihe oder außer der Reihe kommandiert werden, von Sonnenauf- bis Sonnenuntergang auf Erfordern des Lothsen-Commandeurs zu arbeiten".
Wenn heute ein Lotse zum anfordernden Schiff in einem schnellen Motorkutter hinausfährt, so ruderten damals fünf in einem Boot jedem Schiff entgegen. Zwei Lotsen gingen an Bord, von denen einer das Kommando übernahm und der andere das Ruder bediente. Die drei übriggebliebenen Lotsen blieben in ihrem Boot beim Schiff und machten es in Warnemünde fest. Verlangte inzwischen ein zweites Schiff eingeholt zu werden, so lief der Lotsenbote, um die nächsten fünf Lotsen zusammenzuholen.
Es kam auch nicht selten vor, daß ein Teil der Ladung schon auf der Reede gelöscht werden mußte; auslaufende

Schiffe konnten dagegen durch Nachprahmen erst auf der Reede den Rest ihrer Ladung aufnehmen. Dies war notwendig, da selbst Schiffe mit nur 400 Tonnen Ladegewicht für die durch anhaltende Weststürme versandete Mündung einen zu großen Tiefgang hatten.
Da der Lotsenkommandeur im Nebenamt Strandvogt war, mußten die Lotsen auch die Bergungsarbeiten an gestrandetem Gut verrichten. Trotzdem verdienten sie nicht genug, um ihre Familien recht und schlecht ernähren zu können, und deshalb betrieben sie außerdem die Fischerei. Mit dem Aufblühen der Schiffahrt gingen viele von ihnen auf große Fahrt, so daß ihre Zahl sich verringerte. Von den Ausfahrenden wären sicher einige zu Hause geblieben, wenn sie statt nur Lotse nicht auch noch Hafenarbeiter hätten sein müssen. So wurde eine Reform des Lotsenwesens notwendig. Die Lotsen erhielten dadurch endlich festes Gehalt, mußten aber das Patent für Große Fahrt besitzen und mindestens ein Jahr als Steuermann auf Dampfern gefahren haben. Inzwischen ist ihr Dienstverhältnis weiter verbessert worden, und die Station wurde mit allen modernen Einrichtungen ausgestattet.
Ruhig und geregelt verläuft der Dienst. Die meisten der ein- und auslaufenden Schiffe sind für die Lotsen alte Bekannte. Sie kennen auch die Kapitäne, von denen mancher schon seit Jahren unsere Häfen anläuft. Unter den Skandinaviern befinden sich sogar recht alte Herren, die über ein halbes Jahrhundert zur See fahren. Einer von ihnen hatte bereits der christlichen Seefahrt Lebewohl gesagt, um für den Rest seines Lebens zu Hause vor Anker zu gehen, als er eines Tages doch wieder auftauchte. Nachdem der Lotse darüber seine Verwunderung zum Ausdruck gebracht hatte, meinte der alte Seemann: „Das ist so eine Sache. Es geht nicht anders, ich muß wieder fahren, denn sonst liege ich noch als Fünfundsiebzigjähriger mit meiner Frau in Scheidung. Bald wäre es schon soweit gewesen, doch nun, nachdem ich erneut auf der Brücke stehe, ist wieder alles in Ordnung.“

Solche Begegnungen sind kleine Abwechslungen, im übrigen geht der Dienst ruhig, gewissenhaft und ohne viel Worte vor sich, denn dem Lotsen sind Millionenwerte anvertraut. Er muß sein Fahrwasser haargenau kennen und jede Veränderung wahrnehmen.

Der Kommandeur der Warnemünder Lotsen erzählte, daß einige Kollegen, die während der Suezkrise nach Ägypten gingen, erstaunt darüber waren, wieviel es für sie dort noch zu lernen gab. Einer von ihnen hatte geschrieben, daß sie sich über einhundertfünfzig neue Signale einprägen mußten. Das war gewiß keine leichte Sache.

Es ist klar, daß ein solch intensiver und schöner Beruf starkes Selbstbewußtsein erzeugt. So konnte in Hamburg oder Cuxhaven nur derjenige Lotse werden, der auch mit Elbwasser getauft worden war; andere Lotsen fanden keine Aufnahme. Die Lotsengemeinschaft hat eben ihren Stolz. Wenn früher in einer Lotsenfamilie ein Kind geboren wurde, meldete der Vater es zuerst der Lotsenbrüderschaft, und danach erst ging er aufs Standesamt. In den Jahren 1967/68 wurde auf der Hohen Düne neben der neuen Einfahrt mit dem Bau einer größeren Lotsenstation be-

gonnen, einer Einrichtung, die allen Anforderungen des modernen Lotsendienstes entspricht.
Von einem Lotsenkommandeur sind die Worte bekannt: „Wir haben einen schönen Beruf, denn man wird ständig um Hilfe angerufen, und man hilft, egal bei welchem Wetter! Jä, stimmt's nicht? Ist doch 'ne feine Sache, nicht?"

Trotz Sumpf und Moor und Wasser

Morgens in aller Frühe knallte es einst lustig durch Warnemündes enge Gassen. Der Kuhhirte schwang die Peitsche, und durch den Lärm aufmerksam gemacht, öffneten die Hauswirte die Tür zur Tüsch. „Dei Tüch" ist der schmale Gang zwischen den Häusern, aus dem sich behäbig und wohlig muhend die Kühe herausschoben, um sich der immer größer werdenden Herde anzuschließen, die nach den Wiesen des westlichen Warnowufers getrieben wurde.
War das Heu auf der anderen Seite der Warnow gemäht und eingebracht, dann rückte der Morgen näher, an dem die Kühe durch die Warnow schwimmen mußten, um bis zum Herbst draußen auf der Weide zu bleiben. Das war ein Ereignis besonderer Art. Viele Warnemünder Jungen, auch Badegäste, fanden sich ein, um zu sehen, wie die großen Rinder durch den Strom schwammen.
Von dort, wo sich vor einem Menschenalter im Frühling und Herbst dieses Tieridyll abspielte, schaut heut ein bestechend elegantes Wunderwerk der Technik herüber. Der schlanke Bug, die harmonisch daraus aufsteigende Brückenpartie und die in rotem Mennige leuchtenden elektrischen Wippkräne eines prächtigen 10000-Tonners wirken über den Dächern der schmalen Giebelhäuser und den kleinen im Strom schwimmenden Booten wie eine hypermoderne Bühnendekoration. Dabei ist das Schiff alles andere als eine leere Fassade, denn hinter diesem

schnittigen 10000-Tonner liegen noch viele weitere Seefahrzeuge auf den Hellingen.
Die Rinder mußten weichen, ihr Weideplatz wurde anderen Zwecken dienstbar gemacht, und die Warnemünder beziehen schon lange ihre Milch in Flaschen; aber mag der Träumer dem idyllischen Bild auch nachsinnen, so verschwanden doch die rotbraunen und schwarzweißen Gehörnten wahrlich nicht zum Nachteil des Ganzen.
Es ist ohne Zweifel wahr, die Werft hat Warnemünde gewandelt; doch das ist das Wunderbare: sie hat dem alten Badeort und Fischerhafen die liebenswerten Züge nicht zerstört. Kein Superbau, keine eintönige Fabrikanlage unterbrechen die wohl einhundertfünfzig Jahre alte Anlage der kleinen Giebelhäuser mit den vorgebauten Veranden am Alten Strom. Sie schauen noch immer so betulich auf Menschen und Boote wie die Großmütter mit Spitzenhäubchen zu Vaters Kinderzeit. Noch steht die alte Lindenreihe, die schon im Jahre 1820 angelegt wurde, und keine Axt wird sie zerstören. Auf dem Brink, zwischen den beiden Wegen am Bollwerk und an der Häuserreihe, wurde früher weiße Wäsche gebleicht, jetzt wachsen dort bunte Blumen und grüne Gräser. Die Fischer und Seeleute beherrschen nach wie vor das Bild. Es haben in zahlreichen großen Neubauten Werftangehörige in Warnemünde ihr Heim, manche sind auch Mitglied einer Arbeiter-Wohnungsbau-Genossenschaft der Werft, aber viele wohnen im alten Rostock und in der Umgebung. Die Werft unterhält eigene Omnibuslinien, um sie bei täglich dreimaligem Schichtwechsel in ihre Wohnorte zu fahren und wieder abzuholen, und moderne zweistöckige Eisenbahnzüge haben die gleiche Aufgabe.
Am Alten Strom flicken die Fischer neben den vertäuten Kuttern ihre Netze und bestecken ihre Haken wie eh und je. Unbeirrt durch die vielen Spaziergänger gehen sie ihrer Beschäftigung nach, geben höflich Auskunft und beantworten wieder und wieder oft gestellte Fragen.
Wie ferne Begleitmusik, im hohen Himmel verhallend,

zischt eine Flamme, dröhnt ein Hammer, scheppert eine stählerne Platte, und die Klänge mischen sich mit dem Rauschen der Brandung, dem Brausen der Stürme und dem Pochen der metallenen Herzen in den Leibern der Schiffe.

Ich habe die Werft von der Warnow aus oft gesehen, ich kam auch wohl die Straße von Rostock gezogen und freute mich über die Anlage, doch staunend stand ich eines Tages mitten darin und war überrascht von ihren Dimensionen, die ich von draußen nie vermutet hätte. Es klingt unglaubhaft, und dennoch standen an der Stelle der Werft noch 1945 nur ein paar Schuppen, den heutigen modernen Hallen nicht im entferntesten ähnlich; dazwischen behauptete sich ein bescheidenes Verwaltungsgebäude. Es wurden kleine Gebrauchsboote gebaut und im Kriege wohl auch U-Bootausrüstungen angefertigt. Alles in allem mochten in der damaligen Kröger-Werft mit ausländischen Zwangsarbeitern wohl knapp hundert Mann beschäftigt gewesen sein. Als sich im Mai 1945 der Wind endgültig gedreht hatte, bestiegen die Wehrsachverständigen und die Besitzer ihre Yachten, um sich auf westlichen Kurs abzusetzen. Die Werft war verwaist.

Eine trübe Stimmung beherrschte die Familien der Werftarbeiter. Doch nicht nur sie waren bedrückt, viele Facharbeiter und Ingenieure der früheren Heinkel- und Aradoflugzeugwerke waren es auch. Grau, dunkel und hoffnungslos schien die Zukunft zu sein.

Und dann gab es doch einige Beherzte, die mit dem Aufräumen begannen, sich Werkzeug mitbrachten oder zusammensuchten, um irgendeine Arbeit anzupacken, ganz gleich, welche. Sie hatten nicht die geringste Ahnung von dem, was sich in einem Jahrzehnt entwickeln sollte, sie wollten nur arbeiten, endlich schaffen, etwas wachsen und entstehen sehen nach all den Jahren sinnloser Zerstörung.

Der erste Kutter legte an. Mit kaum zu erwartendem Eifer und größter Gewissenhaftigkeit machten sie sich an seine

Reparatur, und als gar ein Neuauftrag hereinkam, stieg das Stimmungsbarometer ruckartig auf schön Wetter. Mit Stolz erinnern sich die Arbeiter heute an den Ingenieur Willi Schröter, der als erster mit dem Gedanken auftrat, aus der kleinen Bootswerft eine große Seeschiffswerft aufzubauen. Er ist auch der Konstrukteur und Erbauer des schmucken Segelschulschiffes „Wilhelm Pieck". Als die Werftangehörigen sich 1946 umsahen, zählten sie schon zweihundertdreißig Arbeiter und Angestellte. So etwas macht natürlich Mut, Zusammenschluß vieler gibt Kraft, die Hoffnung stieg bereits sehr hoch. Ach, was wurde nicht alles gemunkelt und erzählt.

Irgendwo tauchte das Gerücht auf, die Werft solle die Grundüberholung gehobener Seeschiffe vornehmen, einer wußte vom andern, daß Riesenhallenbauprojekte geplant, 10000-Tonner aufgelegt würden, in höchsten Kreisen trüge man sich sogar mit dem Gedanken, die Warnowwerft weit und breit zur modernsten Anlage ihrer Art zu machen...

„Nicht zu glauben", sagten die meisten, „alles Parolen, kennen wir! Wo auch wohl? Vielleicht im Modder!"

Nicht zu glauben? Der Untergrund trägt nicht? Nun, die Pläne sind Wirklichkeit geworden. Kein Sumpf hat sie erstickt, denn unter dem weichen Boden mußte ja auch wieder fester Grund kommen. Heute stehen die Pfeiler der 64 Meter hohen und 350 Meter langen Kabelkrananlage auf festen Fundamenten. Sie hat eine Kapazität von jährlich zwölf 10000- bis 12000-Tonnern. Bald spannten sich kühne Bögen von ungeahntem Ausmaß, und als sie überdacht waren, stand dort eine 200 × 100 Meter lange und breite Schiffbauhalle mit Pressen, Walzen und Glühöfen. Eine Kaianlage ist geschaffen und noch vergrößert worden, damit die gebauten Schiffe gleich an Ort und Stelle mit allen Inneneinrichtungen ausgestattet werden können. Und darauf kann sich der größte Skeptiker verlassen, mit veralteten Mitteln geschieht das nicht!

Da steht man nun mitten im ungewohnten Getriebe unter den schwebenden Kränen, im Gedröhn und Pochen der

Hämmer, bekommt das Schlucken und wird klein angesichts der gewaltigen Leistungen aus des Volkes eigener Kraft.
Bereits vor Jahren meldete die Weltpresse den Start einer 10 000-Tonner-Serie in der Deutschen Demokratischen Republik und meinte, daß ein solches Beginnen zu einer ernsthaften Konkurrenz der Schiffbauindustrie auf dem Weltmarkt führen würde. Sie behielt recht: wir brauchen nur an den Umbau der großen Passagierschiffe zu denken. Nach dem Bau der „Wilhelm Pieck" folgten fünfzehn Flußfahrgastschiffe, es kamen hinzu sieben 50-Tonnen- und elf 15-Tonnen-Schwimmkranpontons als Exportaufträge.
Bis 1960 wurden vierzehn 10 000-Tonnen-Schiffe, sechzehn Erz- und Kohlefrachter, fünf Turbinenfrachter und ein Walfang- und Verarbeitungsschiff von 23 000 Tonnen gebaut. Es sind Spitzenerzeugnisse der Schiffbautechnik, und die meisten laden und löschen ihre Fracht mit eigenem Geschirr.
Auch die Warnowwerft, die größte Werft der Deutschen Demokratischen Republik, besitzt für ihre Werktätigen ein schön ausgestattetes, an der See gelegenes Klubhaus, in dem sich der Arbeiter und der Ingenieur in seiner Freizeit mit seinem speziellen Interessengebiet beschäftigen kann. Um auch den unverheirateten Angehörigen der Werft ein angenehmes Zuhause zu geben, entstand an der See ein großes Wohnheim, in dem 600 Ledige betreut werden. Vorbildlich in der gesundheitlichen Fürsorge für ihre Betriebsangehörigen, erbaute die Werft eine moderne Poliklinik. Zur Heranbildung eines hochqualifizierten Nachwuchses wurde von der Warnowwerft ein seiner Bedeutung entsprechendes Lehrkombinat eingerichtet, das den angehenden Facharbeitern das nötige Wissen für ihren Beruf und für den Aufbau unserer sozialistischen Heimat vermittelt. Dem Lehrkombinat ist ein Lehrlingswohnheim angegliedert.
Wie der Hafen, so ist auch die Warnowwerft das Werk

vieler opferbereiter Menschen. Neue Gedanken, neue Überlegungen, die das Ich weit hinter das Wir stellen, brachten den Betrieb voran. Aus Flugzeugbauern, Holzfachleuten und umgelernten Arbeitern wurden die Erbauer der stolzen 10000-Tonner. Viele Arbeiter haben in Abend- und Fernkursen gelernt, sie besuchten die Arbeiter-und-Bauern-Fakultäten, um später auf die Fach- und Hochschulen zu ziehen, oder sie bemühten sich auf dem Wege über das Fernstudium. Heute stehen sie als Ingenieure ihren Mann.

Es ist ein stolzes Werk, das sie schufen, trotz Sumpf und Modder!

Im März 1980 konnte das 250. Schiff seinem Auftraggeber ausgeliefert werden. Schiffe aus der Warnowwerft fahren heute unter den Flaggen der SU, der DDR, Frankreichs, Chinas, Indiens, Norwegens, Jugoslawiens, Rumäniens, der Schweiz, Cubas und der ČSSR über die Weltmeere. Die größten Neubauten sind die UL-ESC-Eismeerfrachter mit 19590 tdw. Von diesen hochmodernen Spezialmassengutfrachtern der höchsten Eisklasse baut die Werft insgesamt 27 Stück.

Wenn heute der Westwind von der Krise im Schiffbau flüstert, der Warnowwerft weht er nicht ins Gesicht. Stabile Wirtschaftsbeziehungen zum Hauptauftraggeber Sowjetunion bilden ein sicheres Fundament. Bedarf und Nachfrage sind so hoch, daß die Kapazität der Werft nicht ausreicht, sie zu befriedigen. Es ist eine Tatsache, daß Qualitätsarbeit und Termintreue an der Warnowmündung Faktoren sind, die ernst genommen werden. Der Urlauber wird auch in den nächsten Jahrzehnten nicht auf den imposanten Anblick aufgedockter Ozeanriesen verzichten müssen, und kein Warnemünder hat Angst, daß in seinem Leitbetrieb einmal die Lichter ausgehen oder die Laufkatzen der Kabelkrananlage vor sich hinrosten.

Keine Frage, daß sich Arbeits- und Lebensbedingungen stetig verbessern. Die Kapazität des Ledigenheims ist auf 900 Betten gestiegen. Im Lehrlingswohnheim können

140 Lehrlinge untergebracht werden. Allen Werftangehörigen stehen mannigfache Urlaubsmöglichkeiten zur Verfügung. Das Kulturhaus der Warnowwerft sorgt dafür, daß in Warnemünde nicht nur Saisonbetrieb herrscht.

Segen des Sandes

Mitten in Alt Warnemünde liegt der Georginenplatz, der in früheren Jahrzehnten vom Volksmund Sandbank genannt wurde, damals eine berechtigte Bezeichnung, denn er ist erst im Zuge des nimmermüden Herbeischleppens von Muttererde das geworden, was er heute ist: ein Platz mit grünem Rasen, Blumen und schattigen Bäumen.
In einer Urkunde über die Baugenehmigung eines Hauses in unmittelbarer Nähe dieses Platzes ist zu lesen, daß eine Wohnbude „in den Dünen" errichtet werden durfte. Die Häuser der Fischer wurden früher allgemein Wohnbuden genannt, interessant aber ist die Bezeichnung „in den Dünen", denn wer vermutet angesichts der heutigen Bebauung des Platzes, daß dort vor nicht langer Zeit noch Dünen lagen?
Einige Schritte von diesem Punkt entfernt verläuft die schmale Theodor-Körner-Straße. Sie wurde im Laufe der Jahrhunderte mehrfach durch Sandaufschüttungen erhöht. In fast zwei Meter Tiefe findet sich die erste Pflasterung, die im 14. Jahrhundert gelegt worden sein soll.
Moderne Straßen mit mehrstöckigen Häuserreihen steigen am Rande des Ortes unmittelbar aus Wiesen und Viehkoppeln auf; geht man weiter in das Innere Warnemündes, so sieht man gepflegte und großzügige Anlagen, einen schattigen Kurpark mit hohen Bäumen und kleine und große städtische Villen mit Gärten und breiten Straßen davor.
Dies alles sind neue Anlagen, von denen unsere Großväter kaum zu träumen wagten, denn das weite Gebiet um das alte Warnemünde war Sumpf und Moor. Wo heute Häuser

stehen, befanden sich noch um die Jahrhundertwende oft überschwemmte Wiesen, über die im Winter Warnemünder Jungs und Deerns mit ihren Peekschlitten sausten. Im Sommer lief die Jugend barfuß über die Koppeln, auf denen Champignons gesucht wurden.

An der Stelle des Kurparks lag der Hexenberg, auf dem die Kinder Räuber und Gendarm spielten, bis er abgetragen wurde und im Sumpf verschwand. Der Morast verschluckte Fuder um Fuder, bis er endlich zum festen Baugrund wurde. Bei diesen Erdbewegungen ist auch die Große Laak fast verschwunden, ein Teich, in dem damals noch geangelt wurde. Die Laak war ein in Torf eingebetteter Wasserlauf, der das Diedrichshäger Moor mit dem Breitling verband.

Natürlich reichte die Erde des Hexenberges nicht aus, um den Baugrund zu festigen. Ende der zwanziger Jahre rollte deshalb Lore um Lore vom Strand mit Sand herbei, der ja immerfort in feinen Schwaden von der Stoltera herüberweht. Mit dem Kies aus einer Grube bei Diedrichshagen zusammen ergab er den Baugrund zwischen der Rostocker Chaussee und der Mühlenstraße sowie zwischen der Richard-Wagner- und Fritz-Reuter-Straße. Diesen Flugsand auf solche Weise nutzbar zu machen war ein guter Gedanke.

Seit je war Erde in Warnemünde ein eigen Ding. In früheren Jahren brachten sich die Schiffer sogar Blumenerde aus Holland als Ballast mit, um ihre kleinen Gärten zu veredeln.

Die Neugestaltung des einstmaligen kleinen Fischerdorfes begann mit dem Ausheben des Bettes für den Neuen Strom, als mit der Erde aus diesem Kanalbett das weite Bahngelände und ein Teil des Flugplatzes aufgeworfen wurden.

1896 hatte man für den Bau des Bahnhofes den Alten Strom in der Nähe des roten Zollhauses zugeschüttet, denn der Bau der Eisenbahn Neustrelitz–Rostock–Warnemünde, der den bereits lange überlegten Plan einer ständigen Ver-

bindung mit Dänemark verwirklichen sollte, war von entscheidender Bedeutung geworden. Um eine sichere Einfahrt der Übersee-Postdampfer zu gewährleisten, mußte auch ein Hafenbassin angelegt werden. Dies geschah trotz des heftigen Widerspruches der Rostocker Schiffergesellschaft, die in Warnemünde den gefährlichen Konkurrenten sah. Bei der Anlage des Bassins mußten neunzehn Wohnhäuser abgebrochen und die Mole um 133 Meter verlängert werden. Mit den gewonnenen Erdmassen wurde das Ufer vor dem Haus des Sportes weiter aufgeschüttet.
Es war ein großes Ereignis, als am 26. Juni 1896 die Strecke Warnemünde-Gedser eröffnet werden konnte. Gedser liegt auf der Südspitze der dänischen Insel Falster. Die Entfernung bis dahin beträgt 45 Kilometer.
Der Fährverkehr wurde von Raddampfern aufgenommen, doch das zweimalige Umladen nahm immer noch viel Zeit in Anspruch. 1898 bewilligte deshalb der mecklenburgische Landtag die Mittel zum Umbau des Hafens für den Eisenbahn-Fährverkehr. Im April 1900 gab auch der Folkething in Kopenhagen 13 Millionen Kronen frei, so daß mit den Arbeiten begonnen werden konnte. Im Oktober 1903, ein Jahr früher, als vertraglich festgelegt worden war, konnte der Fährverkehr ohne Umladung aufgenommen werden.
Ein wenig wehmütig mögen die alten Warnemünder Am Strom der schönen Aussicht nachgetrauert haben, die ihnen durch alle diese Baumaßnahmen genommen wurde, doch der Fortschritt ließ sich nicht mehr aufhalten und erforderte dieses Opfer. Gleichzeitig wurde auch über den Alten Strom eine zum Bahnhof führende Brücke geschlagen, die Westmole verlängert und die Mittelmole verkürzt. An ihrer Ostseite liegen die beiden Fährbetten, und in 60 Meter Entfernung von der Mittelmole erstreckt sich die gut einen Kilometer lange Ostmole, ihr gegenüber ragt die neue Aufbaumole weit in die See, so daß der Schiffsverkehr nach Rostock ungehindert seinen Lauf nehmen kann.

Badeleben in Kinderschuhen und anderes

Eine frühe Nachricht über Warnemünder Badegäste reicht weit zurück. In einem Pfandvertrag aus dem Jahre 1332 heißt es, daß die Rostocker in einer Warnemünder stupa, Badestube, badeten. Erst sehr viel später, 1811, mußte dann für französische Soldaten eine Warmbadeanstalt gebaut werden. Sie wurde auf dem Platz der ehemaligen „Schanz" am Strom errichtet, kostete 12 Taler und enthielt drei Wannen. 1834 ist an derselben Stelle das Greifenbad gebaut worden.

Die Chronik will nun wissen, daß der nach unseren heutigen Begriffen erste Badegast Warnemündes der Forstinspektor Becker aus Rövershagen bei Rostock gewesen ist, der im Jahre 1817 mit seiner Familie und mit Sack und Pack den Ort aufsuchte. Er mietete sich dort ein und verlebte als Bürgerlicher wie der Adel in Heiligendamm seinen Urlaub an der See.

Dieser Forstmann konnte aber noch keine Eisenbahn für seine Fahrt benutzen, er zog vielmehr die Braunen aus dem Stall, spannte an und fuhr mit Tisch und Stuhl, mit Betten, Geschirr und sonstigem Zubehör ins Bad. Derart umfangreiches Gepäck wurde auch noch lange Zeit nach ihm von anderen Badegästen mitgebracht. Die Rostocker schleppten ihre Sachen an die Warnow und verluden sie in Jollen oder Kähne, um damit stromab dem Ziel entgegenzufahren. Alle diese Erschwerungen waren kein Hinderungsgrund dafür, den guten Ruf Warnemündes weit „landein" dringen zu lassen, so daß 1826 schon Badegäste aus Tessin, Güstrow und Schwerin eintrafen. Es handelte sich hier allerdings nur um einen kleinen Kreis, in dem sich ein Badeaufenthalt als Neuheit herumgesprochen hatte, recht bekannt wurde Warnemünde erst durch den Arzt und Universitätsdozenten Dr. Detharding und durch Frau Voege, eine Großtante der mecklenburgischen Brüder Wiggers. Julius Wiggers, seinerzeit Professor der Theologie, Politiker und Schriftsteller, und Moritz Wiggers, da-

maliger Advokat und Notar, beide fortschrittliche Männer, sind in den Rostocker Hochverratsprozeß von 1850 verwickelt gewesen.
Wenn die Warnemünder die ersten Badegäste vielleicht auch erstaunt betrachtet haben mögen, so kamen sie doch bald dahinter, daß bei dieser Gelegenheit ein paar Pfennige zu verdienen waren, denn man darf nicht vergessen, daß damals, außer Fischfang und Seefahrt, keinerlei Verdienstmöglichkeiten für sie bestanden.
Die Einwohner erkannten, daß sich die „feinen Herrschaften" mit ihren Kleidern am Strand plagten, daß die beleibten Damen und Herren sich auf der flachen Erde mühselig beim Schuhanziehen quälten und sich über den an den Füßen haftenden Sand ärgerten. So schickte ein findiger Kopf seinen Jungen mit Eimern zum Abspülen der Füße an den Strand, ein zweiter gab einen alten Stuhl mit, und bald waren die Burschen auch mit einem Lattenkreuz ausgerüstet. Es wurde in den Sand gesteckt, so daß am Querholz die Kleider aufgehängt werden konnten. Andere rieben den Badenden den Rücken ab, stopften die Pfeife, und so verdienten sie sich ihren Schilling.
Nun war es in jenen Zeiten Sitte, wie es heute zuweilen in Deutschland noch bei Hochzeitsfeiern üblich ist, Geld „in die Grabbel" zu werfen. Diesen Brauch werden sicherlich auch einige Gäste geübt haben, und wie Kinder eben sind, umringten sie bald ungebärdig die Freigebigen und sangen dabei:

De Kierl mit de lang' Piep sall läwen, hurra!
Sall de Schilling in de Grawwel gäben, hurra!

Dem einen oder andern Gast mag dies wohl zuviel geworden sein, denn er dachte gar nicht daran, seine Schillinge in die Grabbel zu werfen. Ein solcher Geizkragen wurde dann von den Kindern besonders aufs Korn genommen, indem sie den Hartgesottenen umtanzten und unter wildem Lärm sangen:

Jule, jule, janna, hoppo tanna,
Morgen wanna, widi, widi wu!
En oll lütten Piepensteel,
En oll Schilling is nich veel!
Schurr, schurr, beckeri burr!

Da ein solches Treiben mehr und mehr von den Badegästen als Belästigung aufgefaßt wurde, verbot es der Pastor. Doch das Verbot sollte nicht sehr lange in Kraft bleiben. Anläßlich eines großherzoglichen Besuches wurde es „höchstselbst" aufgehoben. Kräftige Burschen machten sich auch ein Vergnügen daraus, bei der Vogtei mit einem Ballaststein unterm Arm von der einen Seite des Stromes unter Wasser nach der andern zu laufen, wofür sie ebenfalls von den Fremden einige Schillinge erhielten.
Andere Gäste saßen vor den Fenstern der Häuser Am Strom und sahen dem Treiben zu. Die Preise für Wohnungen waren in „de Vörreeg" doppelt so hoch wie in „de Achterreeg". Sie betrugen wöchentlich 7 bis 10 Taler.
Unter den Gästen gab es auch einige Überhebliche und Besserwisser, die auf so ein „geringes Fischervolk" herabsahen. Das störte die Warnemünder jedoch nicht, und wenn es sein mußte, hatten sie das rechte Wort schon auf den Lippen. Ohne mit der Wimper zu zucken, antwortete ein Fischer dem Großherzog Paul Friedrich, als dieser bei viel zu stürmischer See eine Ausfahrt machen wollte: „Tja, wenn Se willn, Königliche Hoheit, denn führen S' man. Ick oewer nich, ick will min Noors nich tau ne Boj maken." Hochdeutsch heißt das: „Ja, wenn Sie wollen, Königliche Hoheit, dann fahren Sie nur. Ich nicht, denn ich möchte mein Hinterteil nicht zur Boje machen." Man war allgemein der Ansicht, daß männliche Leichen mit dem Gesicht nach unten trieben.
In einem andern Fall wird berichtet, daß einer der Fürsten, der inkognito, aber sehr stark parfümiert reiste, bei der Zimmerbestellung von der Frau des Schiffers Bold zu

hören bekam: „Nee, an Stinkbüdels vermeiden wi nich.“ Sprach’s und warf die Tür zu.

Solche Episoden gehörten zwar nicht zu den alltäglichen, aber die Badegäste konnten doch auch folgendes erleben: Einige hatten sich in den Dünen kleine Buden zum Aus- und Ankleiden zimmern lassen. Kamen die Freunde des Bades aber im nächsten Jahr wieder, so war von den Kabinen auch nicht die Spur mehr vorhanden. Nach dem Verbleib gefragt, antworteten die Fischer vielsagend: „De solten See!“ Was so viel heißt wie: Die hat die See in den wilden Herbststürmen geholt. – Schließlich mußte dies und jenes auch einmal ausgebessert werden, und Holz war schon immer knapp im Ort.

Vor der großen Sturmflut des Jahres 1872, deren Stand heute noch neben der Tür der Lotsenstation abzulesen ist, konnte Warnemünde in einem Jahr bereits viertausend Gäste zählen, ein Zeichen, daß diese sich dort sehr wohl fühlten. Es war nicht allein das Baden, was die Leute anzog, sondern es gab auch allerlei Abwechslung. Der gesamte Schiffsverkehr von und nach Rostock zog ja unmittelbar vor den Augen der „Sehleute“ vorüber. Es stand dort schon ein Leuchtturm, allerdings nicht derselbe wie heute. In der gegenwärtigen Form wurde er 1898 für 90000 Mark errichtet. Seine Sichtweite beträgt 24 Seemeilen, die Höhe liegt 39 Meter über NN. Zuerst brannte auf ihm nur ein Petroleumlicht, erst seit 1917 wirft er Strahlenbündel elektrischen Lichtes weit über die See. Zehn Jahre früher war ein Kabel nach Gedser gelegt worden.

Vor der ehemaligen Villa Hübner befand sich damals ein grüngestrichener Mast mit einem Dreieck; waren Spitze des Dreiecks und Kirchturm von See aus gesehen in Deckpeilung gebracht, so befand sich das Reparaturschiff genau über dem Kabel. Heute hat man andere Mittel, um das Kabel schnell auffinden zu können.

Die größte Anziehungskraft hatte seit je die Mole. Die See zwang die Menschen schon frühzeitig, sie zu bauen, denn immer wieder wurde die Fahrrinne durch Schwemmsand,

den der dicht an der Küste entlangziehende Strom und der Wind mitbringen, nach und nach versandet. Um dies zu verhüten, warfen die Fischer in Verlängerung des Westufers der Warnow Steine um Steine ins Wasser, sogenannte Steinkisten. Aus mündlichen Berichten ist zu schließen, daß es aus Balken zusammengeschlagene große Kisten waren, die, mit Steinen beladen, versenkt wurden. Sie ergaben das Unterwasserfundament der Mole. Dann wurde im 19. Jahrhundert die Westmole gebaut; es bildete sich aber bald ein Sandhaken, so daß sie 1903 verlängert werden mußte, um den Küstenstrom weiter abzudrängen. Vielleicht muß eines Tages die Mole erneut verlängert werden. Die Küste an der Westmole ist bereits fast um einen Kilometer weiter in die See vorgesprungen als die Küste bei der Hohen Düne. Da es vor 1900 noch keinen neuen Strom gab, waren damals nur zwei Molen nötig.
Bis zur Jahrhundertwende stand auf der Westmole ein Gangspill. Es kam gelegentlich vor, daß ein Schiff auf die Sandbank lief. Sofort wurden die Lotsen alarmiert, die ein bereitliegendes Tau zum aufgelaufenen Schiff brachten. Durch Aufwickeln des Taues, indem sie das Gangspill gemeinsam drehten, versuchten sie, das Schiff wieder flott zu bekommen. Gelang es nicht, so mußte die Ladung gelöscht werden.
Ungefähr in der Mitte der Westmole steht auch noch ein kleines Häuschen. Darin wurde Munition gelagert, um bei Nebel Böllerschüsse abfeuern zu können.
Vom Spill ist heute nichts mehr zu sehen. Solche Hilfen werden auch nicht mehr benötigt, doch ohne Richtfeuer kommt man nicht aus. Deshalb ist es sicherlich interessant zu wissen, wozu die Baken auf den Molenspitzen dienen. In ihnen befindet sich das Molenfeuer, um ein sicheres Ein- und Auslaufen der Schiffe während der Nacht zu gewährleisten. Am Tage erfüllen Bälle diesen Zweck. Das letzte Ende der Westmole steht auf Pfeilern, zu deren Schutz 1957 eine eiserne Spundwand gezogen wurde, die sanddicht abschließt und ausgefüllt ist.

Noch immer fegen an Sturmtagen die Spritzer über die Molen hinweg und durchnässen den Unkundigen. Starker Sog an der Westmole forderte auch manch hoffnungsvolles Menschenleben, das die Badevorschriften nicht beachtete und meinte, was so harmlos aussähe, müsse auch harmlos sein.
Mit der inzwischen zum Schutz der neuen Einfahrt entstandenen Neuen Mole sind es also vier Molenarme, die bei Warnemünde in die See ragen, um die Gewalt der Wogen zu brechen.

De See rohrt

Man schrieb das Jahr 1872. Herbststürme jagten über das Land. Warnemünder Fischer und Lotsen standen an der Mole und schauten nach der aufgewühlten See. Ein Glück, dachten sie, daß der Sturm ablandig ist. Bisher blies der Wind aus Westen, strichweise sogar aus Südwesten. Sie ahnten noch nicht, daß die See bereits dabei war, ein besonderes Kapitel in das Logbuch der Ostseeküste einzutragen.

Seit ein paar Stunden sammelten sich Menschen an der Ecke neben dem Leuchtturm an. Sie sprachen wenig, doch es war ihren Gesichtern anzusehen, daß hinter den Stirnen ernste Besorgnis entstand. Als der Lotsenkommandeur aus der Tür trat, wurde es still. Er sah schweigend auf die Wogen. Vom Lotsenaltermann auf das Drehen des Sturmes aufmerksam gemacht, nickte er nur und meinte dann, sie müßten abwarten.
Dies war am Morgen. Als Lotsenkommandeur Stephan Jantzen am Nachmittag aus dem Fenster sah, rollten die von den Westwinden in die finnische Bucht gedrängten Wassermassen bereits mit furchtbarer Gewalt vom Nordost gejagt zurück. Kochender Gischt sprang über die Molen, und in wenigen Stunden stand das Wasser auf dem Fahrdamm der Vörreeg.
„Nu ward dat lustig!" stieß einer der Zuschauer mit zusammengebissenen Zähnen hervor und zog als erster seine Jolle auf den Damm, um sie an eine Linde zu ketten. Das war ein gutes Beispiel, und es wurde von den andern befolgt. Schlimmer kann es ja nicht kommen, nahmen die Fischer an. Solange der älteste Warnemünder denken konnte, hatte es keinen so hohen Wasserstand gegeben, aber sie nahmen doch alles, was nicht niet- und nagelfest war, mit ins Haus.
Die frühe Dunkelheit des Novembers legte sich über das Land, und die Leute verzogen sich. Als hier und dort noch ein Frau aus der Haustür trat, um zu sehen, ob denn das Wasser immer noch stieg, drängte sich auch ein kleiner Junge an der Schürze seiner Mutter vorbei und lief ein paar Schritte bis auf den Brink. Dort blieb er ängstlich stehen und lauschte auf das unheimliche Klagen und Heulen vom Strand her. Die Mutter sprang herzu, nahm ihn hastig bei der Hand und flüsterte: „De See rohrt! Kumm fix in 't Hus!"
Es wurde eine fürchterliche Nacht. Vor der Einfahrt zum Strom standen tiefe Grundseen. Die Ostsee kochte und schäumte. Es war kein Rauschen mehr, wenn die Wogen

auf den Strand jagten, sondern ein Knallen, Donnern und Tosen, wie es niemand kannte. Trotzdem waren die meisten zu Bett gegangen, denn bis an die Häuser war das Wasser noch nie gekommen. Hier und dort saß vielleicht noch eine alte Frau bei der flackernden Kerze, das Gesangbuch in der Hand.
Den Lotsenkommandeur hatte der Orkan nicht schlafen lassen. Er zog sich an und band sich das dicke Wolltuch fest um den Hals. So trat er hinaus. Tastend tappte er sich weiter. Ziegelsteine polterten von den Dächern und zersprangen auf dem Pflaster, eine Linde lag entwurzelt im Weg. Aus einer windgeschützten Ecke sah er hinaus, soweit das in der Dunkelheit möglich war.
Stephan Jantzen traute seinen Augen nicht. Stimmte es denn? Er verließ die schützende Ecke und wagte sich weiter vor. Wahrhaftig, die Molen waren weg, sie standen unter Wasser. Von den Baken war nichts mehr zu sehen. Als er zurückging und wieder in seiner Ecke stand, klirrte irgendwo das Glas einer Veranda. Er lauschte. Es war still im Ort. Das ist doch nicht möglich, dachte er weiter horchend. Ob nicht die Schritte des Nachtwächters zu hören waren? Endlich sah er einen Schatten. Des Wächters Sturmlaterne brannte schon nicht mehr. „Wecken!“ rief der Lotsenkommandeur, und da sein Wort mehr als das des Vogtes galt, in Warnemünde gab es keinen Bürgermeister, lief der Nachtwächter, mit seiner Knarre lärmend, die Vörreeg bis an das Rostocker Ende entlang. Der zweite Nachtwächter vernahm es und schwang nun seinerseits die Knarre in der Achterreeg. So liefen sie durch die wenigen Gassen und weckten auch den letzten Mann.
Wehe denen, die ihre Boote nicht hoch genug an den Bäumen festgelegt hatten, ihre Fahrzeuge waren zum Teil abgesoffen oder trieben sonstwo. Immer noch stieg das Wasser, und im Strom rauschte es, wie es bisher nie von der alten Warnow zu vernehmen gewesen war. Besorgt sahen die Viehhalter in ihre kleinen Ställe. Wohin mit den Tieren? Doch da rief es sie schon wieder zurück. Der Orkan

begann die Dächer abzudecken. Die Löcher mußten schleunigst zugestopft werden. Fensterscheiben wurden eingedrückt, und der Sturm fuhr in die Räume, daß die Bilder von den Wänden fielen. Man mußte viele Hände haben. Dazu kamen die verängstigten Gesichter der Alten und das Geplärr der Kinder.
Endlich begann es zu tagen. Das Heulen in der Luft war oft unterbrochen von einem schrillen Schrei, so sehr raste das Unwetter. Der Wind jaulte aus allen Ecken, als ob wahrhaftig sämtliche Teufel los wären.
Da drang die Nachricht durch die kleinen Häuser, daß die Dünen nicht gehalten hätten. Das Wasser kam mit dichtem Schwall, gurgelnd und glucksend näher. Vom Kirchplatz her scholl die Kunde, daß sich die See bereits auf dem Diedrichshäger Moor mit dem Breitling verbunden hätte. Die Ängstlichsten faßten sich entsetzt an den Kopf: „Mein Gott, dann sind wir ja eingeschlossen!" Ja, das waren sie, denn die ständig steigende See umspülte die Insel.
Viele Menschen liefen in die Kirche, doch dort mußten sie bald auf die Bänke klettern. Da waren die auf dem Georginenplatz noch besser daran, sie standen wenigstens auf dem Trockenen. Einige Beherzte fuhren in Booten die Leute aus der Kirche heraus und brachten sie in Sicherheit. Bald sammelten sich auf dem Georginenplatz über eintausendsechshundert Menschen. Die Theodor-Körner- und eine Nachbarstraße standen völlig unter Wasser. In den Ställen hatte sich das Vieh auf die Hinterbeine gestellt, um nicht zu ersaufen.
Ein durchdringender Schrei ließ die Menschen aufhorchen. War jemand verunglückt, abgetrieben oder gar schon ertrunken? Der Lotsenkommandeur und einige Mutige drängten sich durch die Menge.
Der Bauhofaufseher auf der andern Seite des Stromes war mit seiner Familie in Gefahr. Wie dort aber hinkommen? Der Strom raste mit unheimlicher Geschwindigkeit. Es mußte aber ein Weg gefunden werden. Die Einwohner des Bauhofes hockten bereits auf dem Hausboden, und das

Wasser fraß schäumend am Gebäude, Balken, Bretter, Boote trieben gegen die Mauern und brachen Stück für Stück heraus. Es konnte gar nicht mehr lange dauern, bis das Haus zusammenstürzte und die Menschen in den Fluten ertrinken mußten.
Ohne viele Worte machten sich die Fischer unter dem Kommando ihres Lotsenkommandeurs an die Rettungsarbeit. Jantzen schoß selber eine Leine hinüber. Ein Glück, daß sie richtig lag. Nach kurzer Zeit konnte ein Boot ausgeschickt werden, um die vom nahen Tod Bedrohten zu retten.
Während dieser aufregenden Stunden hatten viele Männer noch keinen Bissen Brot zu sich nehmen können. Es war ein Tag, wie ihn bisher keiner von ihnen erlebt hatte. Aber endlich, am Nachmittag, drehte sich der Wind weiter nach Osten, so daß der Druck des Wassers nachließ; es begann zu fallen. Bald floß es schneller zurück und entwickelte sich dabei zu einem reißenden Strom. Balken und zersägte Bäume, die in der östlichen Bucht des Breitlings, am Schnatermann, gelegen hatten, kamen wie Raketen angeschossen und jagten durch die aufgeweichten und brüchigen Lehmwände der Häuschen an der Uferstraße.
Als das Wasser schließlich weiter gefallen war, lag die Straße Am Strom voller Holz, Gerümpel, Seesand und Mörtel. An der Stelle der Badeanstalt ragten nur noch Pfähle aus den Fluten. Stellenweise waren die Linden unterspült und umgesunken. Dabei hatten sie die Boote zerschlagen, deren Trümmer dann weitergetrieben waren. Vor der Mündung lagen mehrere Schiffe mit schwerer Havarie, auf einigen hatte die Besatzung die Masten kappen müssen. Der große oder kleine Besitz kaum eines Warnemünders war verschont geblieben. Die See hatte keinen Unterschied gemacht.

Der Lotsenkommandeur

Ein Mann war der unerschrockene Mittelpunkt in der wilden Sturmflutnacht des Jahres 1872, der Lotsenkommandeur Stephan Jacob Heinrich Jantzen. Seiner Umsicht hatten die Warnemünder vieles zu verdanken. Er wurde am 20. Juli 1827 als Sohn eines Lotsenboten in Warnemünde geboren. Er starb 1913, einen Tag vor seinem 86. Geburtstag, als der angesehenste Mann seines Geburtsortes.
Es war in Warnemünde früher üblich, daß fast jeder seinen Spitznamen hatte, Stephan Jantzen hieß „der Großherzog". Obwohl er im Einsatz die Lotsen duzte, sprachen sie ihn doch stets mit „Herr Kommandür" an. Dabei war Stephan Jantzen keineswegs ein hochfahrender, stolzer oder gar unnahbarer Mann. Er war, wie fast alle tüchtigen Menschen, grundgütig, bescheiden, und liebenswürdig. Er war aber auch alles andere als ein Zauderer. Seine Entschlußkraft, sein Wille, sein Wagemut und seine seemännische Erfahrung, seine unerschütterliche ruhige Art und Geistesgegenwart suchten ihresgleichen. Es war fast sagenhaft, mit welcher Kaltblütigkeit der schon Siebzigjährige noch den Tod ansprang, um ihm seine fast sicheren Opfer zu entreißen. Mit schlichten Worten, die treffend den Charakter dieses Lotsenkommandeurs beschreiben, urteilte ein Warnemünder Kapitän und Zeitgenosse über ihn, indem er sagte: „Bang'n wier hei nich, Gefohr kennte hei gor nich, un hei wier ok gaud!"
Und hier sind ein paar Stationen aus dem Leben des unerschrockenen Mannes: Mit 15 Jahren ging er auf einer Rostocker Galeaß zur See. Das war eines jener Schiffe, in denen Kaspar-Ohm, John Brinckmans unvergeßliche Figur, die Zarenäpfel nach Petersburg segelte. Sechs Jahre später bestand Stephan Jantzen seine Steuermannsprüfung für große Fahrt. Er fuhr sieben Jahre als erster Steuermann. Während dieser Zeit erkrankte auf einer Reise nach New York in Bordeaux der zweite Steuermann, so daß Jantzen und der Kapitän die einzigen Offiziere auf dem Schiff

waren. Unterwegs erkrankte auch der Kapitän an den schwarzen Pocken. Stephan Jantzen pflegte ihn trotz der meuternden Mannschaft, die nicht den einzigen gesunden Offizier auch noch durch Ansteckung verlieren wollte, um ohne Führung auf dem Ozean zu treiben. Schiff und Mannschaft erreichten aber wohlbehalten das Ziel.
Zwei Jahre nach seiner Hochzeit mit der Warnemünderin Marie Susemihl holte sich Jantzen das Patent für Schiffer auf großer Fahrt. Er hatte sich in Rostock ein Schiff bauen lassen, das auf den vielsagenden Namen „Johannes Keppler" getauft wurde. Damit segelte er in zehn Jahren zweimal um die Welt. Auf einer dieser Fahrten rettete er bei schwerem Südost an der amerikanischen Küste vierzehn Mann von einer sinkenden portugiesischen Bark. Hierfür erhielt er vom König von Portugal den Christus-Orden. 1866 wurde Jantzen zum Lotsenkommandeur in Warnemünde gewählt. Um diese Zeit retteten die tapferen Warnemünder Lotsen unter seiner Führung, neben vielen andern, neun Mann eines in der Ostbucht gestrandeten finnischen Schoners und zwei Dänen von einem bei Heiligendamm gestrandeten dänischen Küstenfahrer. Während der Rettung der beiden Dänen verloren die Warnemünder Lotsen den Mut. Jantzens Unerschrockenheit riß sie aber dennoch mit. Danach brach er erschöpft zusammen. Sieben Tage später, am Heiligen Abend des Jahres 1873, rettete er mit seinen Lotsen neun Mann einer gestrandeten Brigg in der Ostbucht bei Warnemünde. Mit 67 Jahren rettete er ebenfalls in dieser für die damalige Schiffahrt so verhängnisvollen Bucht vor der Hohen Düne zwei Mann von einem sinkenden Ewer. Dabei geriet er selbst mit dem gekenterten Rettungsboot unter das Wrack, arbeitete sich aber aus den eisigen Fluten wieder empor und wurde nach vier Stunden von einem zweiten Rettungsboot mit den andern zusammen geborgen.
Er war längst ein Siebzigjähriger, als er immer noch das Rettungsboot hinausführte, um Schiffbrüchige den Fluten zu entreißen. Es gab einfach keinen Sturm, der ihn zurück-

hielt, wenn Menschenleben in Gefahr waren. Es gab überhaupt keine Gründe, die ihn abhalten konnten. Wenn Menschenleben Gefahr drohte, so setzte er stets das eigene Leben dafür ein. Er sprang als erster ins Boot, und wenn die übrigen Lotsen auch einstimmig der Meinung waren, daß es glatter Selbstmord sei hinauszufahren, so konnten sie es doch nicht übers Herz bringen, ihn allein fahren zu lassen. Sie sprangen zögernd nach und kamen erfolgreich zurück.

Stephan Jantzen, der auch Beisitzer am Reichsoberseeamt in Berlin geworden war, rettete mit seinen kühnen Lotsen in einem fünfundachtzigjährigen Leben achtzig Menschen vom Tode des Ertrinkens. Er wurde mit mehr Orden ausgezeichnet als mancher General, und er erhielt diese Auszeichnungen nicht für die Vernichtung, sondern für die Erhaltung des Lebens.

Kurz nach der Ostseewoche 1968 wurde am Wohnhaus dieses großen Sohnes des einst so kleinen Hafenortes Warnemünde eine von der Stadt Rostock gestiftete Gedenktafel enthüllt, auf der von dem stillen Heldentum zu lesen ist, das Stephan Jantzen und seine Lotsenbootmänner bei wilder See bewiesen.

Geburt, Hochzeit und Tod

Überlieferungen spielten in Warnemünde seit je eine wichtige Rolle, und es ist noch heute rührend zu hören, wie alte Einwohner von ihren Eltern, Groß- und Urgroßeltern erzählen. An einem solchen Unterhaltungsabend wird ein ganzes Jahrhundert mit all seinen Freuden und Leiden lebendig, mit seiner Urwüchsigkeit und seinen zähen Menschen.

Bereits in vorgeschichtlicher Zeit sollen die Slawen in der Hohen Düne eine Kultstätte gehabt haben, um die sich später ein Kranz von Sagen bildete. Wenn sich aber ebenfalls von Mund zu Mund bis in die Gegenwart erhalten hat,

daß die ersten Ortsansässigen nach der Christianisierung aus Holland und Friesland stammten, so ist das mehr als nur eine Sage, denn Sprachforschungen haben einwandfrei eine Verwandtschaft mit diesen Volksstämmen ergeben.
Wie in Friesland reichte man in Warnemünde den Gästen Tonpfeifen. Daß bei Hochzeitsfeierlichkeiten die Braut früher unter dem großen Hauskessel hindurchkriechen mußte und die Brautjungfern ihn singend umtanzten, ist in Mecklenburg nur in Warnemünde Brauch gewesen, und es gibt noch mehr solche Beispiele der Beziehungen zu Holland und Friesland, so war auch der Brautmantel holländischer Tracht entnommen. Der Warnemünder Ortsteil, in dem diese Sitten lange Zeit fest zu Hause gewesen sind, heißt im Volksmund das Rostocker Ende. Es ist die Häuserreihe von der Vogtei am Alten Strom entlang bis fast an das Werftgelände.
Von der Vogtei aus, de Vaagtie, wurde Warnemünde regiert. Gegenwärtig befinden sich in dem 1605 gebauten Hause an der Ecke Kirchenstraße und Am Strom Verwaltungsdienststellen. Das heutige Gebäude ist der Reihenfolge nach das dritte an der gleichen Stelle. Die Vogtei war neben der Kirche immer das stattlichste Haus im Ort. Dort herrschte der vom Rostocker Rat eingesetzte Vogt und bewirtete die Gäste, denn ihm war seit alten Zeiten Schankerlaubnis erteilt. Fürsten und Ratsmänner, Generale und Admirale haben darin getagt und getafelt, und als Nelson mit seiner Flotte auf der Reede lag, versammelten sich die Würdenträger in der Vogtei, um von dort aus dem englischen Seehelden ihre Aufwartung zu machen. Während des Dreißigjährigen Krieges, in der französischen Besatzungszeit und während der vielen voraufgegangenen Streitigkeiten zwischen Dänemark, Schweden und den Mächten des Kontinents waren es immer wieder die Wände der Vogtei, die Lärm und Streit, Gehässigkeit, Intrigen und schließlich schlechte und gute Beschlüsse mit anhören mußten.
Die am Rostocker Ende stufenförmig nebeneinander ge-

bauten Häuser sind friesischer Bauart und zum Teil schon Jahrhunderte alt. Die treppenförmige Anlage geschah, um auf der einen Seite den Blick auf die See frei zu haben und um auf der andern durch ein Fenster auch den Breitling sehen zu können. Dieser Ausguck war aus folgendem Grund notwendig: Die Rostocker haben jahrhundertelang alle Rechte der Warnemünder beschnitten. Furcht, daß sich das Fischerdorf vor ihrer Nase zu einer Hafenstadt entwickeln könnte, war so groß, daß die Warnemünder in einzelnen Fällen bis in unser Jahrhundert hinein weder Schiffe bauen noch halten durften, es war ihnen auch verboten, bestimmte Gewerbe auszuüben, es durften sich weder Bäcker noch Schlächter dort ansiedeln, und es gab der Schikanen noch mehr.
Diese Drangsalierung führte dann dazu, daß viele Warnemünder nach Rostock oder in andere Städte zogen, und es bildete sich das geflügelte Wort:

Smiet 'n Diewel in' Strom.
Is 'n Rostocker, lat'n driewen!

Es war auch verboten, auf dem Breitling zu fischen. Die Warnemünder dachten aber gar nicht daran, dieses Verbot einzuhalten, denn die Breitlingsfischerei war für sie lebensnotwendig, und sie beobachteten durch das Fenster die Rostocker Fischer. Sobald die Luft von diesen rein war, machten sich die Warnemünder durch Stechen oder Harken an den Aalfang, während sie diesem wohlschmeckenden Fisch im Alten Strom mit Körben nachstellten. Im Rostocker Ende, dessen Bewohner auch Enners oder Gräwers nach dem Bootsgraben genannt wurden, liegt also das älteste Warnemünde. Im Gegensatz zu den Bewohnern der Schanze am Nordende, den Schanzers, sprachen die Enners „väl mihr warneminsch as de annern Warnminner", stellte der um die Sprachforschung in Mecklenburg hochverdiente Professor Wossidlo fest. Auch die Friesen hielten vergleichsweise über ein halbes

Jahrtausend ihre Bräuche und ihren Dialekt in Ehren. Jemand erzählte dem Professor: „Wenn man nah dat Gräwerend güng, dat wier, as wenn man to ’ne anner Oort Minschen keem: de Gräwers harden früher ehr Mucken!“ Wurde gefreit, so nahm sich die Warnminnersch einen Warnminner Jung, selbst dann, wenn er aus der Verwandtschaft war, denn die Hauptsache blieb: ’n Rechtmannskind müßt dat sin! Ein Utlänner, zum Beispiel einer von der andern Seite des Stromes aus der Heide oder gar aus Rostock, kam nicht in Frage. Das junge Paar fuhr, wenn es soweit war, nach Rostock, um sich zu beschenken. Die Braut erhielt ein schönes Brusttuch und der Bräutigam einen nagelneuen Pfeifenkopf. Damit galten sie als verlobt. An einem Freitag, möglichst im November oder Dezember, fand die Hochzeit statt, doch nicht, wenn der Mond im Zeichen des Krebses stand, denn Krewsdag bringt Krewsgang! Am Abend vorher kamen die Bettschmücker ins Brauthaus. Sie wurden gut bewirtet und machten sich danach an ihre Arbeit. War das Bett gemacht, so zeigte es mindestens sechs Kopfkissen und eine Menge Über- und Unterbetten. Unter den Laken lagen oft Bürsten und Holzkloben, oder es stand darunter eine Schüssel mit Wasser. Dabei gab es viel Vergnügen, besonders dann, wenn die Neuvermählten auf den derben Scherz hereinfielen. Gelegentlich war ein Bett auch so lose zusammengesetzt, daß es bei der Benutzung krachend zusammenbrach.

Am Hochzeitsmorgen stellte die Mutter der Braut zwei gekreuzte Tonpfeifen gut sichtbar vor das Fenster, so daß jedermann sehen konnte: Hier is Hochtied! Der Bräutigam ging mittags mit vier oder sechs Beiständen in die Kirche, um zu singen, denn die Warnemünder waren sehr sangesfreudig. Zwei der Beistände entfernten sich dabei unauffällig, um die Braut zu holen, die inzwischen von der Kronenfrau geschmückt worden war. Vor der Haustür warteten bereits die Musikanten, und, rechts und links von je einem Beistand begleitet, begab sich die Braut in die

Kirche. Auf dem Kopf trug sie die mit Glasperlen reich verzierte Brautkrone. Vorauf gingen die Brautjungfern, und hinterher kamen die Angehörigen. Die Jungfern trugen schwarzen Kopfputz und grüne Schürzen mit roten Bändern, während die Männer Schnallenschuhe, Kniehosen und lange dunkle Röcke anhatten, dazu farbige Strümpfe mit roten Zwickeln am Knie. Ihr Kopf war mit einem Dreispitz bedeckt. Diese Sitte hielt sich bis zum Jahre 1850; von dann ab ließen sich die Warnemünderinnen im Myrtenkranz trauen. Die Alten nannten es geringschätzig: „Gräunen Kohl up 'n Kopp!"
Nach der Trauung wurde der Zug mit Freudenschüssen aus Büchsen und Flinten empfangen, und dann ging es ans Kaffeetrinken und Punschen, wobei kräftig aus Pfeifen geraucht wurde. Die Tafel war hufeisenförmig angeordnet, und die Fenster durften nicht verhängt werden, denn de Hochtied weer mihr buten as binnen! Die vor den Fenstern stehenden Mädchen waren so sehr in den Anblick der Feier versunken, daß die Burschen ihnen die Röcke unbemerkt zusammennähen konnten.
Wurde von draußen ans Fenster geklopft, so mußte sich die Braut erheben und ihren Staat zeigen. Den Schaulustigen vor der Tür waren laufend Upeters oder Risknust, Kuchen und Reis, zu reichen. Ging dies zu langsam, so wurde laut gerufen: „Bi juch is woll nix los?"
Auch den Gästen an der Tafel durften die Speisen nie ausgehen. Es gab Rindfleisch mit Senf und Zwiebeln oder mit Pflaumen, Maischollen, Flundern, Dorsch, Hering oder Steinbutt in Brackwasser gekocht, dazu Reis mit Zucker und Kaneel so dick, dat 'n lütten Snieder dorup danzen künn, wie Barnewitz erzählt. Waren alle nudelsatt, so wurde aufgeräumt, um tanzen zu können. Da knarrten bei den alten Wechseltänzen die Dielen und glühten die Wangen; Kegel hießen diese Tänze, Katt un Mus, Scharprichter-, Großvadder-, Weber-, Schäper- und Küsserdanz. Beim Kußtanz ging die Dame, ihr Taschentuch hochhaltend, durch das Zimmer, vom Tänzer gefolgt, der ab-

wechselnd mit der rechten und linken Hand nach dem Tuch griff und bei jedem Vorbeigehen der Dame einen Kuß aufdrückte. Gegen Morgen wurde der Großvatertanz getanzt, bei dem alle durch ein Fenster kriechen mußten. Eine solche Hochzeit dauerte oft mehrere Tage, und obwohl kräftig getrunken und tüchtig in Hemdsärmeln getanzt wurde, kam es nie zu einer Schlägerei.

Nachdem die Braut „abgetanzt" worden war, begann der Ernst des Lebens. Meistens fuhr der Mann zur See, wozu er den Brutbramwien mitbekam. Es handelte sich um eine kannenförmige Tonflasche mit Kirschbranntwein. Die Frau blieb im Hause, und es war eine schwere Arbeit, die ihrer harrte; nicht allein, daß es im Ort nur zwei Pumpen gab, peekte sie doch auch im Winter, feinen Sand im Schlitten, über das Eis nach Rostock, um zusätzlich ein paar Schillinge zu verdienen. Im Sommer ruderte sie mit andern Frauen nach jedem Fang die Fische in „de Kleterjell", der Klönjolle, zum Rostocker Markt und verhökerte sie selber. Tag für Tag war sie vor Tau und Tag auf den Beinen, um das Lebensnotwendige zu erwerben. Ihre Hände lagen selten im Schoß; wurde nicht gesponnen, so hatte sie zu stricken; ahn Knütt, ohne Strickzeug, sah man die Warnemünderin selten. Sie hatte schon als Mädchen wenig Zeit zum Spiel gehabt, denn Müßiggang galt als großes Laster, außerdem war das Einkommen der meisten Familien so gering, daß die Kinder bereits früh mitarbeiten mußten. Glücklich war die junge Frau, wenn der Mann zur Zeit ihrer Niederkunft zu Hause war. Er nahm die Kreißende auf den Schoß und ging auch sonst der Hebamme zur Hand. Dabei erhielt die künftige Mutter zur Schmerzlinderung tüchtig Branntwein eingeschenkt. Nach der Geburt mußte sie dick mit Schmalz bestrichene Brotbrocken essen, wovon die Gedärme wieder geschmeidig werden sollten. Ein langes Wochenbett konnte sich die Warnemünderin nicht leisten, denn die Arbeit wartete im Hause und vor der Tür.

Die Taufe fand wegen der hohen Kindersterblichkeit

spätestens drei Tage nach der Geburt statt. Ehelich geborene Kinder trug man mit unverhülltem Kopf zur Taufe, während die unehelich geborenen mit der Schürze bedeckt wurden. Zur Schule gingen die Kinder nach Gutdünken, ältere blieben oft wegen der auf sie wartenden Arbeit zu Hause.
Klopfte dann nach einem arbeitsreichen Leben eines Tages Freund Hein an die Tür, so wurde die Leiche in der besten Kleidung in der erleuchteten Diele aufgebahrt. In der badegastfreien Zeit geschah dies in der unverhängten Veranda. Die Angehörigen saßen bei Punsch und Grog in der guten Stube und hielten Wache. Nachdem am Beerdigungstage der Küster mit den Kindern gesungen hatte, machte sich die Totenfrau auf, um die aus jedem Haus gestellten Folger zusammenzurufen. War der Tote jung, so wurde er in Höhe der Hüfte getragen, war er dagegen alt, so trug man ihn über den Köpfen zum Friedhof. Der Zug führte immer durch die Vörreeg, Am Strom entlang, denn der Tote sollte noch einmal die See sehen, und somit war wiederum ein Lebensschiff für immer vor Anker gegangen.
Warnemünder Traditionen kann man nicht nur in dem vor einigen Jahren vorbildlich restaurierten und 1979 wiedereröffneten Heimatmuseum kennenlernen, sondern auch alljährlich beim zweitägigen „Warneminner Sommerfest". Mitarbeiter in der Kulturkommission der Warnowwerft waren es, die auf einen alten Brauch aufmerksam wurden, den Umgang, früher Schott oder auch Bullenhochtid genannt.
Seit altersher war es Sitte, daß der Wortführer der Bürgerältesten bei seiner Wahl ein großes Essen gab, allerdings zu Lasten der Bürgerkasse. Er wurde aller zwei Jahre am Tag nach Aschermittwoch gewählt. Gleichzeitig wurden verschiedene Funktionen verteilt, darunter auch das Amt des Bullenvaters, das einen der Bürgerältesten berechtigte, den ‚amtierenden' Bullen zu halten, daher auch der Name ‚Bullenhochtid'.

Nach einem Umzug, der zumindest durch die Vörreeg und die Achterreeg ging, stellte der neue Wortführer sich bei der Vogtei dem Vertreter des Rostocker Rates vor. Nach einem traditionellen Zutrunk überreichte der Ratsvertreter dem Wortführer ein kleines Geschenk. In einer Chronik ist von „einem feinem Pfunde Kaffee" die Rede. Reste des Brauches haben sich bis 1909 gehalten.
Der Umgang wird heute von allen Betrieben Warnemündes und den ortstypischen Einrichtungen gestaltet. Volkskunstzirkel beteiligen sich an seiner Vorbereitung. Es entsteht ein farbenprächtiges Bild, das einen Bogen von der Vergangenheit bis in die Gegenwart schlägt. Der Zug führt vom Zollhaus durch die Stadt bis zum Leuchtturm, um wie in vergangener Zeit bei der Vogtei zu enden. Ein Vertreter des Rates der Stadt begrüßt den symbolischen Wortführer mit einer Rede in Niederdeutsch. Der Umgang findet jährlich am Sonnabend der ersten vollen Juliwoche statt.

Raddampfer, Schiffer und Dichter

Anfang der dreißiger Jahre des vorigen Jahrhunderts, als Dampfschiffe die Segler abzulösen begannen, wurde auf Veranlassung einiger Rostocker Aktionäre ein Raddampfer aus Newcastle gekauft, der auf der Warnow als Passagierdampfer unter dem Namen „Stadt Rostock" lief.
In dieser Zeit wohnte in einem kleinen Häuschen, das an der Stelle des heutigen Café Atlantik stand, der Schiffer Hans Jochen Kreplien. Er war ohne Zweifel ein Mann, der genau wußte, was er wollte. Wie die meisten Warnemünder hielt er wenig von den Rostockern, doch im Gegensatz zu ihnen, die ihren Spott über den ersten Stinkpott losließen, schwieg er, und als die Rostocker schon nach wenigen Jahren nicht mehr recht mit dem Raddampfer fertig werden konnten, griff Schiffer Kreplien zu und kaufte ihn. „Sast mal sehn", sagte er zu seinem besten Freund, „den' führ

ick as Schlepper. Dor kann'k 'n rieken Mann bi warden." Er irrte sich nicht und hat sein Brot gut verdient.
Auf die Rostocker war er aber trotzdem nicht gut zu sprechen. Die Abneigung saß bei den Warnemündern zu tief. Als ihm eine von dem Apothekersohn und Rostocker Senator Grimm erlassene Verfügung nicht gefiel, drückte er öffentlich sein Mißfallen darüber aus und sagte: „Wat will de oll Pillendreiher oewerhaupt?" Darauf wurde er in die Vogtei bestellt, um wegen Verunglimpfung eines Ratsherren Buße zu zahlen. Zwischen ihm und dem Vogt entwickelte sich folgendes Gespräch: „Wat kost de Schiet?"
„Eenen Daler!"
„Denn segg ick noch eens Pillendreiher. Hier hebben Se twe Daler!" Er war ein unverwüstlicher Mann, der noch mit 86 Jahren im selbst gebauten Boot auf offener See Klaashahns schoß und auch das Dach seines Häuschens selber teerte. Dabei sah ihn sein Sohn, der Schiffer Hans Kreplien, und rief: „Vadder, du süst man von dat Dack dalkamen, du künnst uns runnerfallen!" Worauf er die swienplietsche und selbstbewußte Antwort erhielt: „Min Jung, holl mal den' Teerpott wiß, ick möt mi nämlich grad 'n Priem achter de Kusen schuben."
Der Sohn, ein guter Freund vom Lotsenkommandeur Stephan Jantzen, ist einer von den Schiffern gewesen, die die große Sturmflut von 1872 auf der Reede von Warnemünde abritten, weil sie der Grundseen wegen nicht einlaufen konnten. Er ließ sich mit seiner Bark „Rosalie Ahrens" nach Travemünde treiben, wo er den Hafen anlief, um dann einige Tage später wohlbehalten in Warnemünde festzumachen.
Stephan Jantzen sagte darauf: „Ick heww dat wüßt, Hans, dat de See di nix anhebben künn."
Schiffer Hans Kreplien, der Am Strom 96 wohnte, gab seinem Enkel auf dessen Frage, ob er von Anfang an gern zur See gefahren sei, eine Antwort, die für die meisten Seeleute typisch ist. „Ja, Jung", sagte er, „dat will 'k di

seggen, hard ick up de ierst Reis Land hadd, wir'k von Burd lopen!"
Auf dieser ersten Reise mußte Kreplien an der Reling Mehlwürmer aus dem Hartbrot klopfen. Hatte er einen Sack voll Brot bearbeitet, stellte ihm der Schiffer persönlich schon den nächsten hin. Die Kost auf mecklenburgischen Schiffen war früher keineswegs besonders gut, man sparte, wo man konnte, denn Verdienen wurde sehr groß geschrieben. Fast hätte diese Arbeit und das Leben an Bord dem Jungen die Lust am Seemannsberuf für immer verleidet, er stand aber durch und wurde Schiffer auf großer Fahrt.
Als Kreplien im Alter nicht mehr fuhr, ging er wie die meisten Alten stundenlang Am Strom eine Schiffslänge auf und ab. Sein Begleiter war der Lotsenkommandeur. An der jeweiligen Schiffslänge dieses Auf und Ab unterschieden die Warnemünder bereits aus der Ferne den Schiffer eines großen von dem eines kleinen Schiffes und umgekehrt.
Von den beiden Freunden legte sich Hans Kreplien als erster zum Sterben nieder. Am Abend vor der Beerdigung kam Stephan Jantzen, um Abschied zu nehmen. Er stand lange sinnend neben seinem toten Freund, die Hand auf den Sarg gestützt, und ging dann einsam durch die Nacht nach Hause.
In der Veranda dieses Kreplienschen Hauses saß auch oft Johannes Trojan. Er gehörte zu den der Wirklichkeit zugewandten deutschen Dichtern, in deren Werken ein feiner Humor mitschwingt. Bei einer Flasche Rotspon ist dort Am Strom manche Zeile entstanden, die von des Dichters Gattin aufgeschrieben wurde. Die Verse machten in den Bänden „Beschauliches", „Gedichte" und „Scherzgedichte" ihren Weg in die Öffentlichkeit. Auch das Prosawerk „Strand und Heide" fand, nach langen Wanderungen durch die Rostocker Heide, Am Strom in Warnemünde seinen ersten Niederschlag. Trojans Freund, der Dichter des Leberecht Hühnchen, Heinrich Seidel, hat ihn im

Kreplienschen Hause oft besucht. Zuweilen machten die Freunde auch gemeinsame Spaziergänge, von denen Seidel hinterher behauptete, daß solche Unternehmungen leider immer verregnet seien.

Einer, der den Niederdeutschen besonders teuer ist, weil er ihre Sprache in seiner Prosa und Lyrik unverfälscht gestaltete, und der unter der Demagogenverfolgung schwer gelitten hat, ist der Dichter des „Kasper-Ohm un ick“ und des „Vagel Grip“, John Brinckman.

Während der Jahre 1850 bis 1870 verbrachte er Sommer für Sommer viele Wochen im Hause Am Strom 35. Niemand hat die Sprache der Waterkant so lautgetreu und sinngemäß wiedergegeben wie Brinckman, der neben seiner dichterischen Tätigkeit noch schwer um die Erhaltung seiner vielköpfigen Familie ringen mußte. Er war den Fischern und Schiffern kein Unbekannter, er galt als ihresgleichen. So saß er oft mit ihnen zusammen und kannte sie wohl besser als sie sich selbst. Sein Leben fand leider ein unglückliches Ende. Im Winter von einer Beerdigung heimkehrend, fuhr er in einem Bahnwagen, der während der Fahrt Feuer fing. Um nicht zu ersticken, kletterte John Brinckman auf das Trittbrett und erkältete sich dort auf den Tod.

In den letzten Jahren bis zu seinem Tode lebte in Warnemünde der Dichter und Nationalpreisträger Kurt Barthel (Kuba). Seine Werke sind ein leidenschaftliches Bekenntnis zur sozialistischen Idee. Sein „Gedicht vom Menschen“ ist eins der größten und schönsten Lyrikwerke unserer Zeit. Für die Rügenfestspiele schrieb er die dramatische Ballade „Klaus Störtebeker“.

Es sei an dieser Stelle aber auch der Ironie eines Dichters Raum gegeben, der anscheinend nicht die besten Erinnerungen an seinen Badeaufenthalt bewahrte. Als Fontanes Tochter in Warnemünde weilte, erhielt sie von ihrem Vater folgenden Brief:

„Es freut mich, daß Dir Warnemünde wieder so sehr gefällt; es wäre auch reizend, wenn es nicht so reizlos wäre.

So z. B. die Kiefernschonung, sie wirkt wie eigens für die Kiefernraupe angelegt, und doch fehlte selbst diese, als ich 1870 im Schatten dieser schattenlosen Anlage spazierenging. Vielleicht ist es jetzt besser; doch sah das Ding aus, als sei es als Krüppel geboren und müsse bleiben, wie es ist. Dann ist noch die ‚Vogtei'.
Aber der Kaffee hatte immer einen Beigeschmack, und der Ozongehalt der Luft wurde durch die Flunder siegreich niedergekämpft. Das beste: Der Schnatermann ist mir süßes Geheimnis geblieben. Übrigens, meine süße Mete, vergiß beim Baden nicht, daß Du eine Erdgeborene bist und trotz unserer Herkunft aus dem südlichen Frankreich nicht von den Lusignans stammst, aus denen die schöne Melusine entsproß. Wolle also nicht zu sehr ‚Meermaid' sein und halte Dich im Seh- und Stimmbereich mecklenburgischer Badefrauen. Vor denen erbangen selbst die Geister der Tiefe ..."

Aus schweren Zeiten

Im letzten Viertel des vorigen Jahrhunderts führte die sich jetzt weit an der See hinziehende breite Promenade nur bis zur heutigen Heinrich-Heine-Straße, und es war für eine gewisse Gesellschaftsschicht kaum Sitte, auf ihr spazierenzugehen oder etwa am Strande der Ostsee Sonnenbäder zu nehmen. Letzteres besonders wäre ein Verstoß gegen das bürgerliche Herkommen gewesen, den man schwer wieder hätte gutmachen können. Der von Wellen bespülte Strandstreifen, viel näher an der Promenade gelegen als heute, war für die kleinen Kinder reserviert, die sich dort lustig die Zeit vertrieben; nicht alle durften Schuhe und Strümpfe ausziehen, um im Wasser umherzupatschen.
Die Erwachsenen spielten das beliebte Krocket auf den Rasenplätzen vor den Häusern Am Strom, beobachteten interessiert die Ankunft und Abfahrt der Rostocker Dampfer, tummelten sich in den kleinen Booten auf dem Strom,

besuchten die einzige Konditorei und was der Freuden mehr waren. Gebadet wurde in den streng voneinander getrennten Herren- und Damenbadeanstalten. An ein oder zwei Tagen in der Woche fand abends von acht bis zehn Uhr Tanz statt, an dem die Töchter nur in Begleitung ihrer Mütter teilnehmen durften.

Das Aussehen des Ortes wandelte sich bald zusehends. Die Straßen wurden ausgebessert, die Häuser schöner eingerichtet, eine Zeitung erschien dreimal wöchentlich, sogar ein Bade-Anzeiger mit der Liste der eingetroffenen Gäste wurde herausgegeben, und an der Promenade wie Am Strom brannten Bogenlampen.

Als die Zahl der Badegäste fünfzehntausend überstiegen hatte, reichte das Wasser aus den Pumpen nicht mehr für alle, noch dazu war es gelbes Moorwasser und nicht sehr bekömmlich. Fortan wurde Wasser in Tankwagen und Schiffen aus Rostock herbeigeschafft und für ein paar Schillinge eimerweise abgegeben, bis die Wasserleitung gelegt worden war.

Das bürgerliche, behagliche Ferienleben hielt sich auch noch nebenher, als die großen Hotels und Fremdenheime entstanden waren und als sich der Strom der Badegäste längst nicht mehr zur Hauptsache nur aus Rostockern zusammensetzte. Noch kurz vor 1914, als bereits Flugzeuge über den Köpfen der unwillig oder interessiert Hochschauenden zu surren begannen, gab es die Art der Anreise von vollzähligen Familien nebst Haushaltshilfen, mit großen Korbschließkoffern voll Eßwaren und Kochgeschirr. Glücklich, wer Am Strom eine Wohnung mit geräumigem Balkon bekommen hatte. Die Mahlzeiten auf diesem wurden gewürzt durch den Blick in die Weite über die Mittel- und Ostmole, durch das Anlegen und Abfahren der Schiffe, durch den Anblick der vorbeipilgernden, mehr oder weniger extravagant gekleideten Badegäste. Fast niemand aus dem Kreise dieser Menschen aber ahnte auch nur im entferntesten, daß er unmittelbar vor weltpolitischen Ereignissen stand, die alle geruhsamen Friedensjahre über

den Haufen werfen sollten. Für manches junge weibliche Wesen, das, fröhlich eingehakt, mit dem Auserwählten auf der Strandpromenade schlenderte, hatten die folgenden Monate und Jahre das Trauerkleid und die große Einsamkeit bereit.

Leer und ungepflegt lag der Strand nach dem ersten Weltkrieg. Nur allmählich entwickelte sich das alte Badeleben in zeitgemäßer Abwandlung, bis die große Freudesehnsucht nach allzu vielem Hunger, nach Entbehrungen und schwerem Leid die Menschen packte. Sie strömten wieder in großen Scharen an den Strand, um sich in der frischen Seeluft zu erholen.

Die Einwohner waren darauf bedacht, ihren Gästen den Aufenthalt so angenehm wie irgend möglich zu machen. Der 1925 geborene Bootsmann Voß vom Lotsenversetzboot erzählte, daß er selbst miterlebte, wie sein Großvater das Rad der Schiebkarre mit Baumwolle umwickelte, wenn er Schollen oder Heringe ausrief. Das Rattern konnte die Gäste stören. Ja, die Rücksichtnahme ging so weit, daß sich die Fischer auf ihren Kuttern bis an die Mole stakten und erst dort den Motor anwarfen.

Nach einer kurzen Scheinblüte flatterte eine Unzahl Fähnchen am Strand. Der in Fahnen und Versprechungen schwelgende Faschismus nützte die Zeit zu einem leichten Sieg. Damals war es, daß wegen ihrer politischen Gesinnung fristlos Entlassene während der kälteren Jahreszeit Unterschlupf in einer leerstehenden Hotel-Sommerwohnung fanden.

Bald brausten auffallend viele Flugzeuge über Warnemünde. Die Flieger waren mit ihren verwegenen Flügen die Helden des Tages. Glänzender noch gestaltete sich Warnemündes Badeleben, bis diese kurze Zwischenperiode vorüber war und die Menschen mitten im zweiten Kriege standen, dem ungeahnt viel grauenhafteren noch als dem ersten. Warnemünde verdunkelte alle Lichter, um sich zu ducken und nicht gesehen zu werden. Die hell leuchtenden Hotels, Villen und Fremdenheime am Strande wurden mit grauer Farbe getarnt. Sand verwehte die breite Promenade.

Grau in grau erschien nach dem schreckensvollen Kriege auch Warnemündes Zukunft. Die Wohnungsnot war groß, und bei dem andauernden Zuzug von Werftarbeitern glaubten die Schwarzseher das Ende des Badebetriebes voraussagen zu können. Sie haben sich gründlich geirrt. Seit 1956 ist Warnemünde, trotz seiner Industrie, wieder der beliebte und infolge seiner Vielseitigkeit interessante Ferienplatz, die Freude der Werktätigen.

Gute Fahrt, „John Schehr"

Wenn in der kalten Jahreszeit der Wind steif aus Ost und Nordost bläst, bis eines Tages die See erstarrt und das vorher so lebendige Wasser schweigt und spröde wird, dann umklammert es mit eisigem Griff die Leiber der großen und kleinen Kutter. Dicht aneinandergedrängt liegen sie im Alten Strom und träumen vom warmen Südwind, der sie aus der Umklammerung befreien wird.
Kutterführer und Decksmänner haben alle Hände voll zu tun. Da ist das Netzzeug und das laufende Gut zu flicken, an dem Motor gibt es etwas auszubessern, und es ist auch sonst noch allerlei zu erledigen.
Doch einmal ist auch diese Arbeit getan. Wenn der Winter dann immer noch nicht ans Scheiden denkt, werden die Stunden lang, und die Hände graben sich tief in die Hosentaschen hinein. Und es kommen die nagenden Gedanken, denn das Konto auf der Sparkasse wird immer kleiner. Von diesen Sorgen wurde bisher keine Warnemünder Fischergeneration verschont, sie sind ihnen seit Kindesbeinen bekannt.
Doch es gibt ab Januar 1955 Fischer, die kennen seitdem diese Sorgen nicht mehr. Sie sind in der Produktionsgenossenschaft werktätiger Fischer „John Schehr" zusammengeschlossen. Diesen Fischern ist in harten Wintertagen, die sie zur Untätigkeit zwingen, der Grundlohn aus den genossenschaftlichen Rücklagen sicher. Das sind immerhin 400 M und mehr im Monat. Leicht ist es zu diesem Zusammenschluß nicht gekommen. Die Bestrebungen, eine Genossenschaft zu bilden, waren bereits 1953 im Gange, dabei gab es aber heftige Auseinandersetzungen, bei denen es hieß: „Wenn ihr eine Genossenschaft bildet, fliegt ihr mitsamt eurem Plünnenkram in den Strom!" Und doch kam es zu einer Gründung.
Im Januar 1955 taten sich zwölf Fischer zu einer Genossenschaft zusammen. Der sich darauf schnell einstellende Spott war bitter, denn sie besaßen keine Boote. Nur einer

brachte ein überaltertes Fahrzeug mit, das wegen seines schadhaften Motors gar nicht zum Einsatz kommen konnte. Der Staat aber half und stellte vier gut ausgerüstete 17-Meter-Kutter zur Verfügung.

Im Februar desselben Jahres holten sich die Mitglieder die ersten zwei Kutter aus Saßnitz ab. Auf der Höhe von Kap Arkona konnten sie nicht mehr widerstehen und warfen die Netze aus. Sie wollten nur einmal mit den neuen Booten einen Fang probieren, und sie trauten ihren Augen nicht, als dieser erste Fischzug gleich 40 Zentner Fisch brachte, wovon über die Hälfte Heringe waren. Nachdem die glücklichen Fischer aus Freude einen kräftigen Schluck aus der Buddel genommen hatten, hielten sie Kurs auf Warnemünde.

Am Alten Strom hatte sich ihr Kommen schnell herumgesprochen, und es stand sogar eine Musikkapelle bereit, die sie schallend empfing. Danach aber fiel ein Wermutstropfen in den Becher der Freude, denn grollend verkündeten die Gegner der Genossenschaft, daß so ein Theater höchstens 14 Tage dauern würde, dann flöge die ganze Genossenschaft mit Musik auch wieder aus Warnemünde hinaus, und als die beiden Kutter löschen wollten, wurden ihnen keine geringen Schwierigkeiten bereitet. Diese gewiß recht kabbelige See brachte die Genossenschaftsfischer aber nicht von dem einmal gesteckten Kurs ab.

Im April 1955 erließ die Regierung eine Verordnung zur Verbesserung der Lage werktätiger Fischer. Auf Grund dieser Verordnung wurden an der Ostseeküste vier Fischereifahrzeug- und Gerätestationen gebildet, von denen eine ihren Sitz in Warnemünde hat. Diese Stationen entsprechen den Maschinen-Traktoren-Stationen auf dem Lande. Die stellen Fahrzeuge und Geräte gegen entsprechende Gebühren allen Fischern zur Verfügung.

Seitdem sind einige Jahre vergangen, doch die Genossenschaft wurde inzwischen nicht mit Pauken und Trompeten aus Warnemünde hinausgejagt, im Gegenteil, in ihr waren 1958 bereits 44 Fischer mit einem Durchschnittsalter von 30 Jahren zusammengeschlossen, denen acht 17-Meter- und drei 24-Meter-Kutter zur Verfügung standen. Ihr Durchschnittsverdienst betrug im selben Jahr 9400 M.

Für nichts und wieder nichts ist dieses Geld aber nicht verdient worden, denn sobald die See es nur zuläßt und offenes Wasser ist, wird es nicht nur an Deck lebendig, sondern auch im Innern der schmucken Fahrzeuge, dort, wo bald darauf das Herz des Schiffes zu schlagen beginnt. Schon in den frühen Morgenstunden, bevor die Frühaufsteher zum ersten Zug nach Rostock eilen, tuckert und töfft der Motor in hellen und dunklen Tönen mit dem Gehämmer auf der Werft um die Wette.

Am Bollwerk ist trotz der Dunkelheit emsiges Leben, und wenn alles übernommen ist, schlägt der Diesel einen anderen Ton an. Langsam gleitet dann das Fahrzeug den Alten Strom entlang. Eine frische Brise aus Nordwest springt durch die Kronen der hohen Linden und bringt der Besatzung den ersten Gruß vom Meer. Beim Kontrollposten an der Mittelmole werden die letzten Formalitäten erledigt, und danach geht es mit voller Fahrt hinaus auf die offene See.

Hinter der Westmole schaut Rasmussens schaumgekröntes Haupt gelegentlich über Bord, und in den Stagen singt kräftig der Nordwest. Während die 17-Meter-Kutter im Frühjahr bei Bornholm, im Sommer vor Warnemünde und im Herbst am Darß mit je vier Mann Besatzung fischen, jagen die 24-Meter-Kutter vom Juni bis Oktober den Hering in der Nordsee. Während der übrigen Zeit des Jahres fischen sie ebenfalls bei Bornholm, vor der Danziger Bucht und wo es sich sonst noch in der Ostsee lohnt.

Zum Fang in der Nordsee führt sie der Kurs durch das Skagerrak. Acht Mann ist die Besatzung stark, und vierzehn Tage bis höchstens drei Wochen bleibt sie unterwegs.

Wenn der Wind auf einer solchen Reise fortgesetzt steif aus Nordwest brist und nicht daran denkt umzuspringen, dann bleibt den Fischern nichts weiter übrig, als den ganzen Tag Ölzeug zu tragen, denn die graue Nordsee rollt herzhafter als die blaue Ostsee, die natürlich auch ihre Mucken haben kann.

Die Fischgründe der Doggerbank, seit Jahrhunderten von Fischern aus fast allen europäischen Nationen gern aufgesucht, sind das Ziel. Dort steht um diese Zeit gewöhnlich der Hering und zieht langsam über das Gat durch den Kanal in den Atlantik.

Ist das Netz ausgeworfen, so richtet sich die Stimmung an Bord danach, ob „de Büdel vull orer leddig" an Deck gehievt wird. Wenn schließlich der Sprit grade noch für die Rückreise reicht, geht es mit voller Fahrt auf Heimatkurs. Ist das Glück den Fischern günstig, so liegen wohl an die 700 Zentner Fisch in den Kisten, es sind aber auch manchmal nur 20 Zentner gewesen.

Während einer solchen Fangreise gab es alle Hände voll zu tun. Die Dorsche wurden gleich ausgeschlachtet, andere Fische verpackt, und das Kroppzeug flog von Bord, darunter auch die Makrelen. Sie sind zu weich und verderben zu leicht, darum werden nur die vom letzten Fang mitgenommen.

Schreiend und gierig nach allem schnappend, was über Bord ging, umkreisten die nimmersatten Möwen den Kutter. Doch noch ein anderer Trabant stellte sich ein und wollte seinen Tribut haben, der Thunfisch. Er wiegt bis zu sechs Zentnern und ist eine begehrte Beute für Spezialisten, da er geangelt werden muß.
Als die Hauptarbeit getan war, flog deshalb die Angelleine mit einer fetten Makrele am Haken über Bord. Statt der Feder oder Pose wie bei der gewöhnlichen Angelei war an der Leine eine Luftblase von 50 Zentimeter Durchmesser befestigt. Ein spannender Augenblick begann.
Petri Heil, der Thun hatte gebissen!
Jetzt kam es darauf an. Stahlhart muß der fingerdicke Haken sein, sonst biegt der Riesenfisch ihn gerade und verschwindet auf Nimmerwiedersehen. Der Haken aber hielt, und der verzweifelte Kampf begann. Die dicke Luftblase zog den tobenden Fisch immer wieder aus der Tiefe und machte ihn schließlich so matt, daß er an Bord gehievt werden konnte.
Vor der Dunkelheit wurde er nicht ausgeschlachtet, denn der Thun ist ein Warmblüter, und es heißt, daß weit und breit kein anderer mehr anbeißt, wenn seine Eingeweide am Tag über Bord fliegen. Es ist zwar möglich, daß die Thunfische während der Nacht das Schiff gar nicht begleiten, auf alle Fälle aber ist dies ein Seemannsbrauch, an dem nicht gerüttelt wird.
Nach geglücktem Fang ist schon mancher Kutter von „John Schehr" mit der starken Schwanzflosse des Thuns als Trophäe am Mast im Warnemünder Hafen eingelaufen, und die Beute brachte einen zusätzlichen Verdienst, der mitzunehmen war.
Auf die Frage, ob ein solcher Fang Spaß macht, antwortete ein junger Decksmann: „Ja, wenn he ansitt, denn makt 't Spaß, sünst is 't Schiet!"
So ist die Genossenschaft in wenigen Jahren eine Gemeinschaft geworden, die ihren Mitgliedern nicht nur in Krankheitsfällen und bei anderen sozialen Schwierigkeiten

hilft, sondern sie verbessert auch laufend die Arbeitsbedingungen der Fischer. Dies hat die Küstenfischer, die sich hauptsächlich mit der Reusen- und Angelfischerei beschäftigen, nicht ruhen lassen. Sie schlossen sich 1956 ebenfalls zu einer Produktionsgenossenschaft zusammen, und sie sind nicht schlecht dabei gefahren.

Eine solche Vereinigung als Rückhalt zu haben ist etwas anderes, als auf die launenhafte Witterung angewiesen zu sein und von der Hand in den Mund zu leben, aber zugegeben, es ist auch nicht leicht, mit einer alten Familientradition zu brechen. Wie mancher Fischer aber, den längst der Rasen deckt oder über den die See ihre unruhigen Wogen rollt, würde dazu sagen: „Wenn wir die Möglichkeiten gehabt hätten, die ihr heute habt, wir wüßten, was wir täten!"

Zwar trägt der Strom auch in den 80er Jahren noch immer das Beiwort „Alt", dennoch hat die rasante Entwicklung an seinen Ufern nicht Halt gemacht. Statt der drei Fischergenossenschaften gibt es nur noch eine, größer und rentabler als die drei Vorgänger, wenn auch das äußere Bild am Alten Strom sich kaum geändert hat. Auslaufen ist immer noch um drei Uhr morgens oder um zwei. Und das zu jeder Jahreszeit, soweit das Wetter es zuläßt. Sind Wind und Eisgang zu mächtig, ist dem Decksmann ein Monatslohn von 1000 Mark gewiß. Der Maschinist bekommt 100 Mark mehr, der Schiffsführer 200, auf den Tag umgerechnet, versteht sich.

Nicht jeder, der seinen Gang dem Wiegen der Wogen nachempfunden hat und in Warnemündes Gaststätten beim Grog sitzt, ist Fischer, selbst dann nicht, wenn er tatsächlich mit einem der fast 30 Fahrzeuge der FPG aus- und wieder einläuft. Fischer darf sich nur nennen, wer Netze machen kann. Der Decksmann hält sie nur, behaupten Warnemünder Zungen und fügen hinzu, dieser habe von seiner Tätigkeit auch längere Arme als der Fischer.

Die FPG verfügt heute über 12-Meter-Kutter, 17-Meter-Kutter und Stahlkutter. Letztere können bis zu einer

Woche auf See bleiben, größere Netze mit sich führen und die Ware entsprechend länger halten. Die Familie der Warnemünder Fischer zählt 260 Mitglieder.
Freilich mag manch einer an die Jahre zurückdenken, als der Fisch für die Warnemünder noch in der ganzen Ostsee jagbar war. Heute sind die Fanggründe auf ökonomische Zonen beschränkt. Aber auf Vertragsbasis werden auch dänische und schwedische Gewässer befischt. Hering, Dorsch und Plattfisch sind die Beute und kommen per LKW und Eisenbahn entweder sofort zum Versand oder in die Kammern der genossenschaftlichen Räucherei, werden zu Marinaden verarbeitet oder in Salz gelegt. 1980 erreichte die FPG eine Warenproduktion im Werte von 8,4 Millionen Mark.
Ein Neubau dokumentiert verbesserte Arbeits- und Lebensbedingungen. An Bord wurden moderne Heizungen installiert, Kanonenöfen sind Geschichte geworden, Sortiermaschinen haben den Handbetrieb abgelöst. Und der Kenner sagt, das mit den langen Armen der Decksleute sei Düskram und fragt, ob man denn noch nichts von Netztrommeln gehört habe.
Fast zugeklappt ist das Kapitel der Küstenfischerei, denn es gibt nur noch einen echten Küstenfischer, und ein zweiter betreibt diese Art des Fischens nur noch nach Feierabend. Um zwei zahlreicher sind die „Türken“, wie der Warnemünder Fischer sagt. Seit langem benutzt er diesen Ausdruck, der auf die alte Fehde zwischen Rostokker Fischern und denen von Warnemünde zurückgeht. Von Zwietracht ist heute allerdings nicht mehr die Rede. Die vier Rostocker sind Mitglieder der Warnemünder FPG. Was sie auf Breitling und Unterwarnow fangen, das ist jedoch nur noch als Futterfisch zu verwenden, in der Regel jedenfalls, denn der penetrante Dieselgeschmack ist die Kehrseite der Hafenmedaille.
Wen das aber alles nicht interessiert, eins bleibt ihm: Das schöne Bild am Alten Strom, wenn die Kutter vertäut sind, und er mag es romantisch nennen.

Der Hägerort mit dem Bad Nienhagen

Land unter hohem Himmel

Weit, unendlich weit dehnen sich die Felder und Wiesen des Hägerortes, und ein hoher Himmel steht darüber. Flach wie ein Teller ist die Landschaft, so daß die stroh- oder schilfgedeckten Walmdächer ihrer Bauernhäuser mit den Hausbäumen davor schon aus großer Ferne zu erkennen sind; Mühlen und Kirchen ragen so hoch über sie hinaus, daß der Turm von Lichtenhagen den Schiffern als Landmarke diente.

Ob sich im Sommer die dicken Wolken über diesem flachen Lande ballen oder im Herbst die wilden Stürme darüber hinwegbrausen, ob im Frühling tausend Blumen aus seiner Erde sprießen oder im Winter die Ebene mit einer weißen Decke überzogen ist, immer bleibt die unendliche Weite das Charakteristische dieser ausgesprochen norddeutschen Küstenlandschaft. Die Menschen, Traktoren, bespannte oder motorisierte Fahrzeuge – sie alle sind verschwindende, kaum auftauchende Punkte darin. Die kleinen Sölle inmitten der Äcker sind buschumwachsen. Durch das Grasland fließt unauffällig ein Bach, umsäumt von knorrigen Weiden, und plötzlich bricht das Land ab, um sich in die Ostsee zu stürzen.

Knapp zehntausend Jahre sind es her, seit es noch einhundert Kilometer weiter reichte, bis es dann vom Meer überspült wurde.

Man kann den Hägerort auf zwei festen Straßen durchfahren, einmal von Rostock nach Bad Doberan an seiner Südgrenze entlang und ein zweites Mal mittenhindurch über die sogenannte Bäderchaussee von Warnemünde ebenfalls nach Bad Doberan. Wer aber den Charakter dieser eigenwilligen Landschaft kennenlernen will, muß entweder zu Fuß wandern oder zumindest länger darin verweilen. Umsäumt wird dieses Fleckchen Erde an der vielgestaltigen mecklenburgischen Küste von der Kabelkrananlage in Warnemünde, von der See, dem Hütter Wohld und den Höhen über Hohenfelde mit dem Doberaner Münster davor.

An einigen Orten, zum Beispiel um Lichtenhagen, haben Wikinger ihre Spuren hinterlassen. Zu ihrer Zeit waren aber bereits große Flächen der Drenow urbar gemacht worden. Es gibt in Lichtenhagen eine steinerne Tauffünte, geschlagen aus einem Sandsteinsockel mit kreisrunder Grundfläche, der ein schuppenbesetztes Granitbecken trägt. Solche Arbeiten aus Sandstein sind in Skandinavien nicht selten. In der Kirche von Lichtenhagen befand sich auch eine holzgeschnitzte Figur des Heiligen Olaf, die nachweisbar eine skandinavische Arbeit war.

Wie aber mag dieses stille Stück Erde zu dem Namen Hägerort gekommen sein? „Hag“ bedeutet Wald, und es gibt dort neben Elmenhorst, Rethwisch, Rabenhorst und Steinbeck, die Wald-, also Hagendörfer sind, weitere zehn Dörfer, deren Namen auf „hagen“ enden. Es sind dies Allershagen, Lambrechtshagen, Sievershagen, Lichtenhagen, Diedrichshagen, Admannshagen, Bargeshagen, Bartenshagen, Nienhagen und Evershagen. Daher der Name Hägerort. Wunderschön zu überschauen ist er vom Mühlenberg bei Althof in der Nähe Bad Doberans. Es ist möglich, daß der Urwald um Elmenhorst, Rethwisch, Rabenhorst und Diedrichshagen von Bauern gerodet wurde, die bereits im Klützer Wald und südlich Grevesmühlen Dörfer mit gleichen Namen angelegt hatten.

Siebenhundertfünfzig Jahre sind es her, daß sich die Mönche Lokatoren anvertrauten, das heißt Siedlungsunternehmern, die jenseits der Elbe Jungbauern warben. Es ist nun schwer zu sagen, welche Dörfer der Bad Doberaner Umgebung von ihnen zuerst angelegt worden sind. Wir wissen, daß in Rethwisch und Rabenhorst von den

Klosterbrüdern Kirchen gegründet wurden. Die Dörfer Bartenshagen, Diedrichshagen, Allershagen und Elmenhorst scheinen später, als es bereits sicherer im Lande war, entstanden zu sein. Die alten Hofstellen liegen dort auf einer Seite der Straße in langer Reihe auf Rufweite auseinander. Es sind Reihendörfer.
Die zu Straßen- oder Angerdörfern enger zusammengerückten Hofstellen von Lichtenhagen, Evershagen, Bargeshagen, Sievershagen und Admannshagen werden von unternehmenden Bauern gerodet worden sein. Das geschah sicher schon zu einer Zeit, als die Mönche sich noch mit Rodearbeiten in unmittelbarer Nähe des Klosters befaßten. Als die Klosterbauern später an die Anlage von Reihendörfern gingen, war das Leben im Lande bereits friedlicher geworden, und sie konnten die Gehöfte durch größere Zwischenräume voneinander trennen.
Die Mehrzahl der Bauern des Hägerorts bestand aus Klosterbauern, dies bedeutet, daß das Kloster ihr Grundherr war. Nach der Säkularisation wurden die meisten Klostergüter zum Domanium geschlagen.
Neben dem Frondienst für die Grundherren traf der Dreißigjährige Krieg das flache Land besonders in der zweiten Hälfte dieser bauernmordenden Zeit schwer. Bald waren es die Kaiserlichen, die sengend und brennend durch die Dörfer zogen, bald taten es die Schweden. Was die Menschen in jenen Zeiten aushalten mußten, geht über jede Vorstellung. Erbarmungslos wurden sie von der verwilderten Soldateska ausgepreßt und ausgeräubert, die Offiziere stellten Forderungen, die nicht erfüllt werden konnten, die Nichterfüllung aber zog grausame Folterungen nach sich. Ansteckende Krankheiten gingen um und rafften hinweg, was ihnen als leichte Beute zufiel.
In diesen Jahren, als der Ritter alles, was wüste lag, zu seinem Hofe schlug, war der herzogliche Vogt nicht besser als der Ritter. Vier Tage Spann- und einen Tag Handdienst mußte der Bauer in der Woche leisten, zuweilen wurden es auch sechs Tage. Man fragt: Wie war das nur möglich,

denn welche Zeit blieb ihm da noch für die eigene Wirtschaft? Es war möglich, indem sich der Bauer entsprechend mehr Pferde und Knechte hielt, die er schicken konnte. Doch wie lange hielt er das wirtschaftlich aus? So mußte mancher Bauer von Haus und Hof, zum Nutzen der unterschiedlichen Herren, die das Land des Bankerotten wieder zu dem eigenen schlugen. Einige Bauern übten wohl stillen Widerstand, arbeiteten langsam, waren störrisch und schwerhörig, doch darauf trat bald die Peitsche in Aktion.

Sie wurde furchtbar gebraucht, so daß unendlich viele Bauern während dieser Jahrzehnte entliefen. Sie ließen Haus und Hof liegen, und das will etwas heißen.
1654 wurde das Maß durch die „Gesinde- und Tagelöhnerordnung“ voll; sie verbriefte und besiegelte die Leibeigenschaft. Um die Mitte des 18. Jahrhunderts konnten die noch gebliebenen Bauern im Domanium wieder etwas aufatmen, denn die fürstlichen Güter fanden sich nunmehr mit dem Dienstgeld ab und verzichteten im Gegensatz zur Ritterschaft auf die persönliche Dienstleistung. Aber man soll sich auch von diesem Verzicht kein falsches Bild machen, denn mancher Bauer ist in dieser Zeit auch im Domanium noch abgemeiert worden. Die Junker aber, wie die Ritter fortan genannt wurden, legten das Bauernland, wo sie konnten, zu ihrer Wirtschaft, denn durch die Einführung der holsteinischen Koppelwirtschaft war Land sehr wertvoll geworden. Dagegen half dem Bauern auch kein „Landesgrundsetzlicher Erbvergleich“, denn dieses Gesetz hatte so große Löcher, daß nicht nur ein Ritter, sondern der ganze Staat hindurchschlüpfen konnte, wenn der Entrechtete zu klagen wagte.
Als endlich auch in Mecklenburg die Leibeigenschaft aufgehoben wurde, regelte die Gesindeordnung das Leben des kleinen Mannes auf dem Lande. Sie war bis 1918 in Kraft, und nach ihr hatten der Knecht, die Magd oder der Tagelöhner das Recht, die Arbeit aufzusagen, um sich bei einem anderen Bauern oder Gutsbesitzer zu verdingen. Es fragte sich nur, wann sie kündigen durften. Die Kündigung hatte ausnahmslos zu Martini zu erfolgen. Dann aber war die Arbeit auf dem Lande so gut wie getan, und der Arbeitsuchende sprach bis zur Frühjahrsbestellung vergebens auf den Höfen vor.
Schließlich kam die Zeit der Vererbpachtung; der Bauer konnte Gebäude und Inventar kaufen und wurde somit Erbpächter. Ein Teil der Bauern blieb aber Hauswirt. Dies wurde allerdings von den Fürsten nicht gern gesehen, denn sie brauchten bares Geld. Nachdem die Monarchie gestürzt

worden war, wurde auch die Erbpacht abgelöst, und die Bauern „kamen auf Hufe“. Sie wurden Besitzer von Grund und Boden.

Mancher Hof des Hägerortes aber liegt trotz schicksalsschwerer Zeiten noch so, wie er vor Jahrhunderten angelegt worden ist. Die Wohnstätten der Menschen und Tiere haben im Laufe der Jahre natürlich Veränderungen erfahren, aber der Betrachter kann sich immer noch an manchem alten Bauernhaus erfreuen. So gibt es in Bartenshagen die Torscheunen, durch die man auf den Hof gelangt. Vom Giebel schauen von alters her die gekreuzten Pferdeköpfe herab, und unter ihnen befindet sich noch das Ulenloch. In diesem Dorf fallen die Büdnereien mit ihren Querhäusern auf, die gut überlegt angelegt worden sind. Da ist auch Bargeshagen, das seiner vielen Storchennester wegen wohl Adebarshagen genannt wurde. Lichtenhagen mit seiner sehenswerten Kirche, ein Dorf, das auf nicht sehr fettem Boden liegt, wurde schon erwähnt. In Lambrechtshagen, Rabenhorst, Nienhagen und Steinbeck gab es früher Amtshöfe. Die beiden erstgenannten und Evershagen waren Gutsdörfer. Sie wurden 1945 aufgesiedelt.

In Sievershagen bildete sich im vorigen Jahrhundert sogar so etwas wie eine Hausindustrie. Es wurden dort Holzkellen hergestellt. Zu mehr Industrie ist es im Lande der Swartbüx-Bauern – so genannt wegen ihrer schwarzen Kleidung – nicht gekommen; die Kalibohrungen bei Elmenhorst und Lichtenhagen blieben erfolglos.

Nienhagen sei besonders erwähnt, denn es ist das einzige Dorf, das aus der Art geschlagen und Badeort geworden ist.

Das geschah allerdings im Vergleich zu anderen Badeorten erst spät, doch immerhin, es hat’s geschafft. Zwar konnten die Menschen, die dort ihre Sommerferien zuerst verlebten, den Strand nur über einen steilen Pfad erreichen, doch vielleicht liebten sie dies besonders. Der kleine Ort erwarb sich immer mehr Freunde.

Mit Rasen, Blumen und Bänken ist der Platz vor der jetzt zum Strand führenden breiten Treppe angelegt worden, und das Steilufer ist durch eine starke Mauer, hinter der man sich aufhalten kann, vor den Wogen geschützt. Das alles hat ein klein wenig südlichen Charakter, so daß man sich, wenn die Sonne prächtig scheint und genügend Phantasie die Sinne beflügelt, an die Riviera versetzt fühlen kann.

Oben auf dem Steilufer grenzt unmittelbar an den Ort ein schattiger, märchenhafter Wald, dessen bizarres Astgewirr mit dem berühmten Gespensterwald in Heiligendamm wetteifert. Dort, wo seine Wege an der See entlang führen, hat der Wanderer eine umfassende Aussicht auf die Ostsee. Ist der Wald durchschritten, reicht der Blick weit zur Kühlung und nach Bastorf hinüber. Wie malerisch diese Landschaft ist, beweist auch die Tatsache,

daß Lovis Corinth, einer der großen Impressionisten im ersten Viertel dieses Jahrhunderts, gern in Nienhagen weilte, um dort in der Abgeschiedenheit zu malen.
Der Hägerort ist wegen seiner leicht zu erschließenden Lage im Lauf der Jahrhunderte oft von brandschatzenden Truppen durchstreift worden. Am Ende des zweiten Weltkrieges stand er wieder vor dem Durchzug einer fremden Armee, nur waren es keine Marodeure, die da kamen.
Eines der ersten einschneidenden Gesetze dieser Zeit war die Bodenreform, die Aufsiedlung aller Betriebe über 100 Hektar. Deutschland hungerte. Nun waren aber große Gebiete des Hägerortes Weideland. Dies war besonders um Admannshagen und Steinbeck wie auch in dem benachbarten Bahrenhorst der Fall. Die Eigentümer hatten Vieh in Weidegang übernommen, und sie ließen sich im Herbst die Gewichtszunahme bezahlen. Ackerwirtschaft hatten sie bisher in geringem Maße betrieben, deshalb gab es dort auf den Höfen auch nur wenige landwirtschaftliche Geräte und eine kleine Anzahl Zugtiere. Das war für die Neusiedler ein schweres Beginnen, und als sie sich keinen Rat wußten, griff die Rote Armee ein. Es war noch die kämpfende Truppe. Die Soldaten spannten unverzüglich ihre kleinen Pferde vor die Pflüge und Eggen, und sie halfen Tag und Nacht, bis der Boden bestellt war.
In diesen Tagen ist manche unvermutete Freundschaft geschlossen worden. Aber es gab auch Meinungsverschiedenheiten. Im Lande der Swartbüx-Bauern war man es seit Urväterzeiten gewöhnt, sich bei der Bestellung des Ackers nach dem Stand der wilden Vegetation und nach anderen Zeichen der Natur zu richten. Die Wirtschaftskommandantur aber verlangte, daß die Felder nach agrotechnischen Terminen bestellt werden sollten und nicht nach dem Stand der Weidenkätzchen. Beide Parteien mußten sich entgegenkommen, und bald fanden sie auch einen gemeinsamen Weg.
Die ersten Jahre waren gewiß nicht leicht, allmählich zeigte

aber auch das äußere Gesicht der Dörfer freundlichere Züge einer friedlichen Entwicklung. Neben alten Bauernhäusern entstanden die neuen der Siedler. In Sievershagen wurde eine Maschinen-Traktoren-Station eingerichtet, und um sie herum wuchsen die schönen Wohnstätten der Angestellten. Mit der Station in Jennewitz zusammen bestellte Sievershagen die Felder des Hägerortes. In den Dörfern wurde eine Straßenbeleuchtung angelegt. Dadurch entwickelte sich ein besseres Gesellschaftsleben, denn bei Licht geht man nach Sonnenuntergang schon eher einmal aus dem Hause.

Allmählich schlossen sich auch einige, dann mehr Bauern zu Produktionsgenossenschaften zusammen. Dies geschah zuerst in Admannshagen und in Steinbeck, in Bargeshagen, Bartenshagen, Elmenhorst und Lichtenhagen. Oft befand sich der Acker nicht mehr in Kultur, da er seit Jahren nicht abgedüngt und deshalb kaum noch ertragsfähig war. Die Genossenschaften übernahmen die Felder der heruntergekommenen großbäuerlichen Betriebe, und sie hatten hart zu kämpfen. Wenn es ihnen, wie zum Beispiel den Admannshägern, nach schwerer Arbeit gelang, 1957 eine Arbeitseinheit von 7 M zu erreichen, dann verdankten sie es nicht zuletzt der tatkräftigen Hilfe der Traktoristen.

Ihr Erfolg war aber auch ein Ausdruck dafür, daß die sozialistische Produktionsweise der kleinbäuerlichen weit überlegen ist. Inzwischen wird das ganze Land genossenschaftlich bebaut.

In den vergangenen Jahren ist im Hägerort wieder eine verstärkte Viehwirtschaft aufgebaut worden, um die Eigenart der Landschaft zu nutzen. Nach der Verbesserung der Wasserverhältnisse in der Conventer Niederung wurde dies noch besser möglich. Und einige Jahrzehnte später werden die Bauern im Hägerort den Nachbarn nicht nur bei Straßenbeleuchtung besuchen, sondern sie können es auch trockenen Fußes tun, da gepflasterte Gehsteige bis dahin eine Selbstverständlichkeit sein werden.

Das wäre ein kurzer Streifzug durch den Hägerort, das

Land mit den weiten Weiden, den flachen Feldern und dem unendlichen Himmel darüber.
Lassen Sie mich den Streifzug meines Vaters etwas verlängern, es lohnt sich. Beim Stichwort ‚Baumblüte' fällt Ihnen wahrscheinlich sofort die Stadt Werder im Havelland ein, Ihnen, mir nicht. Ich denke an die LPG Obstproduktion Lütten Klein. Zumindest im Nordwesten hat Rostock seinen grünen Gürtel. Tausende von Obstbäumen und Erdbeerpflanzen stehen dort auf 600 Hektar Anbaufläche.
Dabei hatte alles damit angefangen, daß Wissenschaftler Ende der 50er Jahre gutachteten, daß Obstbau in großem Maßstabe hier nicht lohnens- und daher nicht empfehlenswert sei. Aber die LPG-Bauern aus Lütten Klein, Sievershagen und Evershagen ließen sich nicht entmutigen. Sie vertrauten auf ihren Fleiß, auf solides gärtnerisches Können und die empirische Kenntnis der Klimaeinflüsse. Dies Selbstvertrauen und der Mut zum Risiko garantieren heute die Obstversorgung fast des ganzen Bezirkes Rostock. Die Obstproduktion Lütten Klein ist die größte geschlossene Anlage ihrer Art in den drei Nordbezirken. 1979 wurden 6500 Tonnen Obst geerntet, in den Verkauf gebracht und gelagert.
Die extreme klimatische Lage verhindert durch die Ostseenähe das Auftreten später Fröste, die den Blütenansatz zerstören könnten. Deshalb ist eine kontinuierliche Produktion möglich. Kein Wunder, daß sich heute Experten aus fast aller Welt für das Apfelparadies am Rande Rostocks interessieren.
Kaum weniger erfolgreich arbeitet das VEG Gartenbau, welches vornehmlich Unterglaskulturen zieht und Rostock einmal ganzjährig beispielsweise mit Gurken und Salat beliefern soll. Der Freilandgemüsebau der LPG Elmenhorst steht dem nicht nach, und die Bauern von Rethwisch stehen in der Tierproduktion für die Versorgung des Kreises Doberan mit Färsen ein.

Bad Doberan

Das freundliche Heute

Wer als Naturfreund malerische Landschaften schätzt, wandere vom Bahnhof Parkentin nach dem Hütter Wohld, einem höhen- und schluchtenreichen Mischwald, in dessen Tälern einige schon im Mittelalter angelegte und eingedeichte Karpfenteiche liegen. Im Nordwesten grenzt dieses Forstrevier an die Feldmark Althof bei Bad Doberan. Viele Rostocker lieben diese Wanderung, vor allem um die Osterzeit, wenn der Waldboden weiß leuchtet von Anemonen, neben denen große Mengen duftenden Waldmeisters stehen, oder im Mai, wenn das junge Buchenlaub sich hell vom dunklen Tannenhintergrund abhebt, wenn in den Wiesen noch die Sumpfdotterblume und auf den Feldern schon der Raps blüht und die Krähen sich im Roggen verstecken können. Wie idyllisch wirkt gerade dann Althof! Kreuz und quer durch Dorf und Feld plätschern kleine Bäche, betäubend duften die Faulbaumhecken, weiß und rosa leuchten blühende Obstbäume, und die Hausvorgärten wetteifern miteinander in der bunten Pracht ihrer Frühlingsblumen. Drosseln singen, Tauben gurren, Hühner gackern. Aber ängstlich piepsen Gössel und Kücken, wenn wieder einmal Krähen aus dem nahen Walde einige ihrer gelbgefiederten Geschwister rauben wollen.
„LPG Einigkeit" stand auf dem Wegweiser an der Abzweigung von der zum Bahnhof führenden Straße „Einigkeit" – ein guter Name, und die Althöfer machten ihm Ehre. Die ehemalige Domäne Althof wurde 1945 durch die Bodenreform an 25 Neubauern aufgeteilt, von denen die meisten dort vordem Landarbeiter gewesen sind. Neun von ihnen gründeten am 25. Oktober 1952 die landwirtschaft-

liche Produktionsgenossenschaft, und schon zwei Jahre danach waren alle werktätigen Althöfer Bauern in der LPG „Einigkeit" vereinigt.

Für die eigene Hauswirtschaft bekam jedes Genossenschaftsmitglied ein halbes Hektar Garten- und Kartoffelland. Die übrigen 230 Hektar wurden, entsprechend den Gutachten der um Rat gefragten Rostocker und Greifswalder Agrarwissenschaftler, in sieben Schläge eingeteilt und in einer modernen Fruchtfolge bestellt und entsprechend gedüngt.

Als die neuen Wirtschaftsgebäude 1955 standen, konnte die LPG vom Typ I zum Typ III übergehen, das heißt außer gemeinsamem Ackerbau auch gemeinsame Viehhaltung einführen.

Von den beiden neuen Genossenschaftsställen beherbergte

das Schweinehaus bald 150 Mastschweine in dänischer Aufstellung. Abferkelstallungen mit wärmenden Rotlichtstrahlern wurden in einem alten Gutsstallgebäude der früheren Domäne eingerichtet, und ins neue Viehhaus durften nur garantiert seuchenfreie Tiere einziehen.
Streng befolgte Ratschläge des vom Genossenschaftsvorstand konsultierten Doberaner Tierarztes bewirkten, daß einerseits der Bazillus Bang, der Urheber des seuchenhaften Verkalbens, schnell aus Althof verschwand und daß andererseits der gesamte Rindernachwuchs tuberkulosefrei wurde. Schon beim Übergang zum Typ III nahmen sich die Bauern vor: 1960 geben wir die letzte noch positiv auf Tuberkulin reagierende Kuh ins Fleischsoll.
1957 stand die Althöfer Genossenschaft bereits etwas über dem Durchschnitt der im MTS-Bereich Jennewitz liegenden landwirtschaftlichen Produktionsgenossenschaften. Als die Weisung erging, für jede Genossenschaft bestimmte Maschinen bereitzustellen, da stationierte der Stützpunkt Hohenfelde der MTS Jennewitz drei Traktoristen mit ihren Maschinen in Althof. Nun brauchten die Althöfer mit keiner Feldarbeit mehr in Verzug zu kommen.
Hatten sie von 1945 bis 1952 in ihren Einzelwirtschaften mindestens zwölf Stunden täglich gearbeitet, so wurde nun der Achtstundentag eingehalten. Trotz dieser Arbeitsverkürzung ist das Durchschnittseinkommen der Bauern beträchtlich gestiegen. Das gemeinsame Wirtschaften nach besten Plänen erleichtert die Arbeit und erhöht die Produktion. Die Motorisierung der Landwirtschaft bewirkt nicht nur eine leichte und bessere Feldbestellung, sondern erspart den Bauern auch die Haltung von Zugtieren.
Inzwischen schlossen sich die Althöfer mit zwei anderen Genossenschaften zur 1350 ha umfassenden Groß-LPG „Philipp Müller“ zusammen; im Jahre 1967 hatte bei ihnen eine Arbeitseinheit den Wert von 11 M.
Auf dem First ihrer großen, strohgedeckten Genossenschaftsscheune haben die Althöfer 1957 ein solides Unter-

gestell für ein Storchennest montiert. Zur allgemeinen Freude begann hier im Frühjahr 1958 ein Storchenpaar mit dem Nestbau. Mit fröhlichem Geklapper begleiten Adebars nun die Tagesarbeit der Bauern.
Diese Scheune steht unter Denkmalschutz. Sie ist das älteste landwirtschaftliche Gebäude in ganz Mecklenburg. Ihre mächtigen Ziegelmauern wurden – ebenso wie die der Althöfer Kapelle – vor über 800 Jahren auf Granitfundamenten von Zisterzienser Mönchen errichtet, die bald danach das nahe Doberan gründeten.
Die Althöfer sind stolz darauf, dieses Baudenkmal nutzen und schützen zu dürfen. Welch ein Bild: Bäuerliche Wegbereiter des Sozialismus, fortschrittliche Menschen unserer Tage, neben einem Bauwerk, das Zeuge gewesen ist dessen, was vor 800 Jahren als Fortschritt gelten konnte ...
... Inzwischen hat der Zahn der Zeit an dieser Scheune genagt. Aber den Freunden alter Baudenkmäler sei gesagt, daß sie spätestens bis 1983 wieder hergerichtet wird.
Und vielleicht dies noch als notwendige Ergänzung: Die Landwirtschaft steht im Kreis Bad Doberan nach wie vor an erster Stelle. Von den fast 6000 Beschäftigten haben rund 5000 eine Berufsausbildung. Die Genossenschaften sind größer geworden, haben sich zu Kooperationsverbänden zusammengeschlossen und in die Abteilungen Tier- und Pflanzenproduktion geteilt. Die Erfolge der spezialisierten Großraumwirtschaft können sich sehen lassen. Pro Hektar haben sich die Getreideerträge von 1952 bis 1978 mehr als verdoppelt. Der Besatz mit Traktoren hat sich verfünffacht, und wenn 1955 nur 17 Mähdrescher E 175 zur Verfügung standen, segelt heute eine Armada von 113 Mähdreschern des Typs E 512 über die Felder des Kreises Bad Doberan, dessen gesamte landwirtschaftliche Nutzfläche 42 580 Hektar beträgt.
Im Gegensatz zu den nur sechs Spezialbetrieben der Pflanzenproduktion, von denen jeder rund 6000 Hektar groß ist, vollzieht sich die Tierproduktion in 16 Betrieben,

wovon 12 Landwirtschaftliche Produktionsgenossenschaften sind und drei Volkseigene Güter sowie ein KIM-Betrieb.
Auf der Grundlage der effektiven Pflanzenproduktion und einer soliden Bauindustrie wurden beispielsweise seit 1952 die Milcherträge pro Kuh von 2722 auf 4365 Liter gesteigert, und das Eieraufkommen hat sich verzweiundzwanzigfacht.

Rote Steine erzählen

Um den ältesten Ziegelbau Norddeutschlands, die Kapelle in Althof bei Bad Doberan, strich der Herbstwind. Das Dorf schien noch zu schlafen. Der Regen tropfte von den Blättern einer mächtigen, unter Naturschutz stehenden Weide, und ein frierendes Kätzchen lugte hinter dem Stamm hervor. Der Weg läuft an Büschen und Bäumen entlang und an einer alten Mühle vorbei. Bei der Mühle geht man links ab über einen gepflegten Anger, auf dem die Kapelle steht. Hohe Tannen, Kastanien, wilde Birnbäume, Linden und Holunderbüsche umgeben den Platz, auf dem einst die Gebäude des ersten im Mecklenburger Land errichteten Klosters standen. Eine angepflockte Ziege blickte neugierig auf den frühen Besucher. Der Regen hatte aufgehört. Aus den wallenden Wolken sah blaß die Sonne, und ihre Strahlen spielten auf dem roten Gemäuer der alten Kapelle.
Dort stand nun die Kronzeugin alter mecklenburgischer Kultur, von Möckels „Renovierungsfabrik" wenig befriedigend aufgefrischt; doch es bleibt einem der Trost, daß uraltes Mauerwerk verarbeitet worden ist, und die Hand spürte einen der ältesten Mauersteine, die in diesem Lande geformt wurden.
Der für diesen Umbau verantwortliche Baumeister ist der oben genannte Geh. Hofbaurat Gotthilf Ludwig Möckel, der auch das Ständehaus in Rostock schuf. Er ist 1837 in Sachsen geboren und 1915 in Doberan gestorben. Zu Leb-

zeiten geehrt und anerkannt, von einem fast fabrikmäßig arbeitenden Stab Architekten umgeben, enttäuschte er die Nachwelt durch einen seelenlosen Baukastenstil.
In langen Zeitabständen wurde den Menschen immer wieder Kunde vom Schicksal dieser Kapelle. So heißt es 1610: „Die alte Kirche, so gemaurett und gewelbet, itzo das Backhaus." Das also war aus ihr geworden, und 1712 liest man in einem Pachtkontrakt: „Das Backhaus, sonsten Kirche genand, ist gantz umbher gemauret und inwendig mit einem Gewölbe geschlossen. Die steinernen Pfeiler seynd theilß ganzt weggebröckelt. Hierin ist ein fertiger Backofen. Im Eingang des Backhauses eine kleine Kammer." 1822 schlug der Blitz in das Gemäuer. Vorher waren Teile einer leoninischen Inschrift, die der dort bestatteten Gemahlin Pribislaws, Woizlawa, gewidmet war, auf einzelnen Steinen gefunden worden. Dieser Blitzschlag hatte bewirkt, daß Friedrich Franz I., Herzog von Mecklenburg, folgenden Befehl erließ: „... die alte Kapelle (jetziges Backhaus) zu Althof wegen ihrer wichtigen Inschrift völlig ins Alterthum wieder herzustellen und dagegen für ein anderes Lokal zum Backhaus zu sorgen."
Die Forschungen hatten ergeben, daß die erste Kapelle bereits im Mittelalter erneuert worden ist. Dies zeigten besonders die mit Buchstaben versehenen Steine. Man konnte die Schrift schon damals nicht mehr deuten und mauerte die einzelnen Steine regellos mit ein.
Für die Forscher galt es festzustellen: Was ist alt, und was ist neu? Der mecklenburgische Altertumsforscher Professor Friedrich Lisch schreibt: „Die westliche Giebelwand stammt dagegen sicher aus der Zeit des ersten Baues aus dem XII. Jahrhundert und ist das älteste Ziegelmauerwerk in Mecklenburg-Schwerin, wenn auch, wie sehr häufig geschehen, die Pforte im Spitzbogenstil verändert ward ..."
Nun muß man wissen, daß es eine Tischbeinsche Zeichnung von der alten Kapelle gibt, die Lisch nicht kannte, wie der Kirchenhistoriker Professor Schlie behauptet. Er stellt

fest: „Ist die Zeichnung richtig, woran wir nicht zweifeln möchten, dann sind der Rundbogenfries und die Rosette, womit die Restauration nach dem Jahre 1822 den Bau versah, ins Reich der Phantasie zu verweisen. Damit fallen aber selbstverständlich die Kriterien für das höhere Alter der Westseite, denn der gotische Kleeblattbogen-Fries des alten Baues redet viel zu deutlich die Formsprache des XIV. Jahrhunderts und paßt aufs allerbeste zu den Formerscheinungen des Portals, der Lichtöffnungen, der Strebepfeiler und des polygonen Chorschlusses. Lisch wird daher die Tischbeinsche Zeichnung gar nicht gekannt haben und vielleicht auch von dem damaligen Restaurator über den früheren Zustand des Baues verkehrt informiert worden sein. Wenigstens scheint uns dieser offenbare Zwiespalt zwischen seinen Ausführungen und der Tischbeinschen Zeichnung nur durch die eben angedeutete Annahme gelöst werden zu können. Wir dürfen daher nur sagen, daß der erste alte Bau so ausgesehen haben kann, wie Lisch ihn sich denkt, d. h. mit Rundbogenfries und Rundbogenfenster ausgestattet gewesen sein mag. Die Reste selbst aber geben keine Anhaltspunkte dafür."
Lisch hatte seine Annahme vom hohen Alter des Mauerwerkes auch mit dem Fries von kräftigen Halbkreisen, dem charakteristischen Kennzeichen des Rundbogenstils, begründet. Der Fries und auch die Rose über dem Giebel wurden 1823 neu eingesetzt, aber nach einem Muster des alten, behauptete Lisch, und er schreibt wörtlich: „... den Beweis liefern noch die kleinen Ziegelkonsolen, auf denen die Halbkreise ruhten; diese sind alt, eigentlich das allein sicher alte Ornament an der Kapelle." Ihre letzte gründliche Reparatur wurde Ende des vorigen Jahrhunderts von Hofbaurat Möckel vorgenommen. Es ist also viel an dieser Kapelle gebaut worden, dennoch zeigt sie immer noch Merkmale ältester Bauarbeit Norddeutschlands.
Das im vorigen Kapitel erwähnte Wirtschaftshaus aus der Klosterzeit trägt gotische Stilelemente und wurde also in späterer Zeit erbaut.

Seit der Gründungszeit dieses Klosters sind Jahrhunderte vergangen. Als im Vernichtungskampf der deutschen Kolonisatoren gegen die eingesessenen Slawen der Obotritenfürst Niclot um die zweite Hälfte des 12. Jahrhunderts bei Werle im heutigen Mecklenburg den Tod gefunden hatte, trat Niclots Sohn Pribislaw zum christlichen Glauben über. Mit diesem Übertritt waren viele Slawen nicht einverstanden, die unter allen Umständen ihre Selbständigkeit bewahren wollten, zumal das Slawentum in diesen Gegenden starke fortschrittliche Bestrebungen zeigte und auf dem Wege war, sich zu einem geordneten Staatswesen zu entwickeln. Pribislaw fand aber in dem ihm von den Sachsen zur Seite gestellten Bischof Berno einen starken Freund, der ihn bald zur Gründung eines Klosters in dem heutigen Althof bei Doberan veranlaßte. Der Bischof entstammte dem Zisterzienser Kloster Amelungsborn an der Weser, dessen Satzungen vorschrieben, daß sich nur dann ein Konvent an einer neuen Stelle niederlassen dürfe, wenn die notwendige Unterkunft vorhanden sei. So hatte Pribislaw bei Althof die errichteten Götzenbilder verbrennen und auf dem ehemals slawischen Heiligtum in siebenjähriger Arbeit Blockhäuser bauen lassen, um die Mönche aufnehmen zu können.
Pribislaw hegte die Hoffnung, daß durch die besseren Erfahrungen der Zisterzienser das Land weitgehend urbar gemacht werden würde und beispielgebend auf die noch murrenden slawischen Edlen wirken möchte. Seine Gattin Woizlawa, die eine norwegische oder warägische Königstochter war, unterstützte seine Absichten.
Anno 1171 kam ein Abt mit zwölf Mönchen in langen Fußmärschen aus Amelungsborn ins slawische Land. Die Gruppe wurde von zwanzig bis fünfundzwanzig Laienbrüdern begleitet und fand Bet-, Schlaf- und Speisehaus, eine Herberge für Gäste und eine Zelle für den Pförtner vor. Die Männer waren entschlossen, der Wildnis entgegenzurücken und ein Leben zu führen, das fern von allen Versuchungen durch persönlichen Besitz und Frauen war.

Das urbar zu machende Land erstreckte sich bis an die See. Es lagen darin ein paar Dörfer mit kümmerlichen Lehmhütten, und es war „des Schreckens und der öden Einsamkeit“ voll.
Morgen für Morgen weckte die Mönche in aller Frühe der harte Klang des vom Abt geschlagenen Klapperbrettes. Die Arbeit begann unmittelbar danach, erst um 9 Uhr wurde zum ersten Male gegessen, und um 12 Uhr gab es Mittag. Alle Speisen waren ohne Fleisch zubereitet. Es wurde unter absolutem Schweigen gespeist und auch gearbeitet. Fragte ein Wanderer nach dem Weg, so erhielt er eine knappe, klare Antwort und nicht mehr. Außer einem gelegentlichen Befehl war nichts zu hören. Jedes Versehen wurde geahndet, es wurde entweder gerügt oder härter bestraft. Zum Schlaf legten sich die Mönche um 9 Uhr abends angekleidet auf das harte Lager, den Spaten neben sich. Die Gebete wurden während der Arbeit verrichtet. Der Abt schritt der arbeitenden Kolonne voran. Er trug ein Kreuz und errichtete es zur Bannung böser Geister an der Arbeitsstätte, auch besprengte er mit Weihwasser Busch und Baum und führte mit der Axt den ersten Schlag. Darauf packten Mönche und Laienbrüder zu.
Das Kloster zählte achtundsiebzig Insassen – da nahte das Verhängnis. Pribislaw war bei einem Turnier in Lüneburg 1178 durch einen Lanzenstich in den Kopf tödlich verletzt worden. Sein Nachfolger schlug sich in den politischen Wirren zwischen Kaiser Barbarossa und Heinrich dem Löwen auf die Seite des Kaisers. Bei Unruhen im Lande Rostock, dessen Fürst der Sohn des gehenkten Wertislaw war, kam die Empörung der Slawen gegen die Eindringlinge erneut zum Ausbruch. Sie brannten 1179 das Kloster am Althöferbach nieder und erschlugen die Insassen. Unter den wenigen, die der blutigen Auseinandersetzung entkamen, war der Abt. Danach verfiel die Klosteranlage.

Nach sieben Jahren kamen abermals Mönche aus Amelungsborn, wahrscheinlich unter Führung desselben Abtes, in die Gegend um das heutige Doberan, nachdem Besprechungen mit Pribislaws Sohn Heinrich Borwin stattgefunden hatten. Der Sicherheit halber begleitete sie eine große Schar junger Bauern. Eingedenk des Schicksals ihrer Vorgänger, wollten sie das neue Kloster nicht an der alten Stätte des Grauens errichten.

Über die Wahl des Bauplatzes berichtet die Sage nun folgendes: Fürst Borwin befand sich eines Tages drei Kilometer von der ehemaligen Klosteranlage entfernt auf der Jagd. Mit Eifer verfolgte er in dem in eine hügelige Moränenkette eingebetteten, quelligen Wiesental einen Hirsch. Gejagt, suchte das von Hunden und Jägern verfolgte Wild das sumpfigste und undurchdringlichste Gebiet auf. Es war aber von den Jägern beschlossen worden, das neue Kloster dort zu errichten, wo der erste Hirsch geschossen werden würde. Vom Pfeil tödlich getroffen, fanden sie das Tier im Wundbett zwischen Sumpf und Wasser auf. Da war guter Rat teuer, und es wurden schon Stimmen laut, den Bauplatz doch lieber auf die Höhen zu verlegen. In diesem Augenblick richtete sich unmittelbar neben den Jägern ein Schwan auf und trompetete: „Dobr, Dobr!“ Schicksalsgläubig sahen die Männer darin ein Zeichen des Himmels, denn „dobr“ heißt in der Slawensprache gut, und „an“ bedeutet Platz. Es war also ein guter Platz, auf dem sie zu bauen beschlossen. So entstand der Sage nach der Name Dob(e)ran. Eine weniger sagenumwobene Erklärung leitet den Ortsnamen von dubrana = Eichenort ab.

Der Arbeitseifer der Mönche und eingewanderten Bauern war groß, galt es doch, nicht nur zu roden, sondern auch die weite sumpfige Niederung um den Conventer See zu entwässern. Die Ackerfläche war inzwischen so umfangreich geworden, daß die entfernten Felder nicht mehr vom Kloster aus bewirtschaftet werden konnten. Es wurde

deshalb nach der „antiqua curia“ dem alten Hof, aus welcher Bezeichnung sich der Ortsname Althof entwikkelte, ein Hofmeister geschickt, nachdem dort Kapelle und Unterkünfte errichtet worden waren. In gleicher Weise wurde die Bewirtschaftung von Rabenhorst und Rethwisch geregelt.
Alles gerodete Land zu bestellen, reichten jedoch die Kräfte nicht aus, und so wurden aus Niedersachsen und Westfalen neue Siedler ins Land gerufen. Die jungen Bauern aus diesen Ländern kamen gern, denn der neu zu bestellende Boden war vorläufig abgabefrei. Auch aus dem Klützer Winkel kamen Bauern, die dort bisher zwar abgabefrei gelebt hatten und nun von vorn beginnen mußten, dafür aber wieder für Jahre ohne Abgabepflicht leben konnten.
Die mit der Zeit zu wohlhabenden Grundherren gewordenen Mönche wandten sich künftig mehr der Zucht zu, um die neuen Bauernhöfe mit Vieh und Saat versorgen zu können. Wenn der Abt alljährlich mit seinem Gefolge zur Generalversammlung des Ordens nach dem Kloster Citeaux in Frankreich zog, versäumte er es nicht, auch Obstbäume mitzubringen, die zu Hause an die Bauern verteilt wurden. Die slawischen Siedlungen blieben unangerührt, wahrscheinlich waren beide Teile froh, nicht belästigt zu werden.
Die Gastfreundschaft des Klosters wurde in der Folgezeit übermäßig von den Fürsten ausgenutzt, die damals noch keine feste Residenz hatten, sondern von Kloster zu Kloster oder von Stadt zu Stadt zogen. Zweimal im Jahr kamen sie mit Rittern, Knechten, Rossen und Hunden nach Doberan, um dort zu jagen. Dabei ließen sie sich, wie von allen ihren Gastgebern, vom Kloster beköstigen, und zwar während sechs Wochen im Frühjahr und während zweier im Herbst. Auch trafen laufend ritterliche Boten und Diener mit Pferden und Hunden ein, um sich ebenfalls wochenlang in der Abtei herumzutreiben.
Die Mönche hielten sich an ihren Bauern schadlos, indem diese Bier, Hafer, Ochsen, Schafe, Heu, Brotgetreide und

bares Geld für solche Ablager aufbringen mußten. Diese wurden aber zu einer solchen Last für die Bauern, daß mancher in große Not geriet und mit den Seinen darben mußte.

Die seit langem geleisteten Naturalabgaben und Dienstleistungen der Bauern trugen mit dazu bei, daß Doberan in kaum zweihundert Jahren das reichste Kloster Norddeutschlands geworden war, in welchem die Mönche kein karges Leben mehr führten. Das Kloster besaß in dieser Zeit sechsundsechzig Dörfer und Güter. Durch Schenkung wurde es vorübergehend auch Besitzer des Malchiner Sees.

Der Reichtum veranlaßte die Mönche, die eigenen Klostergebäude zu verbessern. Häuser, die neu aufgeführt wurden, ließen sie nicht mehr aus Holz und Lehm errichten, sondern aus im Klostergebiet gebrannten Ziegelsteinen. Das Glas für die Fenster stellten die Klosterinsassen in einer neu eingerichteten Glashütte im Hütter Wohld her. Entwässerungskundige wurden aus flandrischen Klöstern herbeigerufen, eine eigene Schule für Malerei, Architektur und Bildhauerarbeiten bildete Fachleute heran, Bücher wurden übersetzt und abgeschrieben, während das Kloster später auch eine Druckerei erhielt.

Es wird angenommen, daß der Hofmeister des Klosterhofes zu Redentin, der Zisterzienser Mönch Peter Kalff, der Verfasser des um 1464 entstandenen berühmten Redentiner Osterspiels ist. Die Sprache dieses Spiels und die Charakterisierung der handelnden biblischen Gestalten sind niederdeutsch.

Aus allerdings angezweifelter Überlieferung will man wissen, daß Anfang des 13. Jahrhunderts ein bei der Stadt Schwaan sich abzweigender Arm der Warnow durch Zuschüttung abgeschnitten wurde, um den Rostockern die Schiffahrt zu erleichtern. Diese Abzweigung soll durch das Tal in Richtung Stäbelow, Parkentin, Doberan, Bollhagen und Fulgen geflossen sein, um bei dem früheren Bruns-

haupten in die See zu münden. Anker, Schiffsreste und sogar ein Mastbaum aus dieser Zeit sind gefunden worden. Angenommen, daß die Überlieferung auf Wahrheit beruht, wieviel anders wäre wohl die Entwicklung der Städte Rostock und Doberan verlaufen, wenn man nicht die Abzweigung nach Doberan, sondern den nach Rostock führenden Arm zugeschüttet hätte.
Das reich gewordene Kloster besaß eigene Schiffe und Boote. Es wurde eifrig Heringsfischerei betrieben, die sich damals vor der Ostseeküste noch sehr lohnte. In mancher Hafenstadt befanden sich auch Handelsniederlassungen der Zisterzienser.
In dem vorher erwähnten Tal, das mit Hilfe der Bauern entwässert wurde, liegen die Dörfer Stäbelow und Parkentin. Vielleicht sind diese Orte einmal Stützpunkte der hansischen Kaufleute gewesen, denn auf sie wurde der Spottvers gemünzt:

Stäbelow un Parkentin
will'n ok Hansestädte sin.

Eine Einnahmequelle, die nicht unwesentlich zum Reichtum des Klosters beitrug, war das Heilige Blut, das bis zur Reformation unzählige Pilger aus allen Teilen des norddeutschen Landes nach Doberan führte. Auf gut genährten Pferden oder von abgemagerten Mähren gezogen, auf Krücken und Tragbahren kamen sie und brachten ihre Gabe mit der Bitte um Genesung dar. Keine Enttäuschung konnte den Strom der Pilger dämmen, die Hoffnung auf Heilung trieb sie vorwärts.
Der Wunderglaube rankte sich um eine Hostie, die ein Hirte beim Abendmahl nicht geschluckt, sondern in seinen Stab gesteckt haben soll. Von Stund an, so hieß es, wäre seine Herde gegen Wolfsüberfälle gefeit gewesen. Das Geheimnis wurde aber von den Frauen preisgegeben, so daß es auch zu Ohren der Priester kam. Da sollte der Hirte wegen Mißbrauchs des heiligen Sakramentes zur Rechenschaft

gezogen werden. Als er den Stab öffnete, hatte sich die Hostie in reines Blut verwandelt. Dieses Wunder befreite ihn dann von der Strafe, die seiner harrte.

Krieg im Kloster

Der Pilgerzug zum Heiligen Blut hatte erwiesen, daß Geld auch ohne Arbeit gewonnen werden kann, und so begannen die Mönche zu spekulieren. Ihre Landwirtschaft war zwar einträglich, doch der Betrieb der Mühlen, für die sie die ausschließliche Mahlgerechtigkeit in weiter Runde besaßen, war noch lohnender, deshalb kaufte das Kloster Doberan Mühlen in Plau, Parchim, Gnoien, Malchin und an anderen Orten auf. Bald wurden jedoch einige der Mühlen wieder verkauft und der Erlös in den Lüneburger Salzwerken vorteilhaft angelegt. Mit den gewonnenen Mitteln wurde der großartige Neubau der Kirche begonnen. Auch versetzte der wachsende Reichtum das Kloster in die Lage, Summen im Wert riesigen Landbesitzes an die Fürsten zu verleihen. Gegen gute Zinsen verlieh die Abtei auch an andere Stellen laufend Geld, und Renten wurden ausgezahlt an solche, die ihre Güter bereits zu ihren Lebzeiten dem Kloster vermachten.

Die Mönche vergaßen im 13. und 14. Jahrhundert die sich selbst gestellten hohen Aufgaben. Der Verfall der Sitten, Fehden, Raublust und Verrohung im Zeitalter des Flagellantismus nahmen auch in den Klöstern immer größeren Umfang an.

Es bildete sich im Kloster Doberan zudem eine Kluft zwischen den jungen Mönchen, die aus Amelungsborn kamen, also aus Niedersachsen stammten, und jenen deutschen Mönchen, die in Mecklenburg geboren waren und verächtlich Slawen genannt wurden. Der einflußreiche Abt aus Amelungsborn, der als Visitator das Recht besaß, Abt, Prior und andere geistliche Würdenträger einzusetzen, stand auf der Seite der Niedersachsen gegen die sogenannten Slawen. Das gab bitterböses Blut und endete im abgrundtiefen Haß. Als eines Tages die Mönche im Kapitel, der täglichen Versammlung, beisammen waren, wagte der Wortführer der „Slawen“, der Mönch Hermann von Poel, das Unerhörte, den Niedersachsen ihre Vorrechte zu bestreiten und ihr anmaßendes Verhalten zu rügen. Empört ließ der Abt ihn überwältigen, binden, knebeln und in den Kerker werfen. Die Rachepläne, mit denen Hermann von Poel danach verfolgt wurde, waren maßlos. Auf einen Klosterhof verbannt, starb er schließlich an Gift. Dem Überbringer der Todesnachricht gestattete der Abt fünf Tage lang ein schwelgerisches Leben. Etwas später warf er seinen Haß auf die eingeborenen Laienbrüder Johann Kruse und Heinrich von Retwisch; während er letzteren fangen und in den Kerker werfen lassen konnte, entkam ersterer. Johann Kruse hatte einen harten Schädel, an dem die Pläne des niedersächsischen Abtes scheitern sollten.

Inzwischen hörte auch der Herzog von den grausamen Maßnahmen des Doberaner Abtes und war geneigt einzuschreiten. Er begab sich nach dem Klosterhof Satow, aber während dort verhandelt wurde, starb unter mysteriösen Umständen ein Edelmann aus seinem Gefolge. Der Fürst reiste darauf unverzüglich zu seinem Schwager nach Stockholm. Zu Hause sprach es sich herum, daß das von dem niedersächsischen Mönch Unverfehrt gebraute Gift für den Herzog bestimmt gewesen und nur durch ein Versehen in den Becher des Edelmannes geraten sei.

Abergläubisch, wie die Menschen damals waren, formten Unverfehrt und seine Genossen mit einer Margarete Genseke ein Wachsmännken, in dessen Hände und Füße sie Dochte einzogen. Sie zündeten die Dochte an und hofften, mit allerlei Beschwörungen den Tod des Herzogs in dem Augenblick erzwingen zu können, da das „Manoleken“ bis ans Herz weggeschmolzen sein würde.

Der Herzog kam aber zurück, und als er Kenntnis von dem Anschlag erhielt, ließ er die Genseke einsperren, verhören und vor Kröpelin verbrennen. Sie soll die erste als Hexe verdächtige Frau gewesen sein, die in Mecklenburg brannte. Zwei ihrer Gehilfen flohen entsetzt nach Rostock, während ein anderer vom Abt im Kloster verborgen wurde und später fliehen konnte. Ein dem Abt nicht wohlgesonnener Mönch hatte sich inzwischen auf den Weg nach Rom gemacht, um dort über die skandalösen Zustände in Doberan zu berichten. Es hieß bald, er sei in Stade vergiftet worden.

Das Volk aber hatte feine Ohren, und die Burschen sangen auf der Straße den Mönchen nach:

Braurer, hest ok 'n Maneloken
ünner din Kapp?

Als eines Tages der Doberaner Abt in Rostock zelebrierte, sprang ein Mann vor und hielt ihm im Lärm und Gelächter der Gemeinde eine Wachspuppe unter die Augen.

Es gab noch jemand, der darauf wartete, seine Rechnung mit dem Abte zu begleichen, das war der Laienbruder Johann Kruse. Unvermutet stießen Abt und Laienbruder in Bollhagen aufeinander. Ohne langes Besinnen griff Kruse zu und schleppte den Überraschten auf den Besitz seines Freundes von Pressentin. Doch versprach der Abt seinen Wächtern goldene Berge und entfloh.

Sicher hat Kruse nach diesem mißglückten Fang Besorgnis wegen des Ausgangs seines Streites gehabt, denn er versuchte mit dem Abt Frieden zu schließen. Dieser erklärte sich auch bereit, wenn der Laienbruder nach Rom pilgern würde, um beim Papst Absolution zu erwirken. Während Johann Kruse nach Italien zog, erreichte der Abt auf der Generalversammlung des Ordens, daß Kruse und alle Mitglieder seiner Familie nie mehr Aufnahme im Kloster finden sollten. Als der Pilger dies bei seiner Rückkehr erfuhr, führte er in einer Novembernacht, während die Mönche in der kalten Kirche in ihren Stühlen standen, einen Anschlag aus. Noch waren die Lieder der Klosterbrüder nicht verklungen, als achtzehn bewaffnete

Männer mit schwelenden Fackeln über die Mauer kletterten. Vor Schreck wie gelähmt, sahen die Mönche die Bewaffneten in die Kirche dringen. Johann Kruse suchte den Abt unter ihnen vergebens. Dieser war entkommen. Erbittert trieben die Aufständischen ihre Gefangenen nach Althof, dort aber wurden sie von Klosterknechten eingeholt und ihrer Beute wieder ledig.
Die Mönche von Doberan waren dieses Mal ohne großen Schaden davongekommen, doch wagten sie sich lange Zeit nicht mehr zum Gottesdienst in die Kirche und unterließen später noch für eine Weile den Gesang. Als es jetzt Heinrich von Retwisch gelang, zu seinem Freund Kruse zu fliehen, hatte dies zur Folge, daß nun doch Stimmen laut wurden, die dem Abt an allem Unglück des Klosters unmißverständlich die Schuld gaben, so daß dieser, unsicher geworden, mit vielen Wertsachen und Urkunden nach Rostock floh. Er mußte bald abtreten. Wes Geistes Kind er war, mag daraus zu ersehen sein, daß er bei den Verhandlungen als Bedingung besseres Essen als die übrigen Klosterangehörigen und verschiedene Einkünfte für sich verlangte. Sein Nachfolger starb nach zwei Jahren. Darauf wurde ein „slawischer" Mönch Abt von Doberan.
Trotz aller Wirren erholte sich das Kloster unter der Leitung des neuen Abtes und konnte im Jahre 1368 den Bau der Kirche vollenden. Doberan nahm jetzt die erste Stelle unter allen Klöstern der Ostseeländer ein. Während ihrer Blütezeit umfaßte die Abtei Gebiete in den Ämtern Doberan, Buckow, Güstrow, Lübz, Mecklenburg, Schwaan, Toitenwinkel, Ribnitz und Bützow. Über das Kirchenpatronat verfügte das Kloster in den Orten Kröpelin, Steffenshagen, Parkentin, Stäbelow, Rethwisch, Dänschenburg, Neuburg, Dreweskirchen, Gallin, Goldebee in Mecklenburg und im ehemaligen Pommern über Jostin und Groß Rakow. Der Abt durfte sich sogar, bis auf die Tage, an denen ein päpstlicher Legat oder andere Vorgesetzte anwesend waren, der bischöflichen Insignien bedienen und nach der Messe den bischöflichen Segen

erteilen. Auf diese Zeremonien ist es auch zurückzuführen, daß man von einem Münster oder Dom in Doberan spricht.
Bis zur Reformation hatte es das Kloster verstanden, besonders in den Dörfern, das Regiment mit allen Mitteln fest in der Hand zu behalten. Jedes nur angedeutete Aufbegehren bedrohte es mit ewiger Verdammnis. Es zeigte auch für die sich verändernden Verhältnisse keinerlei Verständnis und war zu keinem Zugeständnis bereit. Die Auseinandersetzungen innerhalb der Kirche waren aber bald auch für Doberan von großer Tragweite. Die Mönche, einst aller Völlerei entsagend, hatten sich zudem mehr und mehr dem Wohlleben und der Gewinnsucht ergeben. Zwar wurde noch lange versucht, den guten Schein zu wahren, doch dies hinderte den Herzog Johann Albrecht 1522 nicht, das Kloster aufzulösen.

Die Schönste im Lande Mecklenburg

Der erste Kirchenbau am Hang des Buchenberges neben dem Doberbach war ein „hulzenes Munstir“, vielleicht ein Fachwerkbau, denn es wurden in der Zeit weit und breit noch keine Ziegel gebrannt. Aus dem Jahre 1291 dringt dann die Kunde zu uns:

> Dat closter to dobran darna vorbrande in unses
> Heren hemelvardes avende van blixen unde unveder,
> darumme de monike sere wurden bedrovet.

Durch dieses Unwetter ist die Kirche schwer in Mitleidenschaft gezogen worden. Sie wurde bald danach abgerissen; aber auch die inzwischen aus Backsteinen im romanischen Stil daneben errichtete Kirche scheint ausgebrannt gewesen zu sein, so daß nur noch Mauerreste geblieben sind, die dann zum Teil beim Bau des heute noch stehenden Münsters in der gotischen Basilika Verwendung fanden. Es ist dies deutlich am Mauerwerk der westlichen und südlichen Seite zu sehen. Über der Rundbogenpforte ist noch ein zierlicher Rundbogenfries und der Rest eines stufenförmigen Giebels zu erkennen. Aus der romanischen Bauperiode stammte auch die alte Mauer, eine Abschluß-wand des Kreuzganges, welche ihre Bögen von der Kirche zum Küsterhaus schwingt.

Es gehören zu den ältesten Bauwerken außerdem die Brauerei, das Backhaus und die 1400 Meter lange Umfassungsmauer. Etwas jünger sind das Gäste- und Abthaus sowie das rund hundert Jahre später errichtete Schulhaus, heute Pestalozzi-Schule. Alle Gebäude, besonders die Kirche, haben ein festes Felsenfundament, das zum Teil noch auf tief hineingetriebenen Pfählen ruht.

In folgenden Bauzeiten wurde die Abtei errichtet: „1186 bis 1232 die romanische Kirche und das Klosterviereck, vor 1248 die ehemalige Kapelle am Westtor, um 1250 das Beinhaus, gegen 1290 das Wirtschaftsgebäude und die Umfassungsmauer, 1294 bis 1368 die jetzige gotische Kirche, deren Planung wohl dem Abt Johann von Dalen und seinem Werkmeister Heinrich zugeschrieben werden kann. Ihr Ostchor wird bereits 1329 fertig geworden sein."

Die Bauzeit des heutigen Münsters dauerte also ein Menschenalter. Sicher würde es früher vollendet worden sein, wenn in diese Zeit nicht der schon geschilderte „Krieg der Mönche" gefallen wäre.

Die dreischiffige gotische Basilika und der schöne Westgiebel, der großartig eingefügte Kapellenkranz und die hochstrebenden Pfeilerjoche sind bewunderungswürdige Leistungen der Baukunst. Dieses efeuumrankte, uralte rote Mauerwerk im Buchengrün und Rasen beschwört eine ferne Welt. Welches unerhörte Können der Maurer, welchen Formsinn und welche gründliche technische Überlegung der Meister gilt es zu bewundern.

Ein Glockenton schwingt nieder und zeigt die Stunde an. Der alte Guß ist das Geschenk eines mecklenburgischen

Herzogs, der von seinen Zeitgenossen Heinrich der Löwe genannt wurde. Betrachten wir uns den Bau genauer. Über den für Zisterzienser Kirchen typischen Dachreiter ist die Fachwelt geteilter Meinung. In den Jahren 1884 bis 1900 ist das Münster durch den Geh. Hofbaurat Möckel einer eingehenden Erneuerung unterzogen worden, und dabei wurde auch der kleinere Dachreiter durch einen größeren ersetzt. Die Urkunden hierüber befinden sich im Kircheninnern in der Kugel unter dem mit ausgebreiteten Schwingen als Lesepult dienenden Adler vor dem granitenen Sarkophag.

Es gibt Meinungen wie diese: „Leider wird die Feinheit der alten Bauteile durch den neuzeitlichen großen Dachreiter über der Vierung, die Dachluken und die unruhig aufgeteilte Bedachung über dem Kapellenkranz gestört."

Es gibt aber auch Stimmen, die sagen: „Der Dachreiter ist bautechnisch gesehen eine beachtliche Leistung. Die große Last ist durch geschickt durchdachte Hilfskonstruktionen glücklich auf die Außenwände verteilt, da die Mitte sie nie hätte halten können." Es sei noch ein Urteil des Altertumsforschers Friedrich Lisch erwähnt. Es sagt über das Münster: „Die Doberaner Kirche ist wohl unstreitig die schönste im Lande Mecklenburg. Mögen andere Kirchen in den Ostseelanden auch ernster, oder größer, oder schmuckreicher sein, die Doberaner Kirche im reinsten Spitzbogenstil übertrifft alle anderen an Schönheit der Formen, an fast unbegreiflicher Schlankheit und Kühnheit der Glieder, bei aller Harmonie und Würde des Ganzen. Staunend und bewundernd blickt das Auge nach allen Richtungen, und die Seele fühlt sich begeistert durch dieses Werk, welches ein Meisterwerk im Ziegelbau ist. Aber es ist nicht allein der Bau selbst, der entzückt, sondern auch die Einrichtung der Kirche ist so ausgezeichnet, daß es wohl wenige gibt, die ihr in dieser Hinsicht gleichzustellen wären." Früher war der Bau sehr gut von der See her zu sehen, durch die Bäume wurde er dann mehr und mehr verdeckt.

Seit Jahren wird in zeitaufwendiger Kleinarbeit das Münster restauriert. Seine Außenhaut ist bereits saniert. Die Innenräume haben während der Jahrhunderte eine Reihe von Umbauten erfahren. Von sachkundiger Hand wird das Innere des Münsters nun auf seine ursprüngliche Einrichtung und Farbgebung zurückgeführt. Sind die Arbeiten abgeschlossen, wird das Mittelschiff vornehmlich kirchlichen Zwecken dienen, während die Seitenschiffe dann ausgesprochen musealen Charakter tragen sollen. Eine neue Orgel fügt sich harmonisch ein. Jährlich lassen sich Tausende von Besuchern aus dem In- und Ausland von der Schönheit des Münsters beeindrucken.

In allen Jahrhunderten hatten die Menschen Lachen und Weinen in einem Sack – das kommt im Münster zu Doberan deutlich zum Ausdruck, wenn mancher derbe Spruch, um es interessant und anziehend zu machen, auch erst in späteren Jahrhunderten hineingetragen worden ist.
Weilt man im Innern des Mittelschiffes, umflutet vom dämmrigen Licht, das auf altersbraunem Gestühl und rotem Mauerwerk liegt, förmlich geblendet vom Gold des Hochaltars und buntem Mosaik, dann ist es nicht verkehrt, sich getrost auch vom gesunden Humor schrulliger Käuze ergötzen zu lassen, um die Eindrücke leichter wägen und werten zu können. Neben vielen holzgeschnitzten Darstellungen heiliger Legenden grinst von oben aus dem Kirchenschiff die rote Fratze des Teufels, und neben frommen Inschriften steht manch launiger Spruch, der wohl selten so derb in einem sakralen Bau zu finden ist wie in Doberan. Sie fanden Eingang, als die Reliquien ihre Zugkraft verloren hatten. Es heißt von einem Alten namens Merkel:

Hier ruhet Gottlieb Merkel,
In sin Jugend was hei'n Ferkel,
In sin Öller was hei'n Swien,
Mein Gott, wat mag hei nu voll sin?

Dem Bälgetreter Knust gab man, nachdem er genug Luft getreten hatte, den Spruch:

Hier ruht Peter Knust,
Gott zu Ehren hat er gepust,
Bis er selbst den Pust bekam,
Und Gott ihm den Pust benahm.

Auch die Weiblichkeit wurde originell bedacht. Zur Erinnerung an Fräulein Adelheid Pott ist zu lesen:

Hier ruhet Ahlke, Ahlke Pott,
Bewahr mi lewe Herre Gott,
As ick di woll bewahren,
Wenn du werst Ahlke, Ahlke Pott
Un ick wier lewe Herre Gott.

Es ist anzunehmen, daß diese Sprüche im 18. Jahrhundert in die Kirche eingeschmuggelt wurden.

Kühn ist die Gestaltung des Mittelschiffes und der Querschiffe. Eine dichte Pfeiler- und Bogenreihe läßt das 76 Meter lange Mittelschiff ganz für sich wirken. Das Gewölbe der Querschiffe breitet sich wie eine Palme aus, und es wird von einem hochjagenden achtrippigen und fast exotisch bunten Pfeiler getragen. Die aus Kunststein gehauenen Konsolen und Kapitelle sind, wie auch die Fenster, in nicht wiederholter Form gestaltet worden. Keine Tünche, keine Farben haben Pfeiler und Wände überzogen.

Von der gotischen Ausstattung des Münsters ist trotz der Zerstörungen im Dreißigjährigen Krieg noch viel vorhanden. Sie ist als seltenes Erbe einer vergangenen Zeit besonders wertvoll. Wahrscheinlich ist das 11,60 Meter hohe Sakramentshäuschen das älteste in Deutschland. Es ist kunstvoll aus einem Eichenstamm geschnitzt. Das gewaltige T-Kreuz des aus dem 15. Jahrhundert stammenden Kreuzaltars wird wohl von keinem andern in den Ostseeländern an Schönheit übertroffen.

Vor dem Altar fällt besonders der große Sarkophag Friedrich Franz I. auf. Er ist aus einem auf der Feldmark von Groß Trebbow bei Schwerin gefundenen Granitfelsen in der Schleifmühle am Faulen See in achtzehnjähriger, zu Lebzeiten des Fürsten begonnener Arbeit (1831–1849) hergestellt worden.

Der dort Ruhende ist der erste mecklenburgische Großherzog gewesen, „und er hat die Keilform des Deckels selbst angeordnet, damit ihm die Bauern beim Besuch des Münsters ihre Mütze später nicht auf die Nase legten, wie er es bei seinem Vorgänger in Ludwigslust beobachten konnte".

Im nördlichen Arm des Querschiffes liegt die Pribislaw-Kapelle, in der die Überreste vieler Herzöge ruhen. Bei einer Untersuchung soll der mecklenburgische Altertumsforscher Lisch, volkstümlich „Knakenpurrer Lisch" genannt, an dem Schädel des auffallend allein liegenden Pribislaw die während des Turniers erhaltene Verletzung an der Schläfe festgestellt haben. Unter den Standbildern befindet sich im südlichen Chorumgang auch dasjenige des Herzogs Magnus II. († 1504). Darunter steht der Spruch:

In dieser Welt hab ich mein Lüst
Allein mit kalter Schalen gebüßt.
Hilf mir Herr in den Freudensahl
Und gieb mir die ewige Kalteschal.

Die Kaltschale bestand damals aus Wasser, Zucker und etwas Wein. Sein Vater, Henricus pinguis, der Fette, war ein arger Verschwender und Trinker gewesen, so daß er zuletzt selbst seine silbernen Krüge versetzte und aus Holzkannen trank, den sogenannten Banzkowschen Gläsern.

Ein Rostocker Student schrieb schmunzelnd nach dem Lesen des Spruches ins Gästebuch der Kirche:

Wi sünd hier in grote Tahl
un supen wat Beteres as Kollschal.

In der Kirche ist auch Heinrich III. begraben. Dieser Herzog war ein rücksichtsloser Verfolger der Raubritter und erhielt deshalb den Beinamen der Henker. Er führte auf seinen Zügen gegen die verwilderte Ritterschaft die zum Henken nötigen Stricke gleich mit und verfolgte die adeligen Räuber bis in die Kirche, wenn sie dort Schutz suchten. War von seinen Mannen so ein Bursche gefangen, rief er ihm vielsagend zu:

„Du möst woll eens dörch den Ring kieken!"

Neben den anderen Sehenswürdigkeiten fällt ein Grabmal auf, das Pferd und Reiter darstellt. Es ist das Standbild des herzoglichen Geh. Rats Samuel von Behr, der 1621 starb. Pferd und Reiter sind Holzschnitzarbeiten des Franz Julius Döteber, der um 1634 die Adolf-Friedrich-Kapelle schuf. Die Hufe des Pferdes, der Beschlag des Sattels und des Zaumzeuges waren aus Silber; es wurde im Dreißigjährigen Krieg geraubt. Das Wachtelhündchen zu Füßen des Pferdes ist das Sinnbild der Treue. Nicht weit von dem Denkmal entfernt steht als prächtiger Spätrenaissancebau die Adolf-Friedrich-Kapelle. Die lebensgroßen holzgeschnitzten Figuren des Herzogspaares sind Meisterwerke figürlicher Kunst und ebenfalls von Döteber geschaffen. Adolf Friedrich betrieb mit dem Baumeister Pilooth und Samuel von Behr Anfang des 17. Jahrhunderts den Schloßbau auf Poel.

Die Särge der Herzogin und ihrer Tochter wurden im Dreißigjährigen Kriege beraubt. Niemand wagte die herausgerissenen Leichen zu bestatten, so daß sie von streunenden Hunden zerrissen wurden. Der Pastor Eddelin sammelte die Reste in eine Kiste, damit sie später in einem Sarge beigesetzt werden konnten.

Es ist unmöglich, im Rahmen dieses Buches alle Einzelheiten der im Münster zu Doberan bewahrten Sehenswürdigkeiten zu nennen. Derjenige aber, der vielleicht Anstoß daran nimmt, daß Derbheiten neben Kostbarkeiten beschrieben wurden, darf nicht ins Münster gehen, denn dort sieht er sie leibhaftig nebeneinander: die Teufelsfratze neben dem Mönch, den nichtsnutzigen Fürsten neben dem um sein Land besorgten Herzog, den geistreichen Abt neben dem Schlemmer, wie im Leben, so im Tode.

Beschließen wir dieses Kapitel mit einem auch im Doberaner Münster verzeichneten Vers, den ein von Gewissensbissen Gequälter sich von der Seele schrieb:

Wieck, Düvel, wieck, wieck wit van my.
Ich scheer my nig een Hoahr üm dy.
Ick bün ein Meckelbörgsch Edelmann,
Wat geit dy, Düvel, mien Suupen an?
Ick suup mit mienen Herrn Jesu Christ,
Wenn du, Düvel, ewig dösten müst; –
Und drink mit öm söet Kolleschahl,
Wenn du sittst in de Höllenqual,
Drum rahd' ick: wieck, loop, rönn und gah,
Sünst, by dem Düvel, ich tau schlah.

An der Klostermauer

Im Klostergarten spielt die Sonne durch die grünen Buchenkronen auf Rasen und Wegen. Von der See weht ein leichter Wind herüber, aber er ist stark genug, um die Blätter zu bewegen. Sonst ist es still. Die alten Leute auf den weißen Bänken haben sich kaum etwas zu erzählen, sie genießen den Sonnentag.
Dieser Klostergarten wurde zu Anfang des vorigen Jahrhunderts nach der Art der englischen Parks um das Münster angelegt, und er hieß seitdem der Englische Garten. Unsere Zeit hat ihm einen neuen Namen gegeben. Er heißt jetzt Bachgarten.
Gelegentlich schnurrt ein Auto durch das grüne Tor und über die Straße, die durch den Garten führt. Vom Getriebe der Stadt jenseits der hohen Klostermauer ist nichts zu hören. Über den Kamp hinweg bimmelt die Kleinbahn, doch die Laute gehen unter im hellen Finkenschlag.
Aus dem „gelegentlich" vorbeischnurrenden Auto ist in den 70er Jahren eine ganze Blechkarawane geworden, und wenn im Münster Konzerte stattfinden, reicht der Parkplatz längst nicht mehr aus. Selbst an sogenannten normalen Tagen bringen Busse kulturhistorisch interessierte Besucher. Darunter gibt es Experten, die genau wissen, daß der von meinem Vater weiter oben genannte Garten keines-

wegs nur einen Namen hat, sondern daß lediglich der Teil der Anlage, durch die der Bach führt, Bachgarten heißt, während das zur Ausfallstraße nach Rostock gelegene Arreal noch Englischer Garten genannt wird. Ich will mich da nicht festlegen. Mit Sicherheit weiß ich jedoch, daß der von mir zuletzt genannte Teil der Anlage leider etwas stiefmütterlich behandelt wird.

Bis auf das Münster haben nur wenige Klosterbauten die Zeit überdauert. Die Brandfackel eines langen Krieges, Teuerung und Not wie auch das Alter haben die festgefügten Häuser gestürzt. Bauern und Bürger holten sich die Ziegel und bauten sich ihre Wohnungen und Stallungen damit wieder auf, andere Reste sanken in Gruben, Sand wehte darüber hin, und Gras und Kraut überzogen sie mit einer dichten Decke.

Noch ragt die rote Ruine der Woll- oder Wolfsscheune aus dem Grün der Gräser und Zweige, noch steht das sehr alte Mauerwerk des Kreuzganges aus der romanischen Zeit und schlägt den Bogen von uns bis in die Vergangenheit. Es steht auch noch das gotische Wirtschaftsgebäude, das heute als Küsterhaus dient, und auf der andern Seite der Straße schimmern durch das Laub der Buchen und Tannen die Mauern und Dächer der Brauerei und der Schule. In den Pausen ist das Lachen und Rufen der Kinder zu hören, und es scheppern die Milchkannen, die in die heute als Molkerei dienende ehemalige Brauerei getragen werden. Es ist ein ungemein wuchtiges Mauerwerk, das dort zusammengefügt worden ist und die Zeit überdauert hat.

1978 legte allerdings ein psychisch gestörter Jugendlicher einen Brand in das Gebäude. Der Dachstuhl fiel ihm zum Opfer. Das Mauerwerk dagegen hielt den Flammen stand. Unserem Staat ist das Gebäude unter denkmalspflegerischen Aspekten so wichtig, daß er die Mittel bereitstellte, es bis 1983/84 wieder aufzubauen.

Als der stumme Zeuge der Vergangenheit lichterloh brannte und den zufälligen Augenzeugen eine Ahnung von mittelalterlichen Feuersbrünsten anwehte, hieß es in Bad

Doberan jedoch nicht, daß die ehemalige Brauerei in Flammen stehe, sondern die „Vitakost“, ein Betrieb, der hier Asyl gefunden hatte, Speisen zubereitete und viele Doberaner mit dem sogenannten Betriebsessen versorgte.
Was mein Vater weiter oben als „Schule“ bezeichnet, ist das ehemalige Kornhaus. Es wurde um 1900 zur Schule umgebaut und dient heute als Pionierhaus „Ehm Welk“ einer sinnvollen und sicher auch fröhlichen Freizeitgestaltung. Im Wasser der kleinen Teiche neben dem Münster spiegelt sich der Himmel, und leise plätschert der Bach. Eine zeternde Schar Mauersegler fliegt blitzschnell vorüber und jagt nach Kerfen am Gemäuer der Ruine, von der einst der Dichter sang:

Sind auch ohne Dach die Reste
Dieser mächtigen Abtei,
Buchenlaub und Tannenäste
Sorgen, daß es schattig sei.

Gewiß, es sind alle Dinge vergänglich, doch wie manches könnte noch stehen, dienen und zeugen, wenn der Mensch es nicht selber vernichtet hätte.
Ich gehe weiter und stehe in diesem stillen Garten vor einem Stein mit der Inschrift:

Zum Gedenken an die toten Opfer
des Faschismus und zur Mahnung an
alle Lebenden.

Darunter steht zu lesen, daß Heinrich Klöcking und Wilhelm Bohm 1931 und Ernst Wolff 1933 diese Opfer in Doberan geworden sind. Sie würden leben wie wir, würden planen und schaffen, wenn sie nicht durch Willkür und Haß aus dem Leben gerissen worden wären.
Oben vom Buchenberg schimmert das Backsteinmal zur Erinnerung an die Gefallenen des ersten Weltkrieges durch das Laub. Es erinnert an die Legion der Toten, die ins

Verderben getrieben worden ist. Auf dem Doberaner Mahnmal stehen Namen sonder Zahl.
Der Weg führt vorbei am alten Amtsgebäude, das gegenwärtig der Zentral-Sonderschule als Internat dient. Früher, als das Palais am Kamp noch nicht errichtet worden war, mögen darin die Fürsten abgestiegen sein. Rechts und links der Straße liegt kurz vor der Mauer der alte Friedhof. Auf ihm ruhen Bürger und Hofleute aus jenen Tagen, da Doberan eine Sommerresidenz der mecklenburgischen Fürsten geworden war. Der Dichter Heinrich Seidel aus Perlin in Mecklenburg, der uns, wie bereits an anderer Stelle erwähnt, neben vielen schönen Werken auch den „Leberecht Hühnchen“ schenkte, ist vor Jahren über den Friedhof längs der Mauer gegangen und hat dabei sein Wesen getrieben.
Von Warnemünde durch den Hägerort führte ihn die Straße zur alten Abtei. Ende des vorigen Jahrhunderts mag es gewesen sein. In einem Ränzel trug er neben dem Mundvorrat einen silbernen Becher. Aus ihm trank er, wenn es die Sonne gar zu gut meinte, einen Trunk roten Weines. Glauben Sie nun ja nicht, daß Heinrich Seidel ein hoffnungsloser, verspäteter Romantiker gewesen wäre. Gewiß nicht, denn er war der kühne Konstrukteur der großen pfeilerlosen Halle des einstigen Anhalter Bahnhofs in Berlin, aber er verstand es auch, sich einen vorzüglichen Gemütsausgleich zu schaffen.
Seidel trug in seiner Tasche stets Blumensaat mit sich herum. Es war seine Art, sie auf seinen Wanderungen auszustreuen, und er nimmt es für sich in Anspruch, in der Gegend um Doberan die große, rosenrote taurische Winde gesät zu haben, und das an der alten Klostermauer rankende blaßblaue Zymbelkraut stammt ebenfalls von solcher Saat. Hernach hatte er seine Freude daran, wenn sich die heimischen Botaniker die Köpfe über das Woher dieser Blumen zerbrachen. Auch auf seinen Wanderungen durch das Quellholz, am Doberbach, im Amerikagehölz und auf anderen Wegen durch die schöne Umgebung Doberans säte

er Seidelbast, Akelei und gelben Fingerhut. Sollten Sie auf Ihren Spaziergängen diesen Pflanzen begegnen, so denken Sie an den Dichtersmann.

Der Weg an dieser Friedhofsmauer wird jetzt wohl nur selten begangen. Das Gerank der Sträucher ragt in ihn hinein, und die Grabplatten sind überwuchert und zum Teil mit Erde und Laub bedeckt. Die hohe Mauer, in die einige Platten hineingelassen worden sind, dämpft das Geräusch der Straße, und die großen Bäume haben mit ihrem Ästegewirr ein dichtes Dach gebildet. Die Toten sind hier allein, ganz unter sich, und wenn man bedenkt, daß viele von ihnen noch Zöpfe trugen, Perücken, Reifröcke, Schnallenschuhe und Samthosen, so sind sie ja auch im Leben eine Welt für sich gewesen.

Die Gräber der Ackerbürger und Diener, der Kämmereischreiber und Knechte sind natürlich nicht mehr zu finden, doch die Namen der Erbpächter, der Hofleute, der geistlichen Würdenträger, der Offiziere und anderer gleichen Standes sind noch auf den marmornen Platten über den Gräbern und Grüften erhalten.

Es fanden auf dem Friedhof auch der großherzogliche Oberküchenchef Gaetano Medini aus Mailand und seine schwedische Frau ihre Ruhestätte. Medinis Wiege stand einst weit von seinem Grabe, doch nahe im Vergleich zu der Entfernung des Platzes unter der heißen Sonne Afrikas, der die Geburtsstätte des auf dem Doberaner Klosterfriedhof liegenden Mohren Caesar war. Ein massiger Obelisk trägt die Worte:

Friedrich Ludwig Carl Ulrich Caesar
Aus St. Croix
Starb den 30. August 1805

Auf der Rückseite ist zu lesen:

Ein schöner Mohr
Und treuer Diener

Er hat seine tropische Heimat nicht wiedergesehen.

Fast in der Friedhofsecke hängt an der Mauer neben einer Buche eine kleine Platte mit der Inschrift:

Mariane Philippine Auguste Severin
starb den 23. May 1815.

Das ist alles, mehr ist auf der Tafel nicht vermerkt. Ich weiß nicht, ob es die Tochter oder die Frau des Baumeisters Severin gewesen ist, zu deren Erinnerung die Tafel dort noch hängt. Auf alle Fälle wird diese Inschrift ein letztes Zeichen sein, das vom Sterben dieser Familie zeugt. Severin starb irgendwo auf einer Reise in Armut und Vergessenheit.
Eine andere Steinplatte, nicht weit vom Küsterhaus entfernt, erwähnt den Fund eines großen Schatzes aus dem Jahre 1805. Dukaten, Speziestaler, Gulden und viele kleine Silberstücke waren es, die von den Schatzgräbern dort an einem Novembertag entdeckt wurden. Vielleicht sind sie während der Angst- und Schreckenszeit des Dreißigjährigen Krieges in einer Nacht vergraben worden, und die Besitzer kamen um, so daß ein Wiederauffinden der Wertstücke dem Zufall überlassen blieb.
Die Sonne steht im Zenit, der rote Backstein brennt lichterloh durch das grüne Blattwerk. Der Blick fällt noch einmal auf den übersonnten Garten, und indem ich durch das Klostertor gehe, wandern die Gedanken aus den gotischen Jahrhunderten in eine klassische Zeit, die durch die maßvollen Werke des genialen, schönheitsuchenden Baumeisters Carl Theodor Severin in Doberan einen so beredten Ausdruck fand.

Wenig bekannte Hofgeschichten

Im Jahre 1707 verlegte der Herzog Karl Leopold seine Residenz nach Doberan. Die Unruhe, die von ihm ausging, bekamen auch die Doberaner Bürger zu spüren. Erschüttert mögen sie gewesen sein, als der Herzog im Jähzorn seinen Leibjäger Eggerß erschoß, der sich während eines Botenrittes nach Rostock um einen Tag verspätet hatte. Die Untat soll am Buchenberg geschehen sein, und auf des Leibjägers Grabstein steht der vielsagende Spruch:

Ich hab in dieser Zeit
Der Wenden großer Fürsten
Mit Treu und gutem Fleiß
Bis in den Tod gedient.
Nun mag ein anderer
Nach Fürsten Diensten dürsten,
Dabei dem Lebensfürsten
Mein Dienst und Leben grünt.

Vom schlechten Gewissen getrieben, schenkte der Herzog der Familie des Toten als Entschädigung den am Kamp gelegenen Lindenhof mit Garten, Äckern und Wiesen. Der Lindenhof war ein gutgehender Krug. Später befand sich darin auch die Posthalterei, und während der Glanzzeit Doberans war – wie die Goldbank im Logierhaus – die Silberbank im Lindenhof untergebracht. Heute trägt das in der Severinstraße gelegene Gebäude im Sinne unserer freundschaftlichen Beziehungen zur Sowjetunion den Namen „Haus der Freundschaft".
Karl Leopold, der immer ärger in Schulden geriet, verlegte sich, nachdem ihn der Alchimist Baron von Mardefeld gründlich betrogen hatte und geflohen war, mit einem alten Gehilfen des Barons selber aufs Goldmachen.
In der Mitte des 18. Jahrhunderts lagen um den Lindenhof schon eine Reihe Häuser am Kamp, auch entlang der heutigen Ernst-Thälmann-Straße hatten sich Büdner und Handwerker angesiedelt. Ihnen gegenüber befand sich der Hopfenhof, und nach und nach bauten sich weitere Bürger an.
Der Ort entwickelte sich in dem beschaulichen Tempo der Zeit, Kühe weideten auf dem Kamp, Obstbäume wuchsen neben Eichen und anderen hohen Bäumen, die niemandem

im Wege standen, und durch dieses Idyll führte plätschernd der Bach sein Wasser. Alles in allem mögen damals in dem Flecken achthundert Menschen gelebt haben. Zeitweilig brachten die Herzöge ein wenig Leben hinein, wenn sie im Schloß vorübergehend residierten.
Das Schloß war ein einfacher Fachwerkbau, der 1790 abgetragen werden mußte. An seiner Stelle wurde das mehrfach umgebaute Amtshaus errichtet. Es wurde um 1800 noch von der herzoglichen Familie als Wohnhaus benutzt. Vermutet wird auch, daß dort nach der Säkularisierung vorübergehend ein Renaissancebau, als fürstliches Jagdschloß dienend, gestanden hat. 1675 fanden auf dem Fürstensitz in Doberan Friedensverhandlungen zwischen den Schweden und den Brandenburgern statt.
Abseits von den kleinen Siedlungen lag an der Nordseite des Klosters das herzogliche Pachtgut, der Kammerhof (heute Versuchsstation des Institutes für Pflanzenzucht Quedlinburg bei der Akademie der Landwirtschaftswissenschaften zu Berlin). Im letzten Viertel des 18. Jahrhunderts wurde dort im Rokokostil ein Wohnhaus erbaut, welches das Muster für die später gebauten Doberaner Bürgerhäuser geworden ist. Dieser Bau ist zwar noch im Fachwerk errichtet worden und hat deutlich Formen des niedersächsischen Bauernhauses, doch er zeigt bereits die später so beliebt gewordene symmetrische Gliederung der Fassade und den Dachaufbau mit dem dreieckigen Giebelabschluß. In der strengeren klassizistischen Form wurde diese Bauart typisch für Bad Doberan.
Die neuere Geschichte Bad Doberans und des dazugehörenden Bades Heiligendamm ist mit dem Leben dreier Männer verbunden. Es waren dies ein Herzog, ein Arzt und ein Baumeister: Friedrich Franz I. von Mecklenburg, Hofrat Dr. Vogel, auf den wir im Kapitel Heiligendamm zurückkommen, und Landbaumeister Karl Theodor Severin.
Diese drei Männer wurden zur Zeit des ausgehenden Barock geboren. Der Herzog war ganz ein Kind dieser

zwielichtigen Zeit. Seine Person möge hier ausführlicher beschrieben werden, um damit zugleich ein Stück Geschichte Mecklenburgs zu veranschaulichen und dem Leser zu zeigen, unter welchen gesellschaftlichen Voraussetzungen sich das Leben in dem Seebad Doberan-Heiligendamm abspielte. 1756 geboren, wurde Friedrich Franz I. in Lausanne erzogen. Neunzehnjährig vermählte er sich. Die ihm angetraute Prinzessin vermochte es aber nicht, diesen vitalen Barockmenschen zu fesseln.
Als Regent hatte der Herzog oft Glück, er packte es aber auch unverzüglich und ohne Skrupel beim Schopf. Mit dem von seinem diplomatisch weniger geschickten Vorgänger gesparten Gelde löste er, als eine seiner ersten Regierungstaten, vier von Preußen verpfändete Ämter ein. Während seiner Regentschaft holte er gegen Bargeld auch das seit dem Westfälischen Frieden von Mecklenburg getrennte Wismar mit Poel, Neukloster und Altbukow zurück. Er verschmähte es nicht, besonderen Druck anzusetzen, indem er vom schwedischen König 100000 Reichstaler Schadenersatz für dessen Aufhebung eines Verlöbnisses verlangte, das der Schwede mit einer mecklenburgischen Prinzessin eingegangen war. Der Vorschlag, diese Summe mit einzuberechnen, gab den Ausschlag für die Rückgabe der Gebiete.
Der Engländer Charles James Apperley schreibt in seinem Buch „Aus alten Zeiten“ (Nimrods Tagebuch): „Das großherzogliche Schloß liegt in Ludwigslust, ungefähr 65 Meilen von Doberan, und es soll dort in großem Stil Hof gehalten werden. Das Einkommen Seiner Königlichen Hoheit beträgt, wie man sagt, 300000 Pfund nach unserem Gelde im Jahr, ein enormes Einkommen für solch billiges Land und hinreichend für die Entfaltung der größten höfischen Pracht.“ Trotz dieses Einkommens geriet der Herzog immer wieder in Geldnot und versuchte, alle nur möglichen Quellen zu erschließen.
Das vergnügungsfreudige Leben dieser Zeit und infolgedessen das Verlangen nach immer mehr Geld hatte einen

unglaublichen Güterschacher zur Folge, so daß riesige Besitzungen nach mehrfachem Wechsel und immer erneutem Aufschlag auch in die Hände gut zahlender Bürgerlicher kamen.
Die Revolutionsjahre in Frankreich, die anschließenden Kriege und schlechte Ernten in England brachten Norddeutschland eine ungeahnte Konjunktur in der Getreideausfuhr, so daß Mecklenburgs mangelhafte Wege oft regelrecht von langen Wagenkolonnen mit Korn blockiert waren. Die Not der andern brachte den mecklenburgischen Grundbesitzern ungeheure Summen ein.
Eine Revolte der Handwerksgesellen, Matrosen und Tagelöhner in Rostock und Güstrow, die wegen Wucherpreisen für Lebensmittel ausgebrochen war, schlug die Regierung nieder. Die Ritterschaft begrüßte es dankbar und sparte nicht mit Geschenken. Des Herzogs wildes Leben beim Spiel in Doberan, auf der Jagd und mit seinen vielen Mätressen erforderte keine kleine Summe. Die Zahl seiner unehelichen Kinder soll gleich der Anzahl der Fenster im Ludwigsluster Schloß gewesen sein. Auf den Bürgerredouten tanzte er maskiert, und seine Jagdgelage zu beschreiben, sträubt sich die Feder.
Seine Erziehung in Lausanne wirkte sich mitunter liberal aus. Er hatte auch nicht immer adelsfreundliche Minister, so daß doch gelegentlich liberale Erlasse ergingen. Es kam aber nicht viel mehr dabei heraus, als daß er das alte Gesangbuch abschaffen ließ, um dafür „von der Mystik gereinigte Lieder“ drucken zu lassen. Von der stockreaktionären Ritterschaft trennte er sich jedoch grundsätzlich nie und biederte sich, wenn es gar nicht mehr anders ging, plattdeutsch mit den Worten bei ihr an: „Ji waelt mi doch woll nich verlaten.“ Sie verließen ihn auch nicht, verlangten dafür aber, daß er das tat, was sie für wichtig und richtig hielten. Seine altväterliche Art, die dem Althergebrachten, trotz gelegentlicher Neuerungen, absolut zugetan war, sicherte ihm das Vertrauen der Junker.
Sein Hofstaat umfaßte vierhundertzwei Personen, darun-

ter allein dreiunddreißig Kammerherren und neun Kammerjunker. Dabei hatte Mecklenburg zu seiner Zeit nicht mehr Einwohner als das damals noch verhältnismäßig kleine Berlin. Wie sehr die Junker und ihr Anhang dem Neuen abhold waren, mag daraus hervorgehen, daß in jenen Jahren, als die welterschütternde Freiheitsbewegung mit dem Sturm auf die Bastille in Frankreich ihren Anfang nahm, sich die Herren in Mecklenburg darum stritten, wer zum Uradel gehöre und wer nicht, denn genau im Jahre 1789, dem Beginn der Französischen Revolution, hatte der von der Ritterschaft herausgestellte „Geheime Rath Adolf Albert Wilhelm von Flotow auf Wildkuhl" während des Landtages in Sternberg nichts anderes zu tun, als einen Vortrag „Über die Rechte des eingeborenen und recipirten Adels in Mecklenburg und deren Verhältnis zur Landeshoheit" zu halten.

Die napoleonischen Umwälzungen hatten wenig Einfluß auf die regierenden Kreise Mecklenburgs. Es blieb bei der mittelalterlichen Staats- und Gesellschaftsform mit dem Feudaladel an der Spitze; ein zeitgemäßer Änderungsversuch der Verfassung auf Kosten der feudalen Ordnung scheiterte. Die Reformversuche Friedrich Franz I. erwiesen sich gegenüber dem unbeweglichen patrimonialständischen Privilegienstaat mit seiner reaktionären Dreiteilung Landesherrschaft, Ritterschaft und Städte als zu schwach. Die Obrigkeit des Fürsten blieb auf die Domänen beschränkt. Für die Ritterschaft war es um so leichter, sich durchzusetzen, als sie den immer Geld benötigenden Herzog gegen Bedingungen versorgte. Nach Napoleons Sturz wurde Friedrich Franz I. Großherzog. Es änderte sich nichts, selbst bei der freien Hofspeisung, einem vorsintflutlichen Privileg, blieb es.

Hierüber schreibt Dr. Eduard Vehse in „Mecklenburgs Hof und Adel", welches Buch 1856 verlegt, doch in Mecklenburg verboten wurde: „Der sehr ehrenwerte eingeborne und recipirte Landadel fuhr regelmäßig sonntags in der Scharlach-Uniform mit schwarzem Sammetkragen und

großen goldenen Epauletten nach Ludwigslust, zeigte dem Oberhofmarschall seine Epiphanie an und erschien dann ohne weitere Einladung zum Diner und Souper an der Hoftafel, die gewöhnlich zu fünfzig bis sechzig Couverten gedeckt war. Im Sommer war es ebenso zu Doberan, dem 1794 gegründeten Seebad, dem ersten in Deutschland der Zeit nach, das 1818 schon 1245 Badegäste besuchten und wo Friedrich Franz seiner Passion, dem hohen Spiele, nachging; in Doberan speiste auch regelmäßig das Offizierscorps des Gardebataillons mit. Auch das Tafelhalten der Commissarien der beiden großherzoglichen Häuser an den alljährlich abwechselnd zu Malchin und Sternberg sich versammelnden Landtagen dauerte nach altem, wenn auch schon kostbarem Herkommen fort: Die Landtagsmitglieder fanden es ganz in Ordnung, daß, da früher die Verpflichtung bestanden habe, den zur Musterung versammelten Mannen Futter und Mehl zu reichen, auch sie fort und fort bei den Commissarien allezeit offne Tafel finden müßten, und zwar nach altem Herkommen gutes, ja bestes Futter und Mehl: Champagner, Rheinwein, Tokaier und Cypernwein und Austern und Gänseleberpasteten. Das war in Mecklenburg keineswegs willkürlich, es war festbestimmt, es war altes, löbliches Herkommen', das nicht gewandelt werden durfte."
Der Bericht aus der Feder dieses von den politischen Strömungen unserer Zeit gewiß nicht beeinflußten Historikers ist recht aufschlußreich. Es ist erstaunlich, mit welcher Selbstverständlichkeit der Adel solche Privilegien für sich beanspruchte. Darum ist es auch gut, aus berufenem Munde zu hören, in welcher düsteren Atmosphäre dagegen die Dorfbevölkerung damals lebte. Kein Geringerer als der Freiherr vom Stein schrieb in einem Brief:

„... die Wohnung des Mecklenburgischen Edelmannes, der seine Bauern legt, statt ihren Zustand zu verbessern, kommt mir vor wie die Höhle eines Raubtieres, das alles um sich verödet und sich mit der Stille des Grabes umgibt."

In wohl allen Hofberichten und Geschichtsbetrachtungen Mecklenburgs wird als größte Tat des Fürsten die von ihm 1820 angeordnete Aufhebung der Leibeigenschaft erwähnt. Man vergaß allerdings stets zu sagen, daß Mecklenburg dieses Gesetz nach schärfstem Widerstand als letztes aller deutschen Fürstentümer erließ, da es dem Druck der Verhältnisse endlich nachgeben mußte. Der Hofdienst der Bauern blieb aber bestehen. Es muß auch erwähnt werden, daß die bisher Untertänigen zwar die persönliche Freiheit zu gehen erhielten, jedoch nicht die Freiheit, bei einem anderen Gutsherrn aufgenommen zu werden.
Wenn die Tagelöhner also nicht auf der Straße liegen oder im Landarbeitshaus Güstrow landen wollten, mußten sie bleiben, wo sie waren.
In den Rostocker „Gelehrten Beiträgen", Jahrgang 1840, Seite 726, ist darüber zu lesen: „Der Umzug der Tagelöhner von einem Ort zum andern, der vor 1820 so sehr häufig vorkam, hat seit der Aufhebung der Leibeigenschaft fast aufgehört; die ländlichen Tagelöhner sind jetzt mehr an die Schwelle gefesselt, als jemals zur Zeit der Leibeigenschaft, und jungen Arbeitern, die sich verheirathen und häuslich niederlassen wollen, wird es sehr viel schwerer, ihren Zweck zu erreichen." Nach wie vor war das Landvolk, außer wenigen Erbpächtern, in allem vom Großgrundbesitz abhängig.
Es sei noch einmal Dr. Eduard Vehse in „Mecklenburgs Hof und Adel" zitiert: „Friedrich Franz, der erste Großherzog von Mecklenburg – Schwerin, der Aufheber der Leibeigenschaft, aber nicht der Hofdienste, hat noch sein fünfzigjähriges Regierungsjubiläum erlebt, das er 1835 feiert: zwei Jahre darauf starb er ... an der schrecklichen, durch äußerste Erhitzung des wilden Bluts erzeugten Krankheit des Herodes und Sulla, ein einundachtzigjähriger Herr, nach einem vielbewegten Leben, dessen

Anfang gerade in die Zeit fiel, wo der große Friedrich den mecklenburgischen Mehlsack ausklopfte, das erste Jahr des Siebenjährigen Krieges."
Die nachfolgenden Kapitel geben Aufschluß über den Einfluß dieses Mannes und seiner Zeit auf die Entwicklung des Bades Doberan-Heiligendamm.

Futr di Morblex

„De gris Gegend", die sandige Ecke Mecklenburgs um Grabow und Ludwigslust, gefiel Friedrich Franz I. von Mecklenburg als ständiger Regierungssitz sehr wenig. Zwar war das Schloß in Ludwigslust, früher Kleinow geheißen, ein erlesener und geräumiger Bau, doch der die Abwechslung so sehr liebende kleine Schloßherr wollte gelegentlich seinen Wohnsitz wechseln.
Der Zufall kam ihm zu Hilfe. In Holland war ein Aufstand ausgebrochen, der Erbstatthalter der Niederlande erschien aus diesem Grunde 1788 in Ludwigslust, bat gegen viel Geld um Truppen, und nach anfänglichem Handel erhielt er sie auch. Das brachte dem Herzog für 1000 Söldner jährlich 37000 harte Taler ein, für jeden Gefallenen bekam er außerdem 25 und für drei Verwundete ebenfalls 25 Taler – eine blutige Summe, mit der er, ohne finanzielle Schwierigkeiten befürchten zu müssen, an die Errichtung einer Sommerresidenz an der See denken konnte. Mit diesem Geld ging es also an die Gründung des ersten deutschen Seebades sowie der ersten Rennbahn auf dem Kontinent.
Es gab Historiker, die diesen Vorgang aber auch folgenderweise beschrieben:
„Der Herzog stellte die ersten bedeutenden Geldmittel zur Gründung des Seebades aus seiner Privatschatulle zur Verfügung und förderte seine Entwicklung mit ganz besonderer Vorliebe, er machte Doberan zu seiner Sommerresidenz und suchte es in jeder Weise fürstlich-groß-

zügig zu verschönern und auszugestalten, ein Bestreben, das von seinen Nachfolgern in erfolgreicher Weise fortgesetzt wurde..."

Wie die Privatschatulle des Herzogs gefüllt worden ist, das haben wir gesehen!

Auf seinen Inspektions- und Lustfahrten durch das mecklenburgische Land war dem Herzog das schöne, in Buchenwälder gebettete und vor rauhen Winden geschützte Doberan aufgefallen. Man konnte von dort nach kurzer Zeit die See erreichen, ringsum lagen beste Jagdreviere, und Rostock befand sich in der Nähe, so daß alles, was begehrt wurde, vorhanden war. Im Amtshaus auf dem ehemaligen Klostergebiet ließ sich nach einem Umbau vorläufig wohnen, und man gedachte wohl, später ein kleines Schloß zu bauen.

Die Geschichte des ersten deutschen Seebades, „des Seebades bey Doberan", beginnt mit dem Jahre 1793. Der bald für die Sommermonate nachziehenden adeligen Hofgesellschaft erschien es natürlich nicht diskutabel, in den niedrigen Katen der Handwerker und Büdner zu wohnen. Zwar war man mehr oder weniger des Bades wegen gekommen, doch auch unmittelbar am Wasser siedelte sich kein hoffähiger Familienvater an. So mußte also in Doberan gebaut werden. Bald begann auch der erste Doberaner Bürger damit, er stockte allerdings nur auf, doch immerhin, er baute. „Markst Müs?" sagte ein anderer, zählte die Speziestaler im Strumpf und wurde sich in der Schummerstunde mit seiner Frau darüber einig, auch zu bauen.

Baulust steckt bekanntlich an, während also der eine begann, machten es die andern nach. Sicher handelte es sich zuerst nur um kleine Anbauten, doch bald wurden die Doberaner unternehmungslustiger und errichteten Neubauten. Dem Herzog war das nur recht, und er ließ Holz billig zur Verfügung stellen. Strohdächer aber waren verboten. Man hielt viel in Doberan vom Feuerwerk, doch gar nichts davon, wenn es um den Hahnenbalken zu knistern begann.

Noch heute weiß man im weiten Umkreis des inzwischen zur Kreisstadt angewachsenen Ortes zu erzählen, daß sich die Einwohner zu dieser Zeit außer dem genehmigten Bauholz nicht genehmigtes bei Nacht und Nebel dazubesorgten. Diese Gewohnheit wurde später von Kind und Kindeskindern fröhlich weiter geübt. Da es nie zu großen Bränden kam, hieß es bald, das läge an dem eichenen Holz. Weil es sich aber meistens um „stahlen Holt", heimlich besorgtes Holz, handelte, von dem der Volksmund sagt, daß es ebenfalls nicht leicht brennen soll, kann es auch daran gelegen haben.
Der Baumeister des Herzogs war in den ersten Jahren der Baukondukteur von Seydewitz aus Ludwigslust. Die Herren hatten einen guten Blick, als sie sich die mitten im Ort liegende Kuhweide, den Kamp, zum Bauplatz wählten. Es wurde als erstes größeres Gebäude das Logierhaus, später Parkhotel, heute Kurhaus, im Zopfstil errichtet. Seine Fachwerkfassade hat sich im Lauf der Jahrzehnte viel gefallen lassen müssen. Irgendwann ist eine nicht passende Glasveranda davorgesetzt worden, die aber wieder verschwand. Es bestand die Absicht, das Gebäude zum Hotel für großen Anspruch auszubauen. Die Fassade könnte ein Schmuck des Platzes sein.
In diesem Hause begann bald während der Sommermonate ein bewegtes Leben mit allem Komfort, nachdem auf Leiterwagen Wohnungseinrichtungen mitgebracht worden waren, um die der Hofgesellschaft zur Verfügung gestellten Räume bevorzugt möblieren zu können.
Lange bangten die Doberaner Freunde kulturhistorischer Baudenkmäler um dieses Gebäude. Der Abrißbeschluß war schon gefaßt. Jetzt aber steht fest, hoffentlich endgültig, daß die Rekonstruktion bis 1983/84 abgeschlossen wird. Der Bau wird dann wieder als Logierhaus dienen. Das ist wörtlich zu nehmen, denn ein Interhotel wird mit Sicherheit nicht entstehen.
Damals standen am Kamp bereits das uralte Gasthaus zum Lindenhof und ein wenig östlicher davon, an der Straße

über Parkentin nach Rostock, der Landkrug. Sie beherbergten bereits Gäste, als der Kamp noch voller Pilger lag, die das Heilige Blut im Münster aufsuchten.
Der Landkrug in der Rostocker Straße Nr. 4 diente lange als Lagerschuppen und Wohnhaus, vorübergehend hieß er auch Tonhalle. Der plattdeutsche Dichter John Brinckman verlegt eine köstliche Episode in seinem „Kasper-Ohm un ick" dorthin. Sie spielt just zu jener Zeit.
Kasper-Ohm war ein bißchen mit seiner Familie und seinem Neffen Andrees von Rostock nach Doberan gefahren. Dort gab es – nach Brinckman – viel feines Volk mit Karossen, Pferden, Kindern, Leibjägern, Lakaien und dicken Geldbeuteln, aber es war dort auch viel feines Volk mit langen Titeln, uralten Namen und ganz schwindsüchtigen Geldbeuteln.
Kasper-Ohm zog es an diesem schönen Sommertag nach der Spielbank im Logierhaus, und der Neffe mußte mit. Kaptein Pött, so war Kasper-Ohms Name, drängte sich mit breitem Bug durch die Kiebitze an den Spieltisch. Er holte ein in Papier gewickeltes Geldstück aus der Tasche, „un dat was 'n blanken Luidur", den setzte er auf Rot. Heraus kam natürlich Schwarz. Der Bankhalter, der auf einem hohen Stuhle saß und so gelb und verschimmelt wie altes Juchtenleder um seine Gallion aussah, raffte mit einem langen Haken alles Geld an sich, auch Kasper-Ohms Louisdor. „Süh, Jonge, dor danzt Bornholm hen." Dies sollen die Lübecker gerufen haben, als sie ihrem Bürgermeister, Jürgen Wullenweber, den Kopf abschlagen ließen, und Kasper-Ohm rief es mit zugekniffenen Augen ebenfalls. „Schwarz hätte ich setzen müssen, Schwarz! Wie konnte ich so ein Ochse sein und Rot setzen. Kumm, Jonge, kumm! Hier is dat jo rein as mang de Flibusters in de Golf von Mexiko. Ich hab es ja immer gesagt: Lotterie ist Lumperie, und Stehlen is Stehlen, und was ein Kaper ist, muß an de Raanock hängen! Dat segg ick, Kaptein Pött van de Fastgelljas Anna Maria Sophia!"

Das gab natürlich unter den Spielern eine große Aufregung; einen solchen Ton war man nicht gewöhnt. Einige schrien: „Wer ist das Original“, und ein stotternder Baron rief aus: „Raurauraus mitmitmit dem Gggggrobian!“
Der vertrocknete Bankhalter sprang auf Kasper-Ohm zu und tobte: „Herr, werden Sie hier nicht exorbitant, oder . . .!“
Kasper-Ohm sah ihn aus Riesenhöhe an, hielt ihm seine Ballastschaufel von Faust unter die Nase und brüllte: „Exorbitant – wurans auffällig, min Jonge? Sülbst exorbitant! Ond gah Er an de Kant, wenn ick Em raden kann, oder ick schlah Em in de Kajütenfinster, dat Sin ollen blindglasigen Ossenogen Em ut de Klüsgaten wedder rute kieken dohn!“
Nach dieser nicht besonders schmeichelhaften Unterhaltung schoß Kaptein Pött in den Wind und segelte aus der Spielhölle wie ein Braxen, der übers Netz springt. Als sie auf dem Kamp standen, sagte er zu seinem Neffen: „Well, Jonge, de Luidur is futsch! Aber wer so ein Dorschkopf ist und hinter dem Netz fischt, darf sich nicht wundern, wenn er nur einen Frosch fängt. Trotzdem schadet es nichts, ich weiß nun, was es mit dem Pharaospiel auf sich hat, ond never mind it – ich verkaufe meine Talgladung nu nicht unter fünf Mark und fünfzig!“
Beide gingen danach zurück in den Landkrug. Sie aßen Mürbebraten vom jungen Schwein und Doberanschen Zuckerkringel als Nachtisch. Anschließend spazierte Kaptein Pött mit Andrees unter dem schattigen Laubdach des Buchenberges. Als sie dort dem Herzog begegneten und Kasper-Ohm im Verlauf einer Unterredung in eine sehr heftige Auseinandersetzung mit dessen Kammerherrn geriet, meinte er zu seinem Neffen: „Dat wier grad so ’n Vitalienbroderschnabel, as den’ annern verdammten Bukanierer achter den grönen Disch sin, der mi minen goden Luidur stahlen hett. De Schmogglers de, Futr di Morblex!“

Über den Herzog, der ein leidenschaftlicher Spieler war, gibt es eine Anekdote, nach der er mit einem Rostocker Töpfermeister, der wie er sein Geld verspielt hatte, folgendes Gespräch geführt hat: „Na, Meister, dat Geld is fleuten, wat makt wi nu?"
Seelenruhig antwortete der Töpfer: „Jä, Königliche Hoheit, ick gah nach Hus un mak wedder Pött, un Sei, Sei kaenen ja ne nige Stüer utschrieben." Volkshumor, der – wie gewöhnlich – ins Schwarze traf.
Doberan hatte neben einigen geheimen Banken eine Gold- und eine Silberbank. Von beiden Banken kassierte die herzogliche Badekasse jährlich 30000 Taler ein.

Der weiße Zauber

Zu der Zeit, in die Brinckman seinen „Kasper-Ohm" versetzt, hatte in Doberan schon ein emsiges Bauen begonnen. Der Mann, der diesen Bauwillen lenkte, ihm Richtung und Gestalt gab, war nach Seydewitz der Baumeister Carl Theodor Severin geworden. Sein Leben endete tragisch.
Dieser die Gestaltung Doberans bestimmende Baumeister wurde als Sohn des Konsistorialrates Theodor Severin zu Mengeringhausen in Waldeck am 13. September 1763 geboren. Es wird angenommen, denn eine genaue Lebensbeschreibung liegt nicht vor, daß der Erbauer des Brandenburger Tores in Berlin, Langhans, sein Lehrer war. Er stand weiter unter dem Einfluß der Berliner Schule der Bauschaffenden, der hervorragende Lehrer und Schüler, wie Erdmannsdorf, Friedrich Gilly, Schinkel und andere, angehörten. Es war die Zeit der Rückkehr vom sinnenfreudigen Rokoko zur Einfachheit der Antike, aus der sich der Formbegriff des deutschen Klassizismus entwickelte.
Severin war kein Nachahmer, er war ein Wahrer guter Tradition, stark genug, seinen Werken kraftvoll eigene Züge zu verleihen, die sie den besten Schöpfungen der

Baukunst um 1800 ebenbürtig erscheinen lassen. Die heitere Anmut seiner weißen Gebäude zeugt davon.
Der beste Kenner der Baugeschichte Doberans, Dr.-Ing. Hans Thielcke, schreibt über ihn: „Was seine Bauten so anziehend macht und weit über das Durchschnittsmaß erhebt, ist ihre einfache Monumentalität, die geschickte Abwägung der Baumassen und die sichere Ausbildung aller Einzelheiten."
Wer auch nur den Fuß nach Doberan setzt, wird sich dem Zauber dieser Bauwerke nicht entziehen können. Sie sind in dieser Anzahl auf engem Raum in Norddeutschland einmalig. Ihre ausgeglichenen Fassaden wirken auch auf den einfachen aufgeschlossenen Menschen, der sich nie mit Stilkunde befaßt hat. Er wird neugierig und möchte mehr von der Zeit wissen, in der so gebaut wurde. Wer aber kommt auf den Gedanken, daß der Baumeister dieses schönsten Teiles der Stadt irgendwo auf einer Reise an Altersbrand verschied, verlassen und vergessen, während seine Bauherren sich der von ihm erbauten Paläste und Häuser erfreuten?
Es ist unbestritten, daß Baumeister Severin einfach und bescheiden lebte. Seine Zeitgenossen kannten ihn auch als einen unaufdringlichen Mann. Es ist deshalb wie auch im Hinblick auf seine Verdienste erschütternd, folgenden Brief zu lesen, den er, als er 1834 in den Ruhestand versetzt werden sollte, an den Großherzog Friedrich Franz I. richtete. Nach der damals üblichen Anrede schrieb Severin:

> Wenngleich das hohe Kammerkollegium, sowie auch die übrigen Großherzoglichen Hohen Collegia und Ämter, bei der jetzigen neuen Einrichtung, wo die Arbeiten im Baufache verdoppelt sind, keine begründete Beschwerde über den Geschäftsgang der Doberaner Baubehörde machen kann, so muß ich für meine Person leider bekennen, daß ich wegen meiner Gichtkrankheit, welche ich mir auf einer Reise in Amtsgeschäften zugezogen hatte, auswärtige Geschäfte und Reisen nicht

übernehmen konnte. Sie wurden aber durch meinen Gehilfen den Bauconducteur Severin (ein Neffe des Baumeisters) gewissenhaft besorgt. Am 20. Mai haben Ew. Königliche Hoheit wegen meines Alters und meiner körperlichen Schwäche allergnädigst geruht, mich von Weihnachten dieses Jahres in Ruhestand zu versetzen und mir eine Pension von 525 Rth. als mein bisheriges Gehalt in Gnaden zu bewilligen, wofür ich meinen alleruntertänigsten Dank abstatte. Ganz in Unthätigkeit zu verweilen, würde für mich eine Strafe sein. Mein sehnlichster Wunsch wäre, solange mir der Allmächtige meine jetztige Gesundheit und Kräfte verleihet, die bisherigen Geschäfte bei der hiesigen Badeanstalt, welche ich noch vorstehen kann, mir fernerhin allergnädigst zu überlassen, und mir dafür die bisher genossene Remuneration von 100 Rth. n. 2/3, welche mir erst von 1820 an von der hiesigen Badeanstalt zu Teil wurden, nebst 4 Faden Buchenholz und 10 000 Tradetorf und auch die 50 Rth., welche ich im Jahre 1817 als ein Gnadengeschenk für den Bau des Saales auf dem Heiligendamm erhielt, wieder huldreichst zu genehmigen. Diese Huld und Gnade werde ich Zeitlebens mit dem alleruntertänigsten Danke verehren und ersterben in tiefster Ehrfurcht.

Ew. Königl. Hoheit

Alleruntertänigst gehorsamer G. T. Severin.

Im folgenden soll erzählt werden, was dieser Mann, der sich so um die Sicherung seines Lebensabends sorgen mußte, an Werten schuf. Das Salongebäude neben dem Logierhaus zeigt bereits seinen Formwillen, obwohl er beim Bau dieses Gebäudes noch der Gehilfe von Seydewitz war. Severin hat an diesem Bau entscheidenden Anteil gehabt, deshalb wurde er nach dem Rücktritt seines Vorgängers mit der Errichtung des Theaters beauftragt.
Das Salongebäude entstand, weil das Seebad Doberan eine solche Anziehungskraft erlangt hatte, daß ein Gebäude

mit Kaufläden, einem Saal, kleinen Kabinetten und Wirtschaftsräumen notwendig wurde. Leider erfuhr dieser Bau 1879 eine unverständliche Änderung: Die Kolonnaden verschwanden, und die schlichte Fassade erhielt überladene Gesimse im Renaissancestil mit Urne und weiterem Zierrat. In diesem Zustand wurde das Salongebäude Rathaus und Amtsgericht. 1953 erhielt es nach gründlicher Überholung seine ursprüngliche Fassade mit wenig Änderungen zurück, so daß wieder der ganze Aufbau mit der massiven Attica und dem dahinter fast veschwindenden Dach deutlich den Geist der neuen Stilrichtung zeigt, als deren Verkünder in Doberan Severin anzusehen ist. Der Saal im beschwingten Empire, von welchem man allerdings nicht genau weiß, ob ihn Severin entwarf, ist ebenfalls wieder in bestem Zustand. Das Haus beherbergt heute den Rat des Kreises.

Zur Fürstenzeit fand in dem schönen Saal die Table d'hôte statt, über die wie folgt berichtet wird: „Um 1/2 2 Uhr ging man zum Mittagessen ins Logierhaus oder bei großer Beteiligung in den Salon. Ein Oben und Unten an der Tafel gab es nicht. Der Herzog saß bald hier, bald dort, bald an dem einem oder anderen Tische, damit überall kein Grund zur Überhebung oder Herabsetzung gegeben werde. Rostocker Hornisten oder Schweriner Hoboisten musizierten, die Unterhaltung war lebhaft und jeder Zwang verpönt."

Es ist nicht verwunderlich, wenn die Nachwelt sich heute fragt, aus welchen Persönlichkeiten sich denn diese Gesellschaft zusammensetzte, unter die sich der Herzog so leutselig mischte. Hierüber gibt ein über die „beim Seebade zu Doberan seit seiner Gründung bis zum Jahre 1839 incl. angekommenen Curgäste und Fremden" geführtes „Numerisches Verzeichnis" Auskunft. Es stehen darin die Namen: „Graf v. Solms-Baruch. Prinz Christian v. Dänemark nebst Gemahlin. Prinz C. zu Neuwied. Prinz Heinrich zu Anhalt-Cöthen-Pleß. Fürst Wittgenstein. Fürst Hoffhenlohe, Erzbischof v. Breslau. Fürst Putbus u. Gem. Bode."

Auf dieser Liste stehen auch die Namen russischer Adeliger, einiger Professoren und Künstler, Admirale und Generale.
Zaungäste einer solchen Table d'hôte, vom Kamp aus und ohne Zutritt, waren vielleicht die Einlieger Jacob Pantzenhagen, Chrischan Garve, der Schneider Hünemörder, der Kuhhirte Hagedorn, die Sengebusch, Klüver, Uplegger und wie die Einwohner Doberans alle hießen.
Es ist auch eine Frage, ob Severin je an der Table d'hôte teilnahm, auf alle Fälle baute er unermüdlich weiter. Als er nach dem Salongebäude den Bau des Schauspielhauses beendet hatte, urteilten sachverständige Zeitgenossen: „Dies Schauspielhaus ist das vorzüglichste und zweckmäßigste in Mecklenburg."
Es fiel 1889 dem Abbruch zum Opfer. An seiner Stelle wurde in völlig disharmonischer Weise zu den bereits stehenden Gebäuden das Gymnasium gebaut, dem Post und Rektorenwohnung in ähnlichem Stil folgten. Damit vertat Doberan das Erbe seines genialen Baumeisters. Diese Bauten wurden in dem bereits erwähnten gotischen Baukastenstil errichtet. Wer heute zum ersten Mal vom Karl-Marx-Platz aus den Kamp betritt, der erschrickt vor einer solchen Geschmacksverirrung aus der Zeit nach dem gewonnenen Krieg 1870/71, als Deutschland seine Maßstäbe verlor.
Das Schauspielhaus aber übte in jenen Tagen eine große Anziehungskraft aus. Es traten dort Ludwig Devrient und seine Frau auf, sowie die berühmte italienische Sängerin Angelica Catalani. Ihre Landsmännin Maria Taglioni, die schärfste Konkurrentin der Fanny Elßler, begeisterte das Doberaner Theaterpublikum mit dem spanischen Nationaltanz La Cachucha.
Leider hatte man damals noch wenig Erfahrung auf dem Gebiet der Lüftung sammeln können. Es war in den Räumen oft erschreckend stickig und heiß, so daß mancher frühzeitig die Vorstellung verlassen mußte oder in Ohnmacht fiel.

Von dieser Zeit erzählt Freiherr Julius Maltzan ein in bezug auf die – sagen wir – Hygiene sehr aufschlußreiches Erlebnis. Er war noch ein kleiner Junge und wohnte mit seiner Mutter in einem der Mansardenzimmer des Badehauses in Heiligendamm, als in Doberan die sehr freundliche Catalani auftrat, die auch gelegentlich in Heiligendamm Spaziergänge machte. Hier traf sie die beiden kleinen Maltzans, die von der Bonne an der Hand geführt wurden. Am Tage zuvor hatte man ihnen gründlich den Kopf gewaschen, da bei ihnen Läuse entdeckt worden waren. Als Madama Catalani die Jungen sah, rief sie: „O lala, ces charmants petits garçons!" Dabei küßte sie die beiden und zauste ihre Locken. „Aber", rief der kleine Maltzan, „wir haben doch Läuse!" Die Bonne wurde puterrot, doch die Catalani hatte nichts verstanden und verabschiedete sich lächelnd und winkend.

Es scheint so, als ob man von der Niederlage des benachbarten Preußen bei Jena und Auerstedt oben in Mecklenburg nichts spüren wollte, denn gerade um diese Zeit erhielt Severin den Auftrag zum Bau des größten Gebäudes in Doberan, des Palais oder Schlosses.

Es wurde 1810 zum Teil bezugsfertig. Über dieses herrliche Werk möge hier wieder der Fachmann Hans Thielcke zu Wort kommen, der mit der Beschreibung des Lebenswerkes von Severin seine Doktorarbeit vorgelegt hat. Er meint: „Die zweigeschossige Vorderansicht am Kamp macht mit den hohen Säulen des Mittelteiles einen feierlich imposanten Eindruck... Der fein geschwungene, schlanke Säulenschaft, die flache Basis und das ionische Kapitell fügen sich zu einem edlen Organismus... Ebenso monumental wie die Straßenfront wirkt auch die Gartenfront des Gebäudes."

Es war an einem Spätsommernachmittag, die Sonnenstrahlen spielten auf der feierlichen Fassade der Vorderfront, als ich langsam um das Gebäude herumging und vom Anblick der von Thielcke abschließend erwähnten Gartenfront überrascht wurde. Statt der strengen klassizistischen

Züge zeigt es dort das behäbig-kräftig heitere Gesicht des Barocks, betont durch den stark hervortretenden Mittelbau. Sicher hat Severin diesem Bau ohne Hintergedanken die zwei Gesichter gegeben. Trotzdem konnte ich nicht umhin, an des Baumeisters Bauherrn dabei zu denken, dessen Konterfei im Münster hängt. Es will mir scheinen, als ob aus diesem Bild auch zwei Gesichter schauen. Bei gehörigem Abstand sieht man dort einen Fürsten und strengen Regenten mit Zepter und Krone, bei näherer Betrachtung aber lächelt aus dem goldenen Rahmen ein Faun im Hermelin auf die Nachwelt herab.
Der ovale Saal des ehemaligen Schlosses ist bekannt durch die schwarzweiß gehaltenen Tapeten mit Motiven aus dem Leben der Psyche. In der Zeit des Klassizismus verwandte man zur Zierde der Wände aus Sparsamkeitsgründen keine Gobelins mehr, sondern schmückte sie mit Wandbildern aus Papier. Der Wandschmuck in diesem ovalen Saal ist wohlerhalten, wie überhaupt alle 1945 noch vorhanden gewesenen wertvollen Tapeten zur Konservierung mit Leinen überspannt worden sind. Die Räume des Palais dienen gegenwärtig der Kreisleitung der Sozialistischen Einheitspartei Deutschlands.

Rund um den Kamp

Diese stille Stätte der Besinnung inmitten der geschäftigen Kreisstadt, schlicht Kamp geheißen, ist voller romantischer Geschichten und Erinnerungen, und sie spiegelt auch die jüngere Geschichte der Stadt wider, so daß man die alten Leute versteht, die an Sonntagen ein Stündchen dort auf einer Bank verweilen wollen und sich angesichts der spielenden Kinderschar gern der eigenen Jugendzeit erinnern. Sie erzählen sich die letzten Neuigkeiten, überdenken auch wohl den eigenen weiten Lebensweg, und über ihnen singen in den hohen Bäumen die gefiederten Sänger um die Wette.

Die Tage, in denen Doberan als verträumter Flecken unversehens in den gesellschaftlichen Mittelpunkt des feudalen Mecklenburgs gerückt wurde, in dem sich Fürsten und Adel, Militärs und Diplomaten, Künstler und Gelehrte dort für die Sommermonate ein Stelldichein gaben, diese Tage sprechen aus jeder Anlage, aus jedem Bau, die dem Platz sein Gepräge geben. Er hat Kabale und Liebe, Anmut und Heiterkeit, Verzweiflung und Gewinngier kennengelernt und könnte von allem ein Liedchen singen. Er weiß aber noch mehr zu erzählen, denn auf der den festlichen weißen Gebäuden gegenüberliegenden Seite lagen die Katen und Stallungen der werkenden Ackerbürger und Handwerker.

Gemessenen Schrittes ging auch wohl Landbaumeister Severin über den Kamp und blieb stehen, um Proportionen abzuschätzen, zu wägen und zu überlegen. Nach einem Befehl des Fürsten hatte der Landbaumeister auf dem Kamp „einen Musiksaal in Gestalt eines Trichters, zwey Gebäude zu Boutiquen im chinesischen Geschmack“ zu errichten. (Sie sind in den vergangenen Jahren sorgfältig restauriert worden.)

Es war eine zwielichtige Zeit, da das sinnenfreudige Barock noch im heiteren Ausklang des Rokokos stand und der strengere Klassizismus bereits zu leuchten und die Menschen zu begeistern begann. Der Herzog war ganz ein Kind dieser Zeit. Eine Doberanerin charakterisierte ihn auf echt mecklenburgische Weise mit den Worten: „Em hett de Adebar verkiert afgäben, hei süll nah Konstantinopel!“

Der Befehl zum Bau der Pavillons erging, als schon mehrere Bauten im klassizistischen Stil entstanden waren. Zwei dieser zierlichen Tempel stehen nach fast eineinhalb Jahrhunderten noch heute unter den prächtigen, wie nach Maß gewachsenen Eichen, Linden, Kastanien und Rüstern. Severin verschmolz hier in virtuoser Kunst die ostasiatische mit der klassizistischen Bauweise, wie es der Vorliebe des Rokoko für das Exotische entsprach, und er schuf damit ein graziöses Gebilde, das dem Platz die Schwere

nimmt. In den Pavillons wurde musiziert und gelesen, auch Läden waren darin eingerichtet, so daß sie sowohl Freude an ihrer exotischen Schönheit erweckten als auch praktischen Aufgaben dienten.

Zur Zeit der feudalen Badesaison lustwandelten auf dem Kamp die von den entlegenen Gütern nach Doberan gebrachten heiratsfähigen Töchter des mecklenburgischen Adels, um sich zu zeigen und „gefunden" zu werden.

Von so einem „Sonntagsleben in Doberan, geschildert im August 1806", weiß ein Unbekannter zu berichten. Er schreibt: „Von 12 bis 2 Uhr, da zu Mittag gespeist wird, ist alles mit der Toilette beschäftigt, denn die Göttin des Dekorums herrscht hier mit aller Strenge und Jeder, der nicht ein hochzeitliches Kleid anhätte, würde sich schwerlich eine gute Aufnahme zu versprechen haben. Gut, daß es so ist, denn wo Salopperie im Anzug geduldet wird, da herrscht nur zu bald Salopperie in den Sitten und diese gebieret nichts Gutes und entfernt statt anzubieten. Die Männer trifft man hier bloß anständig gekleidet, die Damen hingegen in hoher Parüre, wobei das Bestreben, sich einander zu überglänzen, unverkennbar ist. Dies sollte aber auch nicht seyn, und manches Frauenzimmer muß dem Vergnügen entsagen, sich zur Badezeit in Doberan sehen zu lassen, da der Aufwand für sie zu groß ist, und keine Evenstochter sich gern in Schatten gestellt sieht."

Im Logierhaus sei schwer Platz zu erringen, meint unser unbekannter Schreiber, man sieht deshalb zu, ihn im Posthaus zu finden. „Gelingt es auch dort nicht, wirft man sich in die Arme des Restaurateurs im Zelte und findet allenthalben erträgliche Kost, die bei der Menge, die gesättigt sein will, leichter zu tadeln als besser zu liefern ist."

Von der Unterhaltung am Tisch meint er, daß sie nach längerem Verweilen in Gang kommt, nur müsse man selbst dazu beitragen, „denn entgegen trägt sich so leicht keiner, besonders in unserm Zeitalter, wo jeder sein werthes Ich gar zu hoch anschlägt."

Von den Geldspielen hält der unbekannte Schreiber nicht viel, besonders nicht von den Hasardspielen, „die unsere Moralität verderben, uns um Credit und Reputation bringen, unser Vaterland aussaugen und manche Familie, die sonst im hohen Wohlstande blühte, zu Bettlern machen. Was ich zu den beiden Banken, der Goldbank im Logier- und der Silberbank im Posthause, sah, waren die gewöhnlichen Ereignisse – Freude beim Gewinn – Unmuth an Verzweiflung gränzend beim Verlust, Empfindungen, die sich in den verschiedenen Physiognomien sehr verschieden ausdrücken."

Auch die „notwendigen Weltübel", die käuflichen Mädchen, gehören, schreibt dieser Berichterstatter, zu Doberan. Man muß sie aber in ihren Grenzen halten, meint er und fährt fort: „Allgemein rühmt man der, besonders in diesem Jahre so vortrefflichen Doberaner Polizei diese Löbliche Vorsorge nach, die der Bürgerkrone so werth ist. O daß ihr doch alle Polizeien namentlich die einer gewissen Stadt gleichen, über welche Einwohner und Freunde unisono bitterlich klagen, daß Venus Vulgivaga Legionenweise ihre Altäre frech darin erbaue, ihr Tödtendes Gift allgemein verbreite und ihre Priesterinnen durch räuberische Begleiter die Straßen unsicher machen, und daß doch nichts zur Abhülfe geschehe. Doch zurück zu jenen schönen Wucherinnen mit ihrem Pfunde, die sich zu Doberan und dessen reizender Umgebung reichlich genug aus den verschiedensten Gegenden Deutschlands in allen Sorten und nach allen Abstufungen zu jeder Tageszeit auf allen Plätzen zeigen und ihr bona officia mit unbegränzter Gutmüthigkeit anbieten. Ihnen gesellen sich an Sonntagen noch scharenweise von Rostock, vielleicht auch aus anderen benachbarten Städten Mecklenburgs her, ebenso gutmüthige Seelchen, die in der Regel äußerst ramponiert am Tage darauf mit reicher Beute beladen in ihre Standquartiere zurückkehren und dort ihre Industrie fortsetzen."

Jene Mädchen, von denen die Rede ist, kamen aus der Not und der engen Misere, geblendet und angezogen vom Glanze einer bevorzugten Gesellschaftsschicht, sie kamen, um sich den Groschen für den Alltag ihres ärmlichen Lebens zu verdienen.

Kauf- und Handelsleute fand unser Berichterstatter auf dem Kamp genügend vor, unter ihnen die heimlichen Geldverleiher, die dort zu ergiebigen Geschäften kamen.

Vom neuen Schauspielhaus war er des Lobes voll, bedauerte es nur, daß dort kein Schiller aufgeführt wurde. Von einem Drama wie „Die Räuber" wird man im damaligen Doberan auch wohl kaum etwas gehalten haben. Nicht minder als von dem Doberaner Theater war unser Gewährsmann von dem abendlichen Feuerwerk begeistert, und abschließend machte er eine tiefe höfische Verbeugung vor seinem Landesvater und allen anderen Potentaten.

Ein besonderes Ereignis war „de Buerndanz" auf dem Kamp, eine Festlichkeit, die zur Zeit der Rennen im Anschluß an ein Bauernpferderennen stattfand, das die Landleute zur Pferdezucht anspornen sollte.

Alte Doberaner schwärmten noch lange von der Kampillumination, für die Kandelaber mit Näpfen errichtet und an den Tempelsäulen und Baumstämmen Behälter befestigt wurden, wie man auch Seile von Stamm zu Stamm, von Säule zu Säule zog, um kleine Töpfe daran zu hängen. Alle diese Gefäße wurden mit Talg gefüllt, den man entzündete. Das flackernde Licht hatte sicherlich einen eigenen Reiz. Bald aber roch die ganze Gegend nach dem ranzigen Fett, doch ungestört tanzten und tranken die Menschen und bemühten sich unermüdlich, die vom Wind ausgeblasenen und schmölenden Dochte wieder anzuzünden. Die Pavillons, um die sich alles drehte, trugen ursprünglich eichene Schindeln, was lebendiger wirkte als die später aufgezogene Pappe. Eine Zeitlang war der Turm des Lesetempels gar mit einfachem Weißblech benagelt. Natürlich verrostete es, worauf das Holz darunter faulte und sich der Schwamm einnistete. Aus diesem Grunde wurde der Turm 1957 erneuert und mit Schiefer gedeckt. In einem der zierlichen Pavillons brachte man das Heimatmuseum unter, dessen bisherige Unterkunft ein Opfer der Zeit geworden war.

Es sind aber nicht die öffentlichen Gebäude allein, die das Gesicht Doberans formen. Dazu gehören auch viele Bürgerhäuser, die unter Severins Einfluß entstanden sind. Bald nach dem Verlassen des Bahnhofes sieht man in der Nähe des Kamps auf der rechten Seite am Karl-Marx-Platz ein auffallend schönes weißes Gebäude. Es war ursprünglich als Wohnhaus Severins gedacht, doch mußte er es an den Erbprinzen Ludwig verkaufen. Seitdem hieß es ebenfalls Prinzenpalais, und heute beherbergt es die Johannes-R.-Becher-Schule. Diese Schule ist nun in einen Neubau umgezogen. Im Prinzenpalais befindet sich jetzt die Lessing-Oberschule. Es ist ein so wunderbar in sich ruhendes Haus mit repräsentativem Mittelbau, antiker Bogennische und darin angebrachten schmuckvollen Rosetten, daß man es wohl mit Fug und Recht als Meisterwerk bezeichnen darf. Darauf baute sich Severin das gegenüberliegende Haus als Wohnung. Es trägt heute die Inschrift „Haus Gottesfrieden“. Sein Maurerpolier erhielt ein Häuschen in der Kastanienstraße 6. In der Severinstraße steht noch als besonders auffallender Bau das dreistöckige Haus Medini. Es wurde 1825 für den Oberküchenmeister des inzwischen Großherzog gewordenen Fürsten gebaut. Im Saal des Hauses hatten sich bis in unsere Zeit die schönen Tapeten erhalten, auf denen in duftigen Farben bäuerliche Liebesszenen in einer Alpenlandschaft dargestellt sind. Diese Tapeten wurden von dem Malermeister Rosenow vorsichtig herausgelöst und restauriert. Jetzt zieren sie die Wände des Speisesaales im Kulturhaus zu Heiligendamm.

Und – was mein Vater nicht wissen konnte – es sind neue hinzugekommen. Der Baumeister und Architekt Lutz Elbrecht, heute Rentner, hat weitere Tapeten aus dem Hause Medini sichergestellt. Alle zusammen und auch solche aus dem Gebäude des Stahl- und Moorbades sind, neben einigen alten Leuchtern, nun im kleinen Musiksaal in Heiligendamm zu bewundern und bilden dort ein sinnvolles Ensemble.

Unter den Bauten dieser Zeit darf das Stahl- und Moorbad nicht übersehen werden. Von der Stadt aus ist es das letzte weiße Gebäude auf der rechten Seite kurz vor dem Bahnhof. Das von Severin gebaute Stahlbad war ehemals großherzoglich, da es sich aber nicht rentierte, wurde es für 9000 Mark verkauft und wechselte mehrfach den Besitzer. Einer von diesen ließ es dann aufstocken. Nur der untere Teil stammt also von Severin. Will man sich ein Bild vom ursprünglichen einstöckigen Zustand des Hauses machen, so muß man aus der nötigen Entfernung den oberen Teil mit der Hand verdecken, dann liegt vor dem Betrachter ein schönes klassizistisches Bauwerk, das dem Original entspricht. Das Moorbad wird umrahmt vom Amerika-Gehölz, das seinen Namen nach einer Freundin des wilden Herzogs haben soll. Amerika war die Tochter der Gräfin Riedesel, so schreibt Nizze in seiner Geschichte des ersten deutschen Seebades, ihre Schwestern hießen Canada und Florida. Die Mädchen erhielten diese Namen zur Erinnerung an die

amerikanischen Freiheitskämpfe, an denen ihr Vater teilgenommen hatte.
Mit der dem Bad gegenüberliegenden Stahlquelle hat es wohl seine eigene Bewandtnis. Sie wurde entdeckt, als sich Doberan und Heiligendamm trennten. Die Doberaner sahen damals ihre Existenz für gefährdet an, weswegen ein geschäftstüchtiger Kaufmann diese Quelle ausfindig machte. Ihre Heilkraft wurde bald bezweifelt, und ihr Wasser wird heute nicht mehr verwendet. Die Quellwasserbäder wurden durch Moorbäder ersetzt, deren Erde aus der benachbarten Conventer Niederung stammt.
Noch viele kleine Bürgerhäuser verraten, zum Vorteil des Stadtbildes, Severins baupolizeilichen Einfluß. Jedes dieser Häuschen hat seine Geschichte, und manches soll seine Entstehung der Neigung des Herzogs zu einer Mätresse verdanken. Ganz anders aber lautet die Entstehungsgeschichte des Flintschen Hauses am Markt.
Der Hofuhrmacher Gärtner wollte bauen. Er war ein lustiger Bruder und erreichte auf „swienplietsche" Art, daß er vom Amt für einen Vorzugspreis Holz und Steine erhielt. Allerdings stellte der Fürst die Bedingung, daß Gärtner im Dreieck unter dem First des neuen Hauses am Markt eine Uhr einbaue. Der Uhrmacher ließ auch ein rundes Loch aussparen, doch die Uhr selbst brachte er nicht an. Schließlich wurde er gemahnt: bis zu einem bestimmten Tage habe um die zwölfte Mittagsstunde die Uhr an ihrem Platz zu sein. Der schlaue Uhrmacher beeilte sich, ein Zifferblatt einzusetzen, auf dem die Zeiger die zwölfte Stunde anzeigten. Als der Großherzog zur fraglichen Zeit vorbeifuhr, wurde zufrieden die prompte Befolgung des Wunsches zur Kenntnis genommen. Das Loch wartet noch heute auf den Einbau einer Uhr.
Im Jahre 1957 ist nun am Kamp ein Neubau entstanden. Die Handelsorganisation ließ durch den Architekten Lutz Elbrecht ein Kaufhaus bauen, das in erfreulicher Weise den architektonischen Gesetzen des Platzes gerecht wird. Es ist nicht mit dem zu vergleichen, was sich frühere Ge-

nerationen mit dem Bau des Gymnasiums leisteten, dessen Fassade noch heute geändert werden müßte. Nicht zu übersehen ist auch die von dem Bildhauer Reinhard Schmidt geschaffene lebensgroße Figur eines Arbeiters, der am Rande des Kamps sitzt, als genösse er behaglich den Schatten und die Ruhe unter den hohen Bäumen.
Der vor dem neuen Kaufhaus liegende dreieckige Platz mit seinen schönen Linden bildet einen reizvollen Abschluß. Aber auch Linden werden altersschwach. Nach heftigen Diskussionen zwischen Bürgern, Volksvertretern und Denkmalsschützern schälten sich zwei Varianten zu ihrer Rettung heraus. Die der Rodung und Neuanpflanzung hat man verworfen. Nun werden die Bäume lediglich gekappt, damit sie eine neue Krone aufbauen können.

Schnurren und Kauziges

Wer mit den alten Doberanern ins Gespräch kommt, kann schnurrige Dinge in drolligen Abwandlungen erfahren, Überlieferungen aus Urgroßmutters Tagen, denen fast immer ein Körnchen Wahrheit zugrunde liegt, die leider oft einen bitteren Beigeschmack hat.
Ich möchte aber den kennen, der nicht zumindest heimlich geschmunzelt hätte, wenn er vom alten Küster Thiel, den jetzt schon lange der Rasen deckt, durch das Münster geführt worden wäre. Wie um die Augen des Küsters wohl lustige Fältchen gestanden haben mögen, wenn er trocken und ohne eine Miene zu verziehen seine originellen Erklärungen gab! Den Pastoren war das gar nicht immer recht, doch Thiel dachte sicher: Wi sall dat sünst in ’n Büdel klimbern? So erzählte er bei Besichtigung der Reliquien über ein Bündel Heu, daß es die drei Weisen aus dem Morgenlande von ihrem Viehfutter übriggelassen hätten. Von einem Stück Leinewand behauptete er, es sei von der Jungfrau Maria mit eigenen Händen gewebt worden, und es soll ihm sogar geglaubt worden sein.

Zu den Doberaner Vergnügungen „besonderer“ Art gehörten lange vor Thiels Zeiten das Stutenbeißen und das Ferkelgreifen. Die feudalen Badegäste wußten oft nicht, was sie mit den langen Sommertagen anfangen sollten, denn wie wären sie sonst, mit dem Fürsten an der Spitze, auf die ausgefallensten Ideen gekommen? So wurden zum Beispiel ein paar Ferkel und etliche Pfund grüne Seife gekauft. Nachdem die Jungen des Ortes zusammengetrommelt waren, ließen die Müßiggänger die eingeschmierten Ferkel laufen, damit die Jungen sie greifen konnten. Wer eines der glatten Dinger fing, nachdem er meistens nicht weniger als die Ferkel mit grüner Seife beschmiert war, der durfte es behalten.
Eines Tages gingen einer der Grafen Bassewitz und ein Herr Parisch folgende Wette ein: Bassewitz behauptete, er reite schneller von Heiligendamm nach Doberan, als es Parisch gelingen würde, vier trockene Semmeln zu verzehren. Nach genau gestellten Uhren begann die Wette. Der Graf gab seinem Roß die Sporen und jagte die Dammchaussee entlang, während Parisch sich über die Brötchen hermachte. Die dritte Semmel hatte er gerade heruntergeschluckt, als er in einer Staubwolke den Grafen heranpreschen sah. Er würgte noch an der vierten, als Pferd und Reiter bereits vor ihm standen.
Ein beliebter Schauspieler, der alljährlich in Doberan seine Kunst zeigte, war ein Wiener, der dicke Peters. Dieser rundliche Komödiant steckte voller Schelmereien. Dabei war er wohl jemandem zu nahe getreten, so daß es zu einer Forderung auf Pistolen kam.
Die Sache konnte schlimm ausgehen, denn mit einem Loch im Leibe rinnt das Leben schnell aus, so überlegte Peters, doch er wußte Rat. Nicht umsonst hatte er sich in manchem Theaterstück duelliert. Er ließ die Pistolen heimlich nur mit Pulver laden. Auf die tödliche Kugel verzichtete er. In früher Morgenstunde traf er sich bei frostigem Nebelwetter mit seinem Gegner auf dem Buchenberg. Die Schritte wurden abgezählt, und als es vom Münster fünf Uhr schlug,

ertönte das Kommando. Der Gegner hatte den ersten Schuß. Bums! und schon fiel der dicke Peters um.
Da lag er nun im grünen Grase, während der Schütze einer Ohnmacht nahe war. Unversehens tauchten noch dazu aus dem Gebüsch Gendarmen auf. Peters hatte sie kaum erblinzelt, als er auf den Beinen war und den Buchenberg hinunterstürzte. Die Sekundanten sprangen hinterher, denn keiner wollte sich vom Arm des Gesetzes fassen lassen. Der Großherzog hatte von diesem Duell und von Peters' Vorhaben erfahren; er wollte seinerseits dem Schauspieler einen Streich spielen, und so hatte er ihm die Polizei auf den Hals geschickt. Auf alle Fälle ging die Geschichte unblutig aus.
Ganz anders verlief ein Duell des Husarenleutnants Staël von Holstein, eines Sohnes der von Napoleon verbannten französischen Revolutionsschriftstellerin Anne Germaine Necker, der späteren Madame Staël von Holstein. Der Leutnant wollte sich mit einem Herrn Yorris auf schwere Säbel schlagen. Wahrscheinlich hatten beide beim Spiel oder vielleicht auch in der Liebe heftige Auseinandersetzungen gehabt, die sich nach ihrer Meinung nicht anders als durch Blut schlichten ließen.
Kaum hatte das Schlagen begonnen, als auch schon der Lebenssaft aus dem Arm des Herrn Yorris zu rinnen begann. Leutnant Staël von Holstein war damit Genüge getan, und er senkte den Säbel, doch Yorris übermannte der Jähzorn, er holte aus und schlug dem unvorbereiteten Husaren den Kopf von den Schultern.
Aus Furcht vor den Folgen der Untat wollten Yorris und seine Freunde die Leiche ungesehen vergraben, doch sie wurden daran durch die herbeieilenden Polizeidiener gehindert.
Yorris sattelte noch am selben Tage sein Pferd und verschwand. Böse Taten finden aber in der Regel ihre Sühne, und so wurde Yorris zwei Jahre später, von einer Eskorte begleitet, an den Ort seines Verbrechens geführt. Dann hatte der Richter das Wort.

Nach diesem Geschehnis wurde der Buchenberg lange Zeit gemieden, denn das so grausam beendete Duell vergrämte die Menschen.
Irgend etwas Außergewöhnliches geschah immer in Doberan. Im Sommer 1819 hieß es, daß eine fliegende Frau kommen würde. „Dat 's ja ein dulles Ding, nu fangen 's ok all an tau fleigen", stellten die Doberaner fest und eilten mit Kind und Kegel nach dem Englischen Garten. Dort stand ein Korb, und an ihm war mit vielen Stricken ein Riesenball befestigt.
Die Gondel wurde von einer Frau bestiegen. Es war die Luftschifferin Madame Reichardt. Die meisten Zuschauer standen außerhalb des Amtstores, denn der Eintritt kostete zwei oder einen Gulden. Aber alle wollten das waghalsige Stück sehen, sogar der Großherzog war erschienen. „Na", meinte einer, „wo is dei nicht, dat is doch 'n Hans Hoeg vör alle Löcker!"
Kein Wort war im ersten Augenblick zu hören, als tatsächlich das bisher Niegesehene geschah und die Madame mitsamt Korb und Riesenball emporschwebte. Schon stieg sie hoch über die Bäume. Diese Kühne winkte auch noch, statt sich ordentlich festzuhalten. Sacht glitt die Gondel in größere Höhe. Da ging ein Rufen über den Platz: „Ehr nah, ehr nah!", und viele rannten hinter der Droschke des Großherzogs her, der sich als erster an die Verfolgung des Ballons gemacht hatte.
Madame Reichardt landete wohlbehalten im Erbsenfeld des großherzoglichen Kammerhofes. Alle wollten ihr beim Aussteigen behilflich sein und trampelten vor Eifer im Erbsenfeld herum. Jammernd kam der Pächter gelaufen und rief: „Oh, mien Arften, mien Arften!" Der Großherzog, auf ihn zuschreitend, sagte: „Na, Seer, nu heww di man nich so, ick erlaat di ok de Micheelpacht – büst denn taufräden?" Sogleich antwortete der Pächter: „Ja, gnädigst Hieerr, denn bün'ck taufräden."
Zu erwähnen wäre auch eine Madame Müller, die der Schreck aller verheirateten Frauen war, da sie die Männer

anzog wie das Licht die Motten. Eines Tages wurde es den sittenstrengeren Doberanern aber doch zu toll. In der Mitte einiger handfester Tugendwächter ließ der Amtmann „Madamme“ Müller hinaustrommeln. Sie sollte nach Rostock, um dort unter Kontrolle gestellt zu werden. Diesen trommelnden Zug sah der Großherzog durch sein Fenster. Nachdem er sich erkundigt hatte, um was es sich handelte, ließ er unauffällig anspannen und fuhr der Eskorte nach. Bald hatte er sie eingeholt, und seiner Autorität gelang es, die sittenstrengen Männer zu beruhigen, so daß „Madamme“ Müller wieder heimkehren konnte.
Die begehrte Dame erhielt auf höchste Anordnung im Bornemannschen Hause eine Wohnung, welche sich in der heutigen Gärtnerei befand und – an den Palaisgarten stieß.
Pastor Röper aus Doberan schrieb über diese Zeit:
„Überhaupt ist in Doberan jetzt fast alles auf die Badezeit berechnet, die Häuser sind alle zur Aufnahme von Fremden eingerichtet, die neuen bloß dazu gebaut, die Zimmer deshalb mehrteils ohne Ofen, und die Häuserbesitzer zum Teil sehr dürftig, weil sie ihre Häuser oft bloß mit fremden Gelde erbaut haben, durch die Lustbarkeit der Sommermonate zum Müßiggang und zur Üppigkeit verleitet werden, und aus ihrer guten Ordnung kommen. Gleichwohl ist es unleugbar, daß im ganzen der Ort an Wohlstand gewonnen hat, aber nicht an Moralität und guten Sitten.“

Auf dem Rücken der Pferde

Der englische Sportsmann Charles James Apperley besuchte im zweiten Jahrzehnt des vorigen Jahrhunderts Doberan und Heiligendamm. Er war in der großen Gesellschaft ebenso zu Hause wie auf dem Rücken vortrefflicher Rennpferde. Unter dem Pseudonym Nimrod plauderte er 1829 im „Sporting Magazin“ unter dem Titel „The German Tour“ über seine Eindrücke in Mecklenburg.

Er machte diese Reise gemeinsam mit seinem Landsmann Mr. Tattersall und dessen Sohn. Der ältere Tattersall ist der Begründer der Pferdebörse und des Tattersall, einer Reitbahn.
Bevor Mr. Applerley sich mit seinem Diener im Reisewagen nach Doberan begab, hatte man ihm gesagt: „Machen Sie sich auf die schlechtesten Wege der Welt gefaßt!“ Er brauchte dann auch für die Strecke von Zierow bei Wismar bis Doberan einen vollen Tag. Eine solche Wegstrecke wurde damals in England von der Eilpost in zwei und einer halben Stunde zurückgelegt.
Apperley hatte schon von dem Seebad Doberan gehört, von dem es hieß, daß es dort für jedes Leiden, außer der Liebe, das passende Bad gäbe. Ihn zog aber noch etwas anderes in diese Ecke Mecklenburgs, denn um diese Jahreszeit begann in Doberan die Woche des Rennens, so daß sich der Ort bald mit einer großen Gesellschaft füllte.
Bereits im Jahre 1804 wurde am 28. Juli auf einem Felde der Domäne Vorder-Bollhagen ein „feyerliches Pferde-Wettrennen“ veranstaltet, worauf sich ein Rennverein bildete und 1823 eine Rennbahn zwischen Doberan und Heiligendamm gebaut werden konnte, die erste Sportstätte dieser Art auf dem Kontinent. Sie „sollte eine allgemeine Prüfstätte sein und damit auch zur Förderung der mecklenburgischen Pferdezucht beitragen, eine Aufgabe, die sie bis zum heutigen Tage erfüllt haben dürfte“, schrieb vor dem letzten Kriege ein Chronist.
In England hatte man erkannt, daß eine Verbesserung der Pferdezucht nur durch reine Vollblutpferde erreicht werden kann. Als nun während eines Aufsehen erregenden Rennens im Jahre 1825 in Doberan alle Vollblutpferde des Ivenacker Gestütes überlegen siegten, war dies auch für die mecklenburgischen Pferdezüchter eine Belehrung, und seitdem legte man auf die Zucht von Vollblutpferden und ihre Prüfung in Doberan den größten Wert.
Nachdem Mr. Apperley in Doberan sein Quartier bezogen und sich gesellschaftsfähig gemacht hatte, begab er sich an

diesem Abend noch in die „Hölle“, um sich im Spiel zu versuchen. Im Spielsaal sah der gut beobachtende Engländer einen Besucher, der seine Aufmerksamkeit erregte. Es war der Pferdehändler Lichtwald aus Neubrandenburg, ein groß gewachsener Mann, der goldene Sporen, einen englischen Frack und Zylinder trug und auftrat wie ein hoher Militär.

Lichtwald hatte als Gänsehirt auf einem Gut begonnen, wurde Stalljunge und Reitknecht, bis er schließlich mit Pferden handelte. Er führte Vollblutpferde aus England ein, wobei er diesen oder jenen guten Hengst aus eigener Zucht unter die eingeführten gemischt zu haben scheint, weshalb er später von den englischen und kontinentalen Bahnen verwiesen wurde.

Aber schlagfertig war er, wie folgende Unterhaltung beweist. Der Gutsbesitzer, bei dem er als Junge Gänse gehütet hatte, fragte ihn öffentlich auf der Rennbahn: „Na, Lichtwald, woans geiht?“

„Gaut“, lautete die Antwort. Darauf der Gutsherr wieder: „Weiten S’ noch, as Sei bi mi Gäus hött hewwt?“

„Wat süll ick dat nicht weiten? Man wenn Sei s’ hött harden, Sei hötten s’ hüt noch!“

Zu seinem nicht geringen Staunen traf Mr. Apperley beim Spiel neben verschiedenen Geistlichen auch das Oberhaupt der Kirche, den Großherzog in eigener Person. Der englische Gast setzte und verlor hintereinander, worauf er sein übriges Geld hübsch im Beutel ließ, an die frische Luft ging und tiefsinnige Betrachtungen unter den Bäumen auf dem Kamp anstellte.

„Ich bekümmere mich wenig um die Religion anderer Leute“, schrieb Apperley noch während der Nacht in sein Tagebuch, „aber in Doberan legt man auffallend wenig davon an den Tag. In einem Hause erzogen, in dem die sonntägliche Abendandacht und die Predigt, bei der die halbe Familie einschläft, von alters hergebracht sind, mußte es mich befremden, daß alle Läden, der Spielsaal und das Theater offen waren und die Dinge ihren Lauf gingen wie am Alltag. Um so mehr fällt der Gegensatz zwischen beiden Ländern in die Augen; in Doberan sind Verbrechen unbekannt; in London, wo an jeder Straßenecke die Bibel und Bibelgesellschaften die Blicke auf sich ziehen, wo man fast zum Überdruß von Religion hört, sind achtzehn Pence in niemandes Tasche sicher, und die Verbrechen haben sich in den letzten fünfzig Jahren verzehnfacht."

Endlich war der Tag gekommen, an dem auch Mr. Apperley mit einem Pferd an den Start gehen konnte. Er ging mehrere Male mit Erfolg aus den Rennen hervor. Dabei erlebte er aber eine unerwartete Überraschung, und der Anlaß dazu ist nicht so schmeichelhaft für die feudalen Teilnehmer am Rennen wie seine Ausführungen im Zusammenhang mit der Ehrlichkeit der Doberaner. Er behauptet: „Das einzige Pferd im Rennen, das mich vielleicht hätte schlagen können, gehört einem Pächter des Grafen Hahn, Herrn Peters, und wurde von diesem geritten. Er hatte die inwendige Seite erlost, und als wir Kopf an Kopf an die erste Ecke kamen, warf mich Herr Peters nach außen hinaus. Ich hielt dies für unbeabsichtigt und rief ihm zu, sein Pferd besser in der Hand zu behalten. An der nächsten Ecke merkte ich jedoch seine Absicht, denn obwohl ein altes Weib das Pferd hätte wenden können, ritt er mich zum zweitenmal an und drängte mich gegen die äußere Einfassung der Bahn. Zum Glück war ich darauf vorbereitet, und meinem Pferd den Kopf freigebend, konnte ich gerade noch hindurchschlüpfen. Ich setzte nun Dampf auf und ließ Herrn Peters viele Längen hinter mir – der rechte Platz für Leute, die unfair reiten wollen."
Peinlich für die fürstlichen Gastgeber. Der nicht sehr ehrenwerte Gutspächter Peters erhielt darauf für die Doberaner Bahn Startverbot.
Der letzte Tag des Rennens gehörte den Bauern. Sie zeigten, wie es um ihre Pferdezucht stand und wie sie sich im

Sattel hielten. Dabei wurden so beachtliche Rennen geliefert, daß der Tag des Bauernrennens Tradition wurde.
Diese Veranstaltungen fanden bis zum Beginn des zweiten Weltkrieges statt, und alljährlich strömten wahre Völkerscharen aus den Städten und umliegenden Bädern nach den international beschickten Rennen bei Doberan. Der Krieg hat dem ein Ende gesetzt. Die vier Tribünen, welche eintausendzweihundert Gästen Sitzplätze boten, der Totalisator und die Nebengebäude sind nicht erhalten geblieben, nur das Geläuf war in seiner ursprünglichen Form noch vorhanden. Damit schien das Ende der ältesten kontinentalen Rennbahn für immer besiegelt zu sein.

Und wieder läutet die Startglocke

Auf Schusters Rappen unter den schon herbstlich gefärbten Bäumen der Dammchaussee trabend, kam ich auch an die Stelle, an welcher die Kleinbahn in früherer Zeit während der Renntage anhielt, um die vielen Sattelplatz- und Zaungäste aussteigen zu lassen. Eine feurige Rosinante wie weiland dem Mr. Apperley stand mir leider nicht zur Verfügung.
Drei Lindenalleen, deren Stämme mit Ausschüssen struppig bewachsen sind, führen auf den Rennplatz. Die mittlere, so erzählte man mir, diente den Fußgängern, während sich auf den beiden äußeren Alleen die Zu- und Abfahrt der Wagen abspielte. Da ich mich beritten wähnte, benutzte ich, der Vorschrift entsprechend, die rechte Allee. Ein weites Gelände, das wahre Element der Pferde, lag vor mir, und ich sah im Geiste die schöne Anlage wieder belebt.
Im Süden, an den im bunten Herbstfeuer glühenden Hängen, lag Doberan mit seinen roten Dächern und weißen Häusern. Im Westen schaute aus der Senke Vorder-Bollhagen herauf. Dieses volkseigene Gut beherbergt eines der drei Vollblutgestüte der Deutschen Demokratischen Republik und verfügt über mehr als vierzig Rennpferde. Mir

war, als ob ich die Rosse in dem traditionsreichen Pferde- und Reiterdorf wiehern hörte.
Später erfuhr ich in Doberan von so kühnen Plänen, daß das Herz des Pferdefreundes vor Lust zu galoppieren begann, sah doch das Nationale Aufbauwerk des Kreises Doberan in seinem Programm die Wiedererrichtung der Rennbahn vor.
Da wir nicht mehr im 19. Jahrhundert leben und weitreichende Pläne kennen, so gehen die heutigen Vorhaben auch viel weiter als die alten. Nicht nur eine Rennbahn soll dort entstehen, sondern eine möglichst viele Sportarten umfassende Sportstätte. Sie wird in zeitgemäßer Weise dem gesamten kulturellen Leben des Kreises neuen Auftrieb geben.
Gelingt dieser kühne Wurf, dann ist ein Bindeglied zwischen den Feriengästen und der übrigen Bevölkerung in den mecklenburgischen Dörfern und Städten geschaffen worden, dann werden Doberan und Heiligendamm noch fester miteinander verbunden sein.
Die neuen Aufgaben der Doberaner Rennbahn sehen vor: Pferderennen, Dressurprüfungen, Eignungsprüfungen aller Art und kulturelle Veranstaltungen.
Da Doberan-Heiligendamm nach 1945 sechs Gaststätten und beliebte Ausflugsziele für andere Zwecke abgeben mußte, könnte die Rennbahn mit ihren Sportplätzen und Gaststätten ein guter Ersatz werden. Auch eine Jugendherberge ist vorgesehen. Bei der Errichtung der Bauten wird unter selbstverständlicher Berücksichtigung des Zweckes der Stil Severins gewahrt werden.
An diesem Projekt ist Vorder-Bollhagen wegen seiner züchterischen Arbeit ganz besonders interessiert, da das Vollblutgestüt auf diese Weise zu einer ausgezeichneten Leistungsprüfungsstätte kommen wird. Neben diesem volkseigenen Gut gibt es in der Deutschen Demokratischen Republik noch die Vollblutgestüte Graditz bei Torgau und Görlsdorf bei Angermünde. Die von diesen Gestüten beschickten Rennbahnen liegen in Berlin, Magdeburg, Halle,

Leipzig, Dresden und Gotha, nördlich von Berlin liegt keine. Das Pferdematerial in Vorder-Bollhagen könnte also auf dieser Rennbahn in unmittelbarer Nähe geprüft werden.

Am 8. Juli 1956 brachte der Ausgang eines Rennens eine freudige Überraschung, die eindeutig die Beliebtheit des Pferderennens und die Richtigkeit einer Rennbahnplanung bestätigte. An diesem Tag entstand eine wahre Völkerwanderung zur alten Pferdekampfstätte. Die Kleinbahn zog prustend ihre überfüllten Waggons ans Ziel. In Kraftwagen, auf Motor- und Fahrrädern, bespannt und zu Fuß waren die Menschen gekommen, um das erste Bauernpferderennen nach dem zweiten Weltkrieg zu sehen. Es wurde vor fünfzehntausend Zuschauern ein Riesenerfolg, der Bann war gebrochen. Die Besucherzahl ist außerordentlich beachtlich, denn 1937 betrug sie nur zehntausend.

Beim ersten Start zum 1000-m-Rennen für landwirtschaftlich voll genutzte Pferde siegte unter vierzehn Teilnehmern die Stute Lotte der Landwirtschaftlichen Produktionsgenossenschaft Steffenshagen. Den Doberaner Wanderpokal holte sich die Stute Amtsrobe des Volkseigenen Gutes Vorder-Bollhagen. Im 1400-m-Rennen um den Preis vom Schwan gewann die Stute Melone, ebenfalls aus Vorder-Bollhagen. Das landwirtschaftliche Jagdrennen über 4000 Meter verlief recht dramatisch. Trotz eines Ausbruches wurden aber alle Hindernisse genommen. Allmählich schob sich Vogelhändlerin aus Vorder-Bollhagen an die Spitze und siegte verhalten. Die Siegerin des ersten Rennens holte sich danach den Preis vom Kamp, und beim Matadorenrennen für die erstplazierten Pferde der vorhergehenden Läufe siegte wieder die Vogelhändlerin.

Das war ein unerwartet schöner Start. Wenn auch nie wieder eine bevorzugte Klasse sechserlang, trabend oder galoppierend zu solchen Rennen fährt oder reitet, so werden sich dennoch eines Tages bestimmt zahlreiche Pferdefreunde aus vielen Ländern auf der traditionsreichen ersten Pferderennbahn des Kontinents ein Stelldichein geben. Mehr noch, die Athleten aller Sportarten werden sich dort im Kampfe messen, und die Schlachtenbummler können in schönen Gaststätten zu ihrem vollen Recht kommen. – Wie gesagt, dies sind Pläne, die noch auf ihre Verwirklichung warten.

Sie warten heute noch darauf. Warum soll man das nicht sagen? Wir haben keinen Grund, uns unserer Träume zu schämen. Wichtigeres war in den vergangenen zwanzig Jahren auf dem Gebiet der Landwirtschaft zu leisten.
Die pferdezüchterischen Aufgaben von Vorder-Bollhagen sind vom Gestüt Redefin übernommen worden. Eine Rennbahn aber steht und fällt heutzutage mit Stallanlagen für die teilnehmenden Pferde, mit Hotelbetten, gastronomischen Versorgungseinrichtungen, Parkplätzen und vielen anderen Dingen.
Trotzdem, daß die ehemalige Rennbahn kurzerhand unter den Pflug genommen wurde, schmerzt, handelte es sich doch immerhin um die erste auf dem europäischen Kontinent. Erkennbar ist noch die ehemalige Auffahrt, von Linden angedeutet und auch Sattelplatz genannt. Aber da es tüchtige und engagierte Freunde historischer Denkmäler in Bad Doberan und Heiligendamm gibt, von denen man sagt, sie seien es gewesen, die den Abriß des Logierhauses auf dem Kamp verhindert hätten, besteht Hoffnung, daß die Reste der Anlage gepflegt werden.
Übrigens fanden Kinder auf dem Gebiet der ehemaligen Rennbahn Flaschen und Stöpsel, manche nur als Scherben, die von dem trinkfreudigen Publikum vergangener Zeiten achtlos weggeworfen wurden. Heute haben sie bereits musealen Wert.
Nun aber noch gerechterweise hinzugefügt, daß der Pferdesport in anderen Orten des Kreises Doberan eine Heimstatt gefunden hat. Alljährlich finden beispielsweise in Basdorf und Satow Turniere statt.

Doberan kam auf den Molli

Ganz sachte, so nach und nach, sank Doberan im letzten Viertel des 19. Jahrhunderts in einen Dornröschenschlaf, denn das Bade- und Gesellschaftsleben verzog sich immer mehr nach Heiligendamm, wo fleißig gebaut worden war. Den 1. Juli des Jahres 1879 beging man endlich wieder mit einer großen Feier, an der höchste staatliche Würdenträger teilnahmen, denn dieser Tag brachte dem bisherigen Flekken die Stadtrechte. Seitdem sind

Hirsch, Krummstab und Schwan
das Wappen von Doberan.

Langsam zwar und bedächtig, doch immer auffälliger entwickelte die kleine Stadt dann doch ein städtisches Aussehen. Um die Jahrhundertwende waren bereits neue Stadtteile entstanden, die Bahn Wismar-Rostock richtete eine Station in Doberan ein, eine Nebenbahn nach Heiligendamm war gebaut worden, und die Weiterführung dieser Strecke nach Brunshaupten-Arendsee, dem heutigen Kühlungsborn, wurde in Angriff genommen.
Damit wäre Doberan zwar nicht auf den Hund, wohl aber auf den „Molli" gekommen, denn dieser Molli ist die vorher erwähnte Kleinbahn nach Heiligendamm und darüber hinaus nach Kühlungsborn Ost, Mitte und West. Wer ihr diesen Namen gab und ob er männlichen oder weiblichen Geschlechts ist, läßt sich wohl kaum noch ermitteln. Nach mündlicher Überlieferung sollen die Namensgeber kurz vor dem zweiten Weltkrieg sächsische Urlauber gewesen sein. Die originelle Bezeichnung ist inzwischen so volkstümlich geworden, daß sie jedermann, der einmal in Doberan war, im Munde führt.
Wie so oft in anderen Fällen, steht auch am Anfang der Geschichte dieser kleinen Bahn ein amtlicher Erlaß. In einer Beilage des Regierungsblattes für das Großherzogtum Mecklenburg-Schwerin heißt es 1881:

„Es wird hierdurch zur öffentlichen Kenntnis gebracht, daß dem Rittmeister a. D. de Bary zu Berlin gestattet worden ist, nach den Vorschriften der Verordnung vom 18ten April 1873, betreffend die Anlage und den Betrieb von Dampfkesseln, wiewohl unter Dispensation von der Beschränkung der Geschwindigkeit des § 17,3 für die Fortbewegung außerhalb der bewohnten Ortschaften, auf der Chaussee zwischen Rostock, Doberan und Heiligendamm versuchsweise einen regelmäßigen Verkehr mit Bolleschen Dampfkaleschen und sogenannten Dampfpostwagen zur Beförderung von Personen und Reisegepäck mit Ausschluß jeder Güterbeförderung nach dem hieneben abgedrückten Fahrplane zu unterhalten.

Zum Stellvertreter in Bezug auf den Betrieb ist von dem Rittmeister a. D. de Bary der Königlich Preußische Lieutnant a. D. Kegel bestellt worden, welcher vom Tage der Betriebseröffnung ab seinen Wohnsitz in Doberan zu nehmen hat.“

Dieser Erlaß ist das erste amtliche Lebenszeichen des heute noch beliebten Mollis, der wohl seinesgleichen suchen muß. Das kleine Zügelchen war anfangs eine Privatbahn, und der Herr Bahnhofsvorsteher beeilte sich, nach der Abfertigung der Staatsbahn sogleich die rote mit der gelben Privatbahnmütze zu tauschen, um nun auch die Privatbahn abzufertigen.

Im Gegensatz zu anderen Bahnen findet der Molli ohne die sonst üblichen Bahndämme, lustig bimmelnd, mitten durch die belebteste Straße des Städtchens seinen Weg. Der lange, rote Zug wird von einer richtigen kleinen Lokomotive gezogen; früher tat es eine noch kleinere, von der man erzählt, daß sie zweimal im Jahre umwarf und einige Male übermütig aus den Schienen sprang. Bei der ersten Versuchsfahrt riß der Lok ein zu tief hängender Ast sogar den Schornstein weg. Die 1958 laufenden Lokomotiven waren die dritte Garnitur. Gleich nach 1945 war eine von ihnen als Trümmerbahn auf Gastspielreise in Berlin. Von den

ersten Wagen, die zum Teil offen waren und in denen die Fahrgäste wegen der nach damaliger Auffassung hohen Geschwindigkeit auf Längsbänken saßen, standen noch einige am Eisenmoorbad lange Zeit als Gartenlauben.
In der Anfangszeit befand sich die erste Haltestelle der Bahn ungefähr 300 Meter vor dem Gasthaus Zum Schwan. Sie lag gegenüber dem HO-Warenhaus, wurde aber bald wieder aufgehoben, denn Halten und Anfahren kosteten 4 Zentner Briketts. Beim Ein- und Aussteigen ging es lustig her, und es ist nicht selten vorgekommen, daß die Gäste dem Lokomotivführer zuriefen: „Täuw mal 'nen Ogenblick, ick möt ierst noch min Bier betahlen!" Der freundliche Lenker des Dampfrosses wartete auch, und wenn alle eingestiegen waren, fuhr das Bähnchen bis zur Stadtmitte, hielt noch einmal am Ende der Goethestraße, die mit dem abgefahrenen Kiesberg aufgeschüttet worden war, und dampfte dann munter neben der Dammchaussee weiter nach Heiligendamm. Die Fahrkarten hatten sich die Passagiere gleich „meterweise" beim Krämer gekauft.
Während der Renntage schlich der Molli allerdings nur so aus der Stadt und war heilfroh, wenn er die Hauptlast an der Rennbahn ausladen konnte.

Innerhalb der Stadt feuerte der Heizer des Zuges nur mit Koks, durch Kohle wäre zu viel Rauch entstanden, und es war damit zu rechnen, daß die Doberaner Hausfrauen in diesem Falle dem Heizer eingeheizt hätten. Viel Schaden würde so ein bißchen Rauch aber nicht angerichtet haben, denn die Straßen, durch die der Molli fuhr, waren zu der Zeit kaum bebaut.
Junge Leute, die in jenen Jahren schon glückliche Besitzer eines Fahrrades waren, fuhren dem Molli glatt davon. Allerdings mußten sie sich einen solchen Vorsprung verschaffen, daß er sie hinter der Rennbahn nicht mehr einholen konnte, denn dann ging es bergab, und der sonst so zahme wurde ein rasender Molli und war nicht mehr zu halten. Das konnte eine gefährliche Angelegenheit werden, da die Endhaltestelle unmittelbar vor der Küche des Kurhauses lag. Die Köche sahen es als großes Glück an, daß vor ihrem Reich ein Prellbock stand. Sie hätten sonst den Molli wohl so manches Mal in der Suppe gehabt.
Apropos Köche, Kurhaus und Molli – eine viertel Million Urlauber hat sich 1979 im Kreis Bad Doberan erholt. Allein in den 60 Ferienheimen des FDGB-Feriendienstes stehen 4727 Betten zur Verfügung. Sechs große Zeltstädte mit 11 000 Plätzen kommen hinzu. 1954 zählte man im Kreis nur 205 Zelter. Und dann die Tagesgäste erst! 850 000 sollen es 1979 gewesen sein.

Der weiße Fürst als roter Kurier

Sein Name ist uns nicht überliefert worden, wohl aber sein Beruf. Er schwang die Maurerkelle und war seiner Zeit gegenüber gewiß ein aufgeschlossener Mann. Wenn er in der Frühstückspause auf seiner Baustelle saß, die Beine vom Gerüst baumeln ließ und die Nase tief in die „Mecklenburgische Volkszeitung“ steckte, dann vergaß er gelegentlich sogar das Essen, so interessant erschien ihm alles, was er in dem Blatt schwarz auf weiß lesen konnte.

Es war im schönen Monat Mai, als unser Maurer eines Tages vom Prinzipal gerufen ward. „Du gehst", sagte dieser, „morgen ins Palais."
„Gehe nie zu deinem Fürst, wenn du nicht gerufen wirst!" lautete die Antwort.
Der Meister entgegnete hierauf: „Du wirst auch nicht gerufen, du wirst von mir geschickt! In ein paar Tagen soll dort eine Denkmalsweihe stattfinden, un Friedrich Franz steiht noch gor nich up sinen Sockel."
„Üm weckern Friedrich Franzen hannelt sick dat denn?"
„Üm den' drütten", antwortete der Meister prompt.
Am anderen Morgen ging unser Maurer über den Kamp und überlegte, ob er so ohne weiteres in das Palais hineingehen sollte. Zwar hatte er das schöne weiße Haus unzählige Male seit seiner Kindheit von draußen gesehen, doch drinnen war er noch nie gewesen. Vom Markt herüber kam auch sein Kollege, und als sie standen und überlegten, wurden sie von einem hageren Mann in bunter Uniform herübergerufen. Er führte sie an ihre Arbeitsstätte hinter den ionischen Säulen und ließ sie dann in Ruhe. Sie machten sich auch sogleich an die Herstellung des Fundamentes. Nach nicht sehr anstrengender Arbeit legten sie eine Pause ein. Unser Freund zog, nachdem er sein Brot gegessen hatte, die „Mecklenburgische Volkszeitung" aus der Tasche und las, während sein Kollege ein kurzes Nickerchen machte.
Die Ausgabe war vom 10. Mai des Jahres 1902 und brachte wie immer allerlei Neuigkeiten. Den langen Artikel von Franz Mehring mit der Überschrift „Tells Geschoß" hatte unser Maurer schon am Abend vorher gelesen. Wie der den Schiller auslegen konnte, das funkelte und blitzte nur so und kam den Herren Spießbürgern ganz gewiß nicht gelegen. Im Innern des Blattes las er ein Kapitel über die Mißhandlung von Soldaten im Dienst und daß in Sachsen einige Männer bestraft worden seien, weil sie am 1. Mai eine rote Nelke im Knopfloch trugen. Er wollte diesen Artikel seinem Kollegen vorlesen, doch der sah noch immer tief in sich hinein.

Da fiel der Blick des Maurers auf den Sockel, und dann zog ein verschmitztes Lächeln über sein Gesicht. Mit sichtlichem Behagen faltete er die Zeitung zusammen, stand auf und steckte sie in den noch nicht zugemauerten Sockel hinein. Als er sich umdrehte, sah er in die blinzelnden Augen seines Kollegen. Der meinte trocken: „Lat sei dor man ruhig liggen, dann steiht Friedrich Franzen up keinen slichten Standpunkt!“ Sie lachten beide und schlossen den Sockel.
Am Nachmittag kamen sie mit dem Meister und noch einem Kollegen zurück. Nachdem ein Gerüst für den Flaschenzug errichtet worden war, begannen sie mit dem Anheben der Figur. Der Hagere in der bunten Uniform war auch wieder da und paßte jetzt auf, daß der überlebensgroße weiße Großherzog auch nicht zu Schaden kam. Der Hagere fragte, nachdem er den ehemaligen Herrscher abgetastet hatte, ob der Sockel auch halten würde. „Der hält“, antwortete der von der soliden Arbeit seiner Gesellen überzeugte Meister.
Die beiden Maurer sahen sich vielsagend an, und der Kollege brummte draußen: „Ja, wenn he up unsern Standpunkt stünn, denn mügg dat woll ewig un drei Daag hollen!“
Genau bis zum Jahre 1945 hat Friedrich Franz III. noch auf „diesem Standpunkt“ gestanden. Seit jenem Jahr dient das Haus anderen Zwecken. Da der weiße Monarch dem öffentlichen Verkehr im Wege stand und „ohnehin niemand mehr ein rechtes Verhältnis zu ihm hatte, erhielten die für solche Angelegenheiten zuständigen Männer der Doberaner Stadtverwaltung den Auftrag, ihn abzubauen“. Und siehe da, als der Sockel abgebrochen wurde, fand man besagtes Blatt noch unversehrt vor. Das aber hatte niemand angenommen, weder bei der Einweihung noch danach, daß der Dargestellte ein roter Kurier war und der Nachwelt nach über einem halben Jahrhundert Kunde vom Kampf der Sozialisten in gewiß nicht leichter Zeit brachte.

Am Teufelberg im Weinkellertal

Dort, wo der Goldbach durch das Weinkellertal am Hang des Teufelberges vorüberzieht, findet man das Dorf Glashagen. In dem Glashäger Talkessel liegt das quellenreiche Gebiet der schönen Moränenlandschaft um Doberan. Es ist von der Stadt über schmale Waldpfade in einem Spaziergang zu erreichen. Mitten im Tal steht einsam der Quellentempel, von dem in einer 3,5 Kilometer langen Kupferleitung jährlich 30000 Hektoliter Glashäger Mineralbrunnen zum Abfüllbetrieb in Doberan geleitet werden.
Wie mögen die Mönche geschmunzelt haben, als sie in der gerodeten Wildnis diese liebliche Ecke fanden und erwogen, ob hier der Rebstock gedeihen würde. Sie haben ihren Wein in dem sonnigen Tal gehegt und gepflegt, doch als sie ihn gekeltert hatten und die Lippen an den Rand des Glases setzten, verzogen sich ihre Mienen. Gut und schön, man mochte es Wein nennen, doch wer dieses liebliche Getränk aus südlicheren Gefilden kannte, der konnte nur schwer am „Doberaner“ Genuß finden.
Ein Niersteiner Domthal, ein Zeller Schwarze Katz erwarben sich Weltruhm, von Doberaner Wein spricht man nicht mehr. Ist aber deshalb das Weinkellertal vergessen worden? Keineswegs. Es hat jedoch lange in Vergessenheit gelegen. Zwar entstand neben anderen Rodungen auch das Dorf Glashagen, doch bekannt wurde es und unmittelbar ins Geschäftsinteresse der immer findigen Doberaner, ja, in den Mittelpunkt weltweiten Handels geriet es erst zu Anfang des 20. Jahrhunderts. Was hätte wohl Friedrich Franz I. darum gegeben, wenn er hinter den kostbaren Schatz gekommen wäre, den das Tal in seinem Schoße birgt. Unverständlich, daß die merkwürdig umgebogenen Bäume, die sich wie Wünschelruten auf die Erde neigen, nicht schon längst aufgefallen waren. Doch in den Jahren 1906 bis 1907 kam man endgültig hinter das Geheimnis.

Schicksalsgläubig ließen sich die Schatzgräber von den ihnen mystisch erscheinenden Bäumen leiten, und sie wurden nicht auf falsche Fährte geführt! Schon nach kurzer Bohrung sprudelte Mineralwasser. Doch das schien noch nicht das richtige Ergebnis zu sein. Nur sich nicht gleich zufriedengeben, es konnte ja noch besser kommen. So stießen die Bohrer durch eine 17 Meter dicke Tonschicht, und dann war der Erfolg gesichert. In aufgeschraubten Röhren stieg das Wasser wie ein artesischer Brunnen fast sieben Meter über die Talsohle, da es unter dem Druck höherer Wasserschichten stand. Das war ein schwindelerregendes Ergebnis, man stand vor ganz neuen Möglichkeiten. Wer aber denkt, daß sich die Doberaner zufriedengaben, der irrt sich. „Nu sünd wi eenmal dorbi", sagten sie und bohrten weiter. „Wer weit, wat noch kümmt!" Und richtig, nach 31 Meter tiefer Bohrung stießen sie auf eine neue ausgezeichnete Mineralquelle, die als Heilquelle von großer Bedeutung geworden ist.
Mochten die Menschen in allen möglichen Landen der Welt nach Öl bohren, die Doberaner verzichteten auf Öl, sie hatten ihr Mineralwasser, dessen Kieselsäuregehalt der Gesundheit des Menschen außerordentlich dienlich ist.
„Ran" ging es, das Unternehmen wurde geschäftlich untermauert, und bald kamen die Flaschen mit „Glashäger Silicium-Heilquelle für die natürliche und Glashäger Kieselbrunnen für die mit etwas Quellen-Kohlensäure versetzte Füllung" in den Handel, nicht zu verwechseln mit dem Wasser der Stahlquelle.
Noch aber standen genug Bäume im Weinkellertal am Goldbach, die vielsagend ihre Zweige auf die Erde senkten. Sollte man solch deutlichen Hinweis nicht erneut aufgreifen? Es konnten ja noch ganz andere Schätze im Schoß der Erde verborgen ruhen. Also ging es wieder an die Bohrung. Die Doberaner stießen dabei auf Quellen von abweichender Zusammensetzung. Doch auch dieses Mineralwasser hielt der Prüfung stand und eignete sich nach Meinung der Sachverständigen vorzüglich als Tafelwasser.

„Sühst woll, Schütt, dat hett uns hier baben grad noch fählt!“ Und heute kann sich jeder Gast in einem guten Restaurant an der Küste eine Flasche Glashäger zu Gemüt führen. Es stillt vorzüglich den Durst, dient der Gesundheit und wahrt einen klaren Kopf.
Im Jahre 1957 wurde neben dem Quellentempel erneut gebohrt, und es entstand die Hoffnung, daß bei genügender Investierung eines Tages über 60000 Hektoliter alkoholfreie Getränke den Abfüllbetrieb verlassen können. Diese Erwartung hat sich inzwischen erfüllt.

Als die dunklen Wolken zogen

Im Bestand des Heimatmuseums liegt unter Glas ein altes Foto, das in malerischer Tracht und mit einem breitrandigen Hut den Zimmerer Rudolf Oeming darstellt. Ein Zeitgenosse, der den inzwischen Verstorbenen noch gekannt hat, weiß zu erzählen, daß Rudolf Oeming ein ruhiger und besonnener Mann war, der mit zunehmendem Alter sehr verschlossen wurde.
Dieser Zimmermann wanderte in jungen Jahren durch Deutschland, und da er wachen Sinnes die gesellschaftlichen und wirtschaftlichen Strömungen seiner Zeit beobachtete, brachte er, als er sich in den achtziger Jahren des vergangenen Jahrhunderts in Doberan niederließ, den Gedanken des gewerkschaftlichen und politischen Zusammenschlusses mit. Er wurde der Gründer der ersten organisierten Arbeiterbewegung im Doberaner Gebiet. Im Baugewerbe wurde zum Beispiel kein unorganisierter Maurer oder Zimmerer geduldet. Tauchte ein solcher auf, so ruhten die Kellen, und kein Zement wurde gemischt, bis der Fremde wohl oder übel weiterzog.
Als nach dem ersten Weltkrieg der Kapp-Putsch begann, zeigte es sich, daß der Zimmerer Oeming hinter der Kulisse höfischer Feste mit illuminierter Volksbelustigung eine gute Saat gesät hatte.

Es war an einem Sonntag des Jahres 1920, als ein Melder aus Rostock unauffällig in der Stadt Doberan erschien und eine wichtige Nachricht überbrachte, die ohne Zeitverlust an die zuständigen Männer weitergeleitet wurde. Ein Doberaner brachte die gleiche Meldung auf dem Fahrrad nach Kröpelin, um dort den Ausschußvorsitzenden des Allgemeinen Deutschen Gewerkschaftsbundes zu benachrichtigen, und am Montag wurde in Doberan und Kröpelin, wie überall in Deutschland, der Generalstreik ausgerufen. Schlagartig ruhten die Betriebe, einschließlich Post und Bahn. Mutige Männer beschlagnahmten bei Gutsbesitzern und ehemaligen Offizieren Waffen, und aus Rostock wurden Gewehre und ein leichtes Maschinengewehr gebracht, so daß in kurzer Zeit eine Doberaner Kompanie ausrücken konnte, um bei Nantrow den Putschisten den Weg nach Rostock zu versperren.

Zum erstenmal in der Doberaner Stadtgeschichte hatte die Arbeiterschaft ihren Widersachern ein Nein entgegengeschleudert, und die Söldner des Rückschritts streckten erschrocken die Waffen. Als danach der Alltag seinen gewohnten Gang nahm, wehte im gesellschaftlichen Leben der Stadt Doberan ein befreiender Wind. Die Zeit der Fürstenhöfe war dahin, und obwohl der Untertanengeist noch in einigen Köpfen spukte, ging das Leben auch ohne Monarchen weiter.

Im Jahre 1921 gab die mecklenburgische Regierung die Genehmigung, daß sich die Stadt „Bad Doberan" nennen durfte.

Als sich nach wenigen ruhigen Jahren der faschistische Haß gegen alle demokratischen Parteien und Verbände in Deutschland austobte, blieb auch der Kreis Doberan nicht verschont. Wie zur Zeit der Raubritter sich auf den Burgen allerlei Gesindel zusammenfand, das sengend und plündernd über friedliche Bürger herfiel, sammelten sich in jenen Jahren auf den Gütern die „Braunhemden", um das demokratische Leben mit brutaler Gewalt zu zerstören.

Arglos begaben sich an einem Oktobertag des Jahres 1931

die Teilnehmer einer sozialdemokratischen Versammlung nach Hastorf, um den Vortrag eines ihrer Freunde zu hören, als sich schwer bewaffnete Braunhemden zusammenzogen, um die Hastorfer Versammlung zu sprengen. Mit scharf geschliffenem Spaten, der nur zu oft von ihnen gebrauchten Waffe, fielen sie über die Überraschten her und verletzten über zwanzig Teilnehmer schwer.
In ihrer gerechten Empörung erwartete die Bevölkerung, daß die Horde entsprechend der Schwere ihres Überfalls bestraft würde, da Anzeige gegen sie erstattet worden war, doch das Gericht verurteilte nur die Rädelsführer zu einer geringen Gefängnisstrafe, dafür erhielten aber fünfzehn der Opfer je drei Monate Gefängnis.
Das waren bedenkliche Zeichen, und es war Schlimmes zu befürchten, wenn derartige Untaten eine solche ungerechte Sühne fanden. So nahte auch bereits wenige Tage später das Unheil. Die kommunistischen Arbeiter Bohm und Klöcking, deren Namen auf dem Gedenkstein im Bachgarten neben dem ihres Freundes Wolf stehen, wurden durch Schüsse aus dem Hinterhalt niedergestreckt. Soweit war es nun gekommen, und die Tatsache, daß der Mörder schon nach kurzer Zeit wieder auf freien Fuß gesetzt wurde und sich an einer neuen Schießerei beteiligen konnte, klingt unglaubhaft, sie ist aber ein Beweis dafür, daß noch gefährlicher als die braunen Kolonnen ihre bieder getarnten Hintermänner waren, die, trotz leidenschaftlichen Protestes der Bevölkerung, das Treiben der Faschisten mit solchen Maßnahmen stützten. Sie waren es dann auch, die 1932 Hitler zum Ehrenbürger der Stadt ernannten.
Noch rannen die Tränen um die Ermordeten, als am 19. Februar 1933 der Blutsonntag Doberans herankam. Wiederum hatten sich viele Einwohner versammelt und marschierten voll Zorn über die geschehene Barbarei durch die Straßen der Stadt. Es waren Arbeiter und Angestellte, Männer und Frauen, die es nicht dulden wollten, daß die seit 1918 errungenen Freiheiten wieder zerstört wurden. Sie entrollten ihre Fahnen, und es zeigte sich, daß ihre Zahl

trotz Verfolgung und Gefahr sehr groß war. Da brachen Hakenkreuzler aus den engen Gassen hervor, schwangen ihre Spaten und schlugen auf die Demonstranten ein. Ein Schuß peitschte über die Überfallenen hin, gleich darauf fielen mehrere Schüsse, so daß elf Teilnehmer der Demonstration getroffen, andere durch Spatenhiebe schwer verletzt wurden. Tödlich getroffen brach der Arbeiter Wolf zusammen. Als sich seine Freunde um ihn bemühten, starb er in ihren Armen. Wieder war ein blühendes Leben vernichtet worden.
Und dann legte sich der Schatten des faschistischen Krieges über das Land.

Auf des Messers Schneide

In den ersten Tagen des Jahres 1945, als der endliche Untergang des Hitlerregimes bereits besiegelt war, besaß es dennoch die Macht, viele Städte Deutschlands der Vernichtung preiszugeben wie Neubrandenburg und Prenzlau, um nur diese zu nennen. In jenen Tagen schien es, als ob Doberan das gleiche Schicksal ereilen sollte. Der Volkssturm wurde aufgestellt, „Werwölfe" geisterten durch die Straßen, Panzerfäuste wurden verteilt, Feldbefestigungen ausgehoben und Kinder und Greise mit Waffen versorgt. Die weiße Stadt, das Kleinod Norddeutschlands, rüstete für den sinnlosen Widerstand, durch den die Faschisten ihre Niederlage hinauszuzögern hofften.
Es war aber im Jahre 1933 ein Mann, Robert Brinkmann mit Namen, der bis dahin Amtshauptmann in Wismar gewesen war, nach dem kleinen Dorf Stühlow bei Doberan verschlagen worden. Die faschistischen Machthaber wollten von ihm, dem linken Politiker, nichts wissen, sprachen ihm die Pension ab, und niemand durfte ihn beschäftigen. So versuchte er sich hungernd mit seiner Familie über Wasser zu halten, bis er in Doberan bei dem SA-Führer

Peters eine Halbtagsbeschäftigung für monatlich 40 M in dessen Zimmereigeschäft fand. Dies geschah, weil sich der SA-Führer mit dem Ortsgruppenleiter nicht gut stand und diesem einen Streich spielen wollte.
Die wenigen Friedensjahre nach 1933 waren schnell vergangen. Der Krieg begann, und er griff auch wiederholt nach dem kaufmännischen Angestellten in dem Zimmereigeschäft. Sein einflußreicher Arbeitgeber holte den inzwischen unentbehrlich gewordenen Mitarbeiter jedoch stets zurück, da er den ehemaligen Amtshauptmann bereits voll beschäftigte und dieser den gesamten kaufmännischen Betrieb leitete. Um Haaresbreite hätte Brinkmann allerdings den schweren Weg in die Hölle der berüchtigten Konzentrationslager gehen müssen. Er hatte von seiner Hausschlachtung den auf dem Hofplatz arbeitenden Gefangenen etwas zugesteckt, die dann beim Essen der langentbehrten Lebensmittel vom Ortsgruppenleiter überrascht wurden.
Es folgten nun die Monate, in denen sich die Katastrophen der deutschen faschistischen Kriegsführung überstürzten. Als die ersten sowjetischen Panzer in Rostock standen, erschien der SA-Führer Peters nach längerer Abwesenheit aufgeregt im Büro seines Geschäftes. Er hatte sich in den letzten Tagen nicht mehr um das Unternehmen gekümmert, da ein Befehl den andern jagte. Verstört fragte er: „Soll ich die Stadt verteidigen und die SA einsetzen?"
Der ehemalige Amtshauptmann, in jungen Jahren vor dem ersten Weltkrieg organisiert, im Kapp-Putsch bestens bewährt, fühlte bewußt, daß Doberans Schicksalsstunde schlug. Ungeachtet aller Gefahr antwortete er: „Wenn Sie, Herr Peters, schießen lassen, halten Sie den Krieg eine Stunde vor den Toren der Stadt auf, und Sie erreichen damit, daß Hunderte von blutenden und sterbenden Menschen das Straßenpflaster bedecken, Hunderte von Häusern in Schutt und Asche liegen. Sie erreichen aber auch, daß Sie von mir an dem Baum vor unserem Büro aufgehängt werden!"

Für Sekunden herrschte Schweigen in dem kleinen Büro – dann brach Peters zusammen; nach einer Stunde war er mit seiner Frau und zwei Kindern im Auto geflohen.
Robert Brinkmann setzte sich bald darauf aufs Fahrrad und fuhr nach dem Rathaus. Dort hatte es sich bereits herumgesprochen, daß die SA verschwunden war, und der Volkssturm verlangte, die weiße Fahne zu ziehen. Dies wurde auch von der Stadtverwaltung beschlossen. Beruhigt radelte Brinkmann nach Hause. Unterwegs hörte er aber zu seinem Schrecken und Ärger, daß das Lager des Reichsarbeitsdienstes an der Stühlower Chaussee Verteidigungsmaßnahmen vornahm. Sofort fuhr er zum Rathaus zurück, traf Stadtverwaltung und Führer des Volkssturmes auf dem Flur des Gebäudes an und vernahm, daß die Verteidigungsbereitschaft des Lagers zwar bekannt sei, doch es bestünde keine Telefonverbindung mehr dahin.
In der allgemeinen Kopflosigkeit galt es nun, rasch und klar zu handeln. Deshalb erbot sich Brinkmann, mit einer Vollmacht ausgerüstet, zu dem Führer des Arbeitsdienstes zu gehen. Vorher vereinbarte er mit dem Führer der 2. Kompanie des Volkssturmes, Schlachtermeister Schröder, daß dieser folgen sollte. Die ganze Angelegenheit nahm bedrohlichere Formen an, als ein Angehöriger des Reichsarbeitsdienstes Brinkmann mit erhobener Pistole gegenübertrat. Nachdem dieser faschistische Führer trotzdem aufgefordert worden war, die Waffen niederzulegen und das Lager zu verlassen, da die Stadt die weiße Fahne zeigen würde, antwortete er: „Ich habe Adolf Hitler die Treue geschworen, und ich halte meinen Schwur“, wobei er dreimal in die Luft schoß. Auf weiteres Drängen wies er alle Verantwortungen von sich und sagte, daß sich der eigentliche Führer der Männer auf der andern Seite des Lagers befände. Nachdem Brinkmann dorthin geeilt war, sprang ihm ein Lagerkommandant von riesenhafter Breite und Größe entgegen und rief: „Ich lasse mir auch von dem neuen Oberbürgermeister, der Sie doch wohl sind, keine Vorschriften machen.“

„Aber Ihr Vorhaben ist sinnlos! Denken Sie an die Opfer, die nach einer knappen Stunde vergebens gebracht sein würden."

Gelächter war die Antwort, und grob und unmißverständlich wies der Lagerkommandant den Unterhändler vom Platz. Einige Arbeitsmänner schickten sich an, den Zivilisten mit Gewalt zu vertreiben. Während dieses Zusammenstoßes beobachtete der ehemalige Amtshauptmann, daß die 2. Kompanie an der Stühlower Chaussee Aufstellung genommen hatte. Er hob beim Verlassen des Lagers den Arm, und im selben Augenblick brach der Volkssturm aus dem Wald hervor. In kurzer Zeit waren die Arbeitsmänner entwaffnet und verließen das Lager. Wenige Stunden später rollten die ersten sowjetischen Panzer durch die Stadt, und kein Stein geriet dabei aus den Fugen.

Im September des Jahres 1957 wurde Robert Brinkmann, der später das Feierabendheim im Schloß der Stadt Güstrow leitete, feierlich zum Ehrenbürger Bad Doberans ernannt.

Die Musensöhne des Städtchens und seine Zukunftsträume

Die Stadt Bad Doberan fand viele Künstler, die ihren Namen in die weite Welt trugen. Zu ihnen gehörte der hochbegabte Lithograph August Achilles, der 1798 in Rostock als Sohn eines Musketiers und Scherenschleifers geboren wurde. Er schuf die bekannte Lithographie vom Fest der mecklenburgischen Landleute auf dem Kamp.

Wohl schmückte man in Mecklenburg die Schlösser und Gutshäuser mit den Werken des Künstlers, ihn selber aber trieb die Not mit Weib und sechs Kindern aus Schwerin auf die Landstraße. Nach langem Umherirren ist er im Elend gestorben.

Vor Achilles wählte sich ein Mitglied der berühmten deutschen Künstlerfamilie Tischbein Motive in Doberan, so daß uns durch seine und Achilles' Werke ein guter

Einblick in Sitten und Kleidung ihrer Zeit erhalten geblieben ist.
Es wirkten am Orte der Bildschnitzer Kasch und der Kupferschmied Steußloff.
Nach dem ersten Weltkrieg kehrte auch der in München, Luzern, Nürnberg und Amerika erfolgreiche Maler Ludwig Bang in seine Geburtsstadt zurück und suchte seinen künstlerischen Vorwurf in der heimatlichen Sagenwelt. So entstanden „Heinrich Borwins Gelübde", ein Riesengemälde, das im Münster steht, die „Legende vom Heiligendamm" und aus der Geschichte des Ortes „Der alte Lindenhof zu Doberan".
Am 19. Dezember 1966 starb in Bad Doberan der Schriftsteller Nationalpreisträger Dr. phil. h. c. Ehm Welk. Er war der geborene Erzähler, dem das geistreiche und oft sehr humorvolle Wort zu Gebote stand. Dies machte Ehm Welk zum Dichter vielgelesener Bücher, unter denen „Die Heiden von Kummerow", „Die Gerechten von Kummerow" und „Die Lebensuhr des Gottlieb Grambauer" eine ungewöhnlich starke Verbreitung fanden.
Das Wohnhaus Ehm Welks steht seit 1980 allen Literaturinteressierten als Gedenkstätte und Ort für literarische und kulturelle Veranstaltungen zur Verfügung.
Auch der Literaturkritiker und Essayist Paul Rilla zog nach Doberan. Er beschloß dort während seiner Arbeiten an der Herausgabe von Lessings Werken viel zu früh sein Leben.
Bis 1951 wirkte in Doberan der Lehrer und Schriftsteller Gerhard Ringeling, ein hervorragender Kenner der Fischländer Schiffahrt. Seine Tochter, Brigitte Ringeling, gestaltet schöne und zugleich praktische Keramiken, die so hauchfein und klingend wie Porzellan sind. Ihre Arbeiten werden selbst in einigen Ländern Europas und Asiens verlangt.
Doberan war auch Wohn- und Wirkungsort des Bildhauers Reinhard Schmidt, eines ausdrucksstarken Gestalters, der die Motive für seine Werke der Gegenwart entnahm.

Eine wunderbare, fast unglaubliche Leistung

Bad Doberan ist ein Städtchen mit vielen Grünanlagen. Der Wald schaut überall in die Stadt hinein, und schattenspendende Bäume gehören dort nicht zu den Seltenheiten. Da ist es nur natürlich, daß bei An- oder Umbauten gelegentlich eine im Wege stehende Buche der Axt zum Opfer fallen muß.

Als die großen Fürstenpaläste gebaut wurden, fielen die Bäume zu Dutzenden, wogegen wohl kaum jemand etwas einzuwenden hatte. Als aber „anno 1955" zwei oder drei Buchen auf dem Hof der Goethe-Oberschule krachend zur Erde stürzten, gab es einige Bürger, die über eine solche Platzbeschaffung bedenklich den Kopf schüttelten, zumal die Holzfäller gar noch Schüler waren! Schüler mit ihren Lehrern! Doch ihr Tun hatte einen guten Sinn und Grund.

In unserem Zeitalter läßt sich eine Erziehung der Jugend ohne gediegenen naturwissenschaftlichen Unterricht nicht mehr verantworten; aus dieser Erkenntnis heraus machten sich Lehrerschaft und Schüler kurzentschlossen an den Bau eines naturwissenschaftlichen Instituts.

Man weiß, wie schwer ein solches Bauunternehmen noch im Jahre 1955 auszuführen war. Nicht einmal ein Drittel der gesamten Bausumme stand der Goethe-Oberschule zur Verfügung, dennoch gingen Lehrer und Schüler kühn ans Werk, standen aber bald vor kaum zu lösenden Schwierigkeiten.

Allein das Ausschachten kostete manchen Schweißtropfen, es war aber mit Kreuzhacke, Schippe, Spaten und viel gutem Willen ohne große Unkosten zu bewerkstelligen. Bald war jedoch Stein auf Stein zu fügen, und andere komplizierte Arbeiten standen bevor, zu denen viel Geld nötig war. Wenn die Arbeit dennoch geschafft worden ist, so deshalb, weil sich unter den ehemaligen Bauarbeitern, die inzwischen auf Verwaltungsposten berufen waren, viele gute Freunde und Helfer fanden.

Zu den Händen von zwanzig Lehrern und dreihundert

Schülern kam manche arbeitsgewohnte Faust, die mit der Kelle umzugehen wußte. So schafften mit am Werk der alte, bereits im Ruhestand lebende Maurerpolier Hermann Rehm und sein nicht minder fleißiger Kollege, der Hausmeister und Maurer Heinrich Meyer. Sie wichen Lehrern und Schülern nicht von der Seite und gaben mit ihrer Anleitung manchen wichtigen Fingerzeig.

Als die Ausschachtungsarbeiten und das Fundamentieren beendet waren, fand sich keine Baufirma, um die Mauern hochzuziehen. Da griff das junge Volk mit seinen alten Freunden selber zu Kelle und Lot, und bereits nach einem knappen halben Jahr konnte das Richtfest gefeiert werden.

Trotz der verheißungsvoll im Winde spielenden Richtkrone fehlte aber noch vieles, so daß die jungen Menschen, die mit Begeisterung das Werk begonnen hatten, fast verzweifeln wollten. Wenn Direktor Bengelstorff nicht immer wieder Rat dafür gewußt hätte, wie man aus ungewöhnlichen Quellen Geld und Material zapft – wer weiß, ob der Bau dann in zwei Jahren geschafft worden wäre.

Die Schwierigkeiten rissen jedoch nicht ab, denn als der

Außenputz an der Reihe war, mangelte es erneut an Fachkräften. Wieder wurde ein Weg gefunden, diese zu beschaffen. Als die Kraniche zu ziehen begannen, eilten die Schüler in die benachbarten landwirtschaftlichen Produktionsgenossenschaften, um dort zu helfen, und umgekehrt halfen die Baubrigaden dieser Genossenschaften den Schülern.

Aber nicht nur diese waren hilfsbereit. Der bewundernswerte Eifer der Goethe-Oberschule erweckte unter Fachleuten und in vielen Betrieben Anerkennung und Sympathie. So etwas hatte es weit und breit noch nicht gegeben, daß sich Schüler ein Haus zum Lernen selbst schufen. Und so kamen freiwillige Helfer aus volkseigenen Betrieben, aus Fach-, Forst-, Parteischulen und Privatfirmen, es kamen Handwerker, Angestellte, und sie trugen durch Solidaritätsleistungen zum Gelingen des Baues bei. Wer nicht selber kommen konnte, half durch Material- und Geldspenden.

In der ersten Nummer der Zeitschrift der Goethe-Oberschule „Unsere Schule" heißt es: „Mehr als ein halbes Tausend Kubikmeter Kies steckt in den Fundamenten, Wänden und Decken des Instituts, und gut die Hälfte davon schafften Schüler und Lehrer selbst heran. Viele Tonnen Zement wurden benötigt. Drei Sommer lang verzichteten wir auf unser Internat, stellten es dem ‚VEB Kalkwerke Rüdersdorf' zur Verfügung und betreuten die darin untergebrachten zweihundert Kinder dieses Betriebes. Dafür erhielten wir den Zement. Um die hundertzwanzigtausend Ziegelsteine zu beschaffen, die für den Bau nötig waren, arbeiteten wir mit den Schülern der 10. bis 12. Klassen zwei Sommer in den Ziegeleien des Kreises."

Seit 1957 steht der neue Bau nun fertig da. Das schöne Gebäude hat einen Wert von rund 370 000 Mark, davon wurden 250 000 Mark in knapp zwei Jahren von freiwilligen Helfern erarbeitet. Das ist eine fast unglaubliche Leistung, und sie war auch nur möglich, weil die an ihr Beteiligten vom Geist des Sozialismus beseelt sind.

Der gesamte naturwissenschaftliche Unterricht und auch die Zusammenkünfte der Arbeitsgemeinschaften finden jetzt in hellen, modernen Räumen und reich ausgestatteten Laboratorien statt.
Schlicht und harmonisch fügt sich das weiße Haus in die lichten Bauten am Kamp, ein unvergleichlich stolzes Denkmal des Willens einer neuen Jugend und ihrer Erzieher.
Dies ist nicht der einzige Neubau Bad Doberans geblieben. Wenige hundert Meter vom Kamp entfernt, entstand auf dem Buchenberg ein neues Wohnviertel.

Heiligendamm

Steine, Sage und Wirklichkeit

„Glück auf“, rief der Hauer dem Steiger zu, als sie sich auf dem Bahnhof in Doberan trafen, der eine, um wieder nach Hause zu fahren, der andere, um Heiligendamm aufzusuchen und von hartnäckiger Krankheit zu genesen.
Wenig später setzte sich die Kleinbahn mit erwartungsfrohen Gästen und vielen in Doberan und Rostock arbeitenden Menschen in Richtung Ostsee in Bewegung, bis die Gäste aus dem Binnenlande auf einem weißen Waldbahnhof inmitten hoher Buchen ausstiegen und sich nach allen Seiten umschauten. Ihr Blick umfaßte eine Reihe prächtiger weißer Häuser im klassizistischen Stil, hinter denen unmittelbar die See leuchtete. Die meisten Ankömmlinge verhielten sich für einen Augenblick schweigsam, selbst redegewandte Berliner und redelustige Sachsen. Sie waren überrascht. Wer konnte es ihnen verdenken, denn die Verbindung von See und Bad schuf vor der Abreise in ihrer Vorstellung sicherlich ein Bild von Fischerhäusern und ländlichen Wohnstätten. Aber vor ihnen lagen keine Katen mit Strohdächern, sondern weiße, gepflegte, zweistöckige Villen.
Menschen, die mehr oder weniger romantisch veranlagt sind, schwärmen angesichts der weißen Häuserflucht vom Glanz der Goethe-Zeit, die auf uns überkommen sei. Immer überrascht an diesen Häusern die Kühle ihrer Fassade, ob ihr leuchtendes Weiß nun die See oder den Wald als Hintergrund hat, und diese Zurückhaltung läßt an ihre ersten Bewohner denken. Sicher wahrten auch sie ein so gelassenes Aussehen, wenngleich es in ihrem Innern nicht weniger stürmisch zugegangen sein mag, als es zu ihren

Lebzeiten im Innern dieser weißen Häuser der Fall war. Die Räume hinter den kühlen Fassaden wissen wohl um manch ungezwungenes Lachen, Sichgeben und -nehmen, um ein Leben, das sich draußen dann wieder hinter der Etikette verbarg.

Die Menschen lustwandeln auch heute wieder in den gepflegten Anlagen, das Meer rauscht, die Sonne spielt mit dem Weiß und dem Grün und dem Blau, und alles zusammen ergibt eine Harmonie, die nicht unempfunden bleiben kann. Es wird gleichzeitig die Sehnsucht nach liebenswerten Menschen lebendig. Man möchte sie alle um sich haben, damit sie am Schönen teilnehmen können, und man nimmt sich vor, in Zukunft nur noch gütig, verständnisvoll und entgegenkommend zu sein. Das bewirken der Reiz und der Zauber Heiligendamms.

Nicht im ersten Augenblick bewegen wohl diese Gedanken und Empfindungen den Gast, was ihm aber sofort an dem vor der Häuserreihe liegenden Strand in die Augen springt und sicher in einer lauten oder unausgesprochenen Feststellung seinen Ausdruck findet, ist der lange und breite Steinwall unmittelbar am Wasser. Kein Körnchen Sand, nur Milliarden kleiner, großer, eckiger und runder Kieselsteine liegen dort.

Das ist ja wohl nicht möglich? Und da soll man baden? So etwas nennt sich Bad? Statt der Strohdächer zwei- und mehrstöckige Villen, und nun noch statt weißen Sandes harte Steine?

Ruhe, Freunde, Ruhe! Im Wasser selbst gibt es diese Steine nicht, und wenn Ihr durch den Gespensterwald geht – es ist kein weiter Weg –, dann wird unterhalb des Steilufers der Strand auch sandig. Dort kann man Burgen bauen, soviel man will.

Aber scheltet nicht die Steine! Die Sage weiß viel Heilsames von ihnen zu berichten. Wäre der Damm aus Steinen nicht, dann gäbe es auch keinen Ort, der Heiligendamm heißt, und es gäbe kein Naturschutzgebiet um den geheimnisvollen Conventer See. Wer weiß, wie weit sich die See

dann schon ins Land hineingefressen hätte. Sicherlich wäre auch kein Doberaner Münster mehr vorhanden.
Noch war keine Buchdruckerkunst erfunden, noch machte sich kein Kolumbus auf, um den Weg nach Indien zu suchen, als anno 1427 unheimliche Stürme die Ostsee peitschten. Mühselig hatten die Mönche und Bauern mit den Entwässerungsarbeiten um Doberan begonnen und Schritt für Schritt die Wildnis bezwungen, als in einer Nacht ihr Werk vernichtet zu werden drohte.
Von allen Seiten kam die Kunde, daß weite Strecken an der Küste bereits vom Meer verschlungen worden seien. Verzweifelt warfen sich Mönche und Siedler auf die Knie und beteten inbrünstig, daß ihnen dieses Schicksal erspart bleiben möge. Doch sie ließen es nicht allein beim Gebet. Mit Schanzzeug ausgerüstet, eilten sie an den Strand und warfen an den gefährdeten Stellen Erde auf. Sie karrten Mist herbei und füllten damit die Löcher. Bretter holten sie und fällten Bäume, um eine Barriere zu errichten, die für das Meer unüberwindlich sein sollte. Doch wilder wurde der Sturm, er schwoll an zum schrecklichen Orkan. Reihenweise riß und drehte er die starken Buchen aus der Erde und peitschte die See, so daß sie bleigrau wurde und sich bis auf den Grund erboste.
Die Vernichtungswut war grausam. Nichts hatte vor ihr Bestand. Was soeben als Schutzwall errichtet worden war, wurde wenig später davongetragen. Da entschlossen sich die Bedrängten, noch einmal mit äußerster Kraft der See Halt zu gebieten.
In der Nacht aber, nach welcher der letzte Versuch unternommen werden sollte, geschahen wunderbare Dinge. Und dies schreibt anno 1627 der Rostocker Schriftsteller Lauremberg nach gründlicher Rücksprache mit den Landleuten der Umgebung Heiligendamms über das Geschehen:
„Es ertönte plötzlich ein Gebrause, Krachen und großes Geräusch mit starken Donnerschlägen; das Geschrey und Geheule der wilden Tiere erscholl; Sturm- und Küsten-

winde sausten, und das Meer und die Wälder und Äcker schienen in Feuer zu stehen. Dies Ungewitter dauerte die ganze Nacht und setzte alle Einwohner in größten Schrekken. Zu derselben Zeit brachte das Meer aus sich auf eine unerhörte und unbegreifliche Art den Damm hervor, häufte die Steine in solcher Menge zusammen und setzte sie in solcher dauerhaften festen Lage, daß menschlicher Fleiß und Bemühen dergleichen weder auszurichten noch nachzuahmen vermögend sind. Wie man am anderen Tage kam, das Werk mit vereinter Kraft anzufangen, fand man mit Erstaunen alles schon aufs vollkommenste hervorgebracht."

Nach der Ermittlung der Geologen hat die See einen solchen Damm jedoch nicht in einer Nacht errichtet. Wenn an der Sage etwas Wahres sein sollte, so kann es sich nach der Meinung der Wissenschaftler nur um ein kleines Stück des Dammes handeln. Hierfür haben sie sogar einen Beweis.

Pastor Seemann aus Doberan berichtet, daß während einer Sturmflut anno 1768 die Mündung der Jennewitz, eines kleinen Baches, der den Conventer See mit der Ostsee verbindet, durch einen Steindamm in einer Nacht zugeworfen sei. Somit verriegelte sich die See selber die Einbruchsstelle. Nachdem sich die Sturmflut gelegt hatte, suchte sich der Bach weiter östlich eine neue Mündung.

Natürlich möchte man nun gern wissen, wo denn die vielen Steine herkommen. Auf diese Frage liefern uns die Geologen eine klare Antwort. Es ist bekannt, daß die See nicht in einer einzigen Sturmnacht Teile aus dem Ufer herausbricht und sie dann an anderer Stelle wieder auswirft. Was die See in Sturmflutzeiten holt und anspült, ist durch Witterungseinflüsse und Unterspülungen Tag für Tag, Jahr für Jahr mürbe gemacht worden und abgebröckelt. Die Küstenverwüstungen während der Sturmflut sind nur das Ergebnis dieser Vorbereitungen.

Die Steine am Heiligen Damm holte sich die See mittels der Brandung aus dem Klintufer westlich des Ortes. Durch die

Küstenströmung wurden die Steine langsam an die Niederung um den Conventer See gerollt, immer mehr und mehr, bis ein Strandwall aus Geröll entstand.
So hat dieser Wall eine Geschichte, eine rührende und sachliche zugleich. Die Sache sieht also schon anders aus; man beschließt eine Versöhnung mit dem Steindamm, der einmalig ist, denn man kennt ihn ja nun, weiß, daß er einen guten Zweck erfüllt, und wenn man sich nicht kleinlich anstellt, ist er im Grunde genommen auch gar nicht im Wege.

So begann es

Über das Baden im Meer herrschten um die Mitte des 18. Jahrhunderts in Deutschland noch recht wunderliche Auffassungen. In England wurde bereits mit der Einrichtung von Seebädern begonnen, und vielleicht hätte man es auch in den deutschen Landen getan, wenn nicht der ostfriesische Prediger Janus 1783 auf den wunderlichen Einfall gekommen wäre, die Seekrankheit als heilbringend zu empfehlen und nicht das Bad. Für eine solche Kur war aber niemand zu haben.
Der mecklenburgische Herzog Friedrich Franz I. scheint das Hannoversche Magazin gelesen zu haben, denn dort erschien um 1792 ein Artikel des Hofrates und berühmten Professors der Mathematik und Physik Lichtenberg über den vortrefflichen Nutzen eines Seebades, der großes Aufsehen erregte. Was lag näher, als sich mit seinem Leibarzt darüber zu unterhalten. So bekam der Hofrat Professor Dr. Samuel Vogel den Auftrag, „wegen Anlegung eines öffentlichen Seebades bei Doberan die nötigen Untersuchungen anzustellen und zugleich einen Plan zur bequemen und zweckmäßigen Einrichtung desselben einzureichen".
Der klug überlegende Medikus zauderte nicht lange und ging ans Werk. Ihm ist es schließlich zu verdanken, daß dieser Plan Wirklichkeit wurde. Nachdem er Hippokrates,

Celsus und viele andere eingehend studiert hatte, legte er ein Jahr später eine umfangreiche Schrift vor. Er machte darauf aufmerksam, daß schon die Römer bei Neapel ein Seebad anlegten und daß sie die Schockwirkung des Untertauchens bei Wahnsinn und Tollwut geschätzt hätten. Er informierte auch über die bereits seit vierzig Jahren gut gehenden englischen Bäder. Dort gab es Badekarren, die ins Wasser gezogen wurden. Gelegentlich trugen auch kräftige Badefrauen die Damen in horizontaler Lage ins Wasser und ließen einige Wellen über sie hinwegspülen.
Alles dies gefiel dem Herzog so sehr, daß er sich nicht mehr zurückhalten konnte. Schon 1793 eilte er mit den Damen und Herren seines Hofes von Doberan an den Strand, ließ dort ein Zelt aufschlagen, und der Herr Geheimrat von Flotow kann für sich den Ruhm in Anspruch nehmen, als erster ins Wasser gegangen zu sein. Nachdem der Herr Geheimrat durch kräftiges Plantschen zu verstehen gegeben hatte, daß er sich gut verlustierte, folgte ihm alsbald der Herzog mit seiner Begleitung. Die Herren mochten zu bewundern gewesen sein, denn immerhin schrieb man bereits den 8. September, oder aber es ist ein sehr warmes Jahr gewesen.
Auf alle Fälle drehte es sich auch damals schon um die Temperatur des Wassers. Man wollte unbedingt warme Bäder nehmen. Da war aber guter Rat teuer. Den Plan, das Seewasser in Röhren nach Doberan zu pumpen, ließ man wieder fallen. Schließlich wurde beschlossen, ein Badehaus in Heiligendamm errichten zu lassen.
So schnell wie heute wuchsen die Bauten in jener Zeit noch nicht aus der Erde, und so wurde vorerst nur ein Schauer errichtet. Die einzelnen Holzbütten, die gar nicht klein waren, wurden von Schirmen umstellt, und dahinter gab es ein fröhliches Prusten und wohliges Stöhnen, bis endlich vom Baukonducteur Joh. Chr. v. Seydewitz ein geschmackvolles Badehaus gebaut worden war. Zu gleicher Zeit entstand in Doberan das Logierhaus.
Da nur wenige der Badenden die Lust verspürten, den

Strand gleich nach dem Bade wieder zu verlassen, wurde in einem kleinen Restaurant ein Schälchen Kaffee oder Schokolade ausgeschenkt. Dort saß dann die Biedermeiergesellschaft von hohem und höchstem Rang und war glücklich, einen neuen Weg gefunden zu haben, um wenigstens für die Sommermonate der Langeweile auf den entlegenen Gütern zu entrinnen.

Es blieb jedoch nicht nur bei solchen Getränken. Wenn es recht lustig und laut zuging, dann hatten sich die Gäste sicherlich einige Hoppelpoppel zu Gemüt geführt, nämlich Eiergrogs.

Der Herzog, dem alles viel zu langsam ging, hatte inzwischen zwei Badeschaluppen bauen lassen, auf denen die Badenden hinausgefahren wurden. Auf den Schaluppen befand sich ein kleines Häuschen mit einem durchlöcherten Bassin, so daß also immer im frischen Wasser gebadet werden konnte. Diese Art zu baden hatte allerdings den Nachteil, daß das Hin und Wider und Auf und Nieder nicht jedem lag, so daß mancher wenig froh und leichenblaß nach ausgiebiger Dorschfütterung wieder an Land taumelte.

Die Schaluppen fuhren also künftig nicht mehr hinaus. Sie wurden an der Brücke vertäut, zumal ein Rostocker Pro-

fessor durch Untersuchungen festgestellt hatte, daß das Meerwasser sich in der Nähe der Küste nicht anders als weit draußen zusammensetzt.
Inzwischen war Professor Vogel in England gewesen und kam nun mit neuen Vorschlägen zurück. Man schrieb das Jahr 1796, und Heiligendamm wurde schon von rund fünfhundert Menschen besucht. Es mußte also etwas getan werden. Das Badehaus wurde deshalb vergrößert. Es erhielt eine Restauration und für besonders Schwächliche einige Zimmer zum Wohnen, damit sie nach dem Bade nicht stets nach Doberan zurückzufahren brauchten. Die Badewannen aus Eichenholz wurden eingelassen, um ein bequemes Ein- und Aussteigen zu ermöglichen. Gelähmte konnten sogar auf einem hölzernen Stuhl am Flaschenzug hinuntergelassen werden. Ruhebetten, wollene Hemden zum Abreiben, Spiegel, Tische, Stühle, alles Notwendige war vorhanden, um das Bad zum Genuß werden zu lassen.
Unter den jungen und kräftigen Badelustigen war aber der Wunsch nach einem Bad in der freien See stärker geworden. Es wurden deshalb am Strand drehbare Schilderhäuschen aufgestellt, damit sich die Gäste nach dem Bad vor den rauhen Winden schützen konnten.
Der gesamte Badebetrieb stand unter der sorgfältigen Überwachung Dr. Vogels. Er war nicht der Meinung, daß das Seebad ein Allheilmittel sei, doch brachte es nach seiner Feststellung Heilung „bei gichtischen und rheumatischen Übeln, bei Nervenschwächen, habituellen Leibesverstopfungen, Fußgeschwüren, Flechten und allerlei anderen Ausschlägen, bei Steifheit einzelner Gelenke, skrofulösen Fehlern“ und anderen Leiden. Er führte darüber die „Annalen des Seebades zu Doberan“ und gab sie auch heraus.
Gewissenhaft überwachte er seine Patienten und gestattete manchem nur, eine halbe oder eine Minute in der See zu bleiben, dabei mußten die meisten aber kräftig tauchen. Um Erkältungen zu verhüten, riet er vom Tragen sogenann-

ter Badehemden im Wasser ab. Es ging ihm darum, daß sich der Patient nach dem Bade so schnell wie möglich abtrocknete und sich anschließend Bewegung verschaffte. Außerdem war er der Meinung, daß die Einwirkung des Wassers auf die Haut durch Stoff geschwächt würde. Er riet auch zu fröhlichem Spiel, da die Aufheiterung der Seele der Gesundheit nur dienlich sein könnte.
Unter den Gästen waren nicht nur Hofleute, es kamen auch berühmte Männer wie zum Beispiel der Arzt Hufeland nach Heiligendamm. In seinem Medizinischen Journal veröffentlichte dieser einen Aufsatz von Dr. Vogel, zu dem er eine Einführung schrieb: „Über die bisherige Anwendung und Wirkung des Mecklenburgischen Seebades bey Doberan". Darin heißt es: „Nimmt man dazu die anerkannte große Kraft des Seebades, die in manchen Fällen einzig ist (besonders zur Belebung und Stärkung der Haut), rechnet man dazu den herrlichen Anblick der See, und den unbeschreiblich erhebenden Eindruck, den diese auf das Gemüt und Nervensystem hypochondrischer und nervenschwacher Personen machen muß, die mancherley neuen Phänomene und Zerstreuungen, die bey solchen Curen äußerst wichtig sind, die angenehme Gegend und selbst auch die Seeluft, die bekanntlich bey vielen Krankheiten ihre entschiedenen Heilkräfte hat; so ist nicht zu zweifeln, daß diese Anstalt bald eine der besuchtesten und heilbringendsten Teutschlands seyn werde."

Baden ist nicht einfach

Niemand, der in den ersten Jahren in Heiligendamm badete, hatte Erfahrungen mit einem Bad in freier See. Woher auch? Es war doch noch keiner auf den abwegigen Gedanken gekommen, freiwillig in das unendliche Meer zu steigen. Die Menschen brauchten also Verhaltensregeln, und diese ließ sich der unermüdliche Dr. Vogel angelegen sein. Er verfaßte achtzehn Baderegeln mit ausführlichen

Erläuterungen. Wer sie genau studierte, wußte, worauf es ankam.
Es sind dies Regeln, die noch heute in den allermeisten Fällen von jedem vernünftigen Menschen befolgt werden. So hieß es, daß niemand mit vollem Magen baden und unter gar keinen Umständen erhitzt ins kalte Wasser steigen solle. Hatte sich jemand sehr erregt, so sollte er dem Bade fernbleiben. Man dürfe auch nicht mit zu langsamen Schritten hineingehen, riet Dr. Vogel. Vor allen Dingen sich Bewegung im Wasser machen, nicht herumstehen und mit den Zähnen klappern; dies waren wichtige Ratschläge. Vollblütige und zu Blutflüssen Neigende badeten am besten nicht. Kranke sollten nie ohne Einverständnis des Arztes kalt baden. Zweimal am Tage ins Wasser gehen könnte nicht schaden.
Beim warmen Bad, das oft eine Stunde dauerte, war darauf zu achten, daß die Haare nicht naß würden, und vor allen Dingen sollte man sich daran gewöhnen, gewisse Bedürfnisse vorher zu befriedigen.
Der gute Doktor dachte eben an alles. Stellte der Badende fest, daß er nach dem Bad schwindelig, müde oder aufgedunsen war, so hatte er die Kur unbedingt zu unterbrechen. Inzwischen war das Baden in der offenen See statt in der engen Badewanne bei Damen und Herren immer beliebter geworden. Nun war das aber so eine Sache, denn die Herrschaften wollten andererseits auch nicht als Nackedeis durcheinander in den Wellen umherhüpfen. Doch auch hier wußte man Rat. Zunächst wurde 1801 ein Steg für die Damen in die See gebaut. Am Strand stand bald ein kleines Häuschen zum An- und Ausziehen, und es wurden Laken aufgehängt, um den noch immer von den drehbaren Schilderhäuschen aus badenden Herren den Anblick der Damen zu entziehen.
Endlich wurden auch in Heiligendamm die in England schon lange benutzten Badekarren eingeführt. An sonnigen Tagen herrschte dann am Strand ein buntes Leben.
Die Karren waren wohl fünfzig Jahre in Gebrauch, doch

ihre Anzahl genügte schon nach einigen Jahren nicht mehr, und so kam man endlich auf den guten Einfall, größere Badeanstalten zu bauen, natürlich für Männlein und Weiblein gesondert und weit genug voneinander entfernt.

Wie streng allmählich die Sitten wurden, mag aus folgender Beschreibung zu ersehen sein. Nach 1858 gab es die Bestimmung, daß immer nur ein weibliches Persönchen zur Zeit im Wasser sein durfte. Zwischen zwei Kabinen lief ein durch eine Bretterwand getrennter Steg in die See. Darunter hingen bis ins Wasser Laken, so daß man sich auch beim Baden nicht gegenseitig sehen konnte. Badete eine der Damen, so hatte die andere in ihrer Kabine zu bleiben. Nach dem Bad gab die erste ein Glockenzeichen, worauf sich die Wartende ins Wasser begab.

Da es aber noch immer nicht jedermanns Sache war, sich dem weiten nassen Element anzuvertrauen, und da Dr. Vogel sich von Warmwasserkuren besonders für ältere Herrschaften mehr versprach, wurden weitere Baderäume gebaut.

Adolf Nizze führt in seinem Büchlein „Doberan-Heiligendamm, Geschichte des ersten deutschen Seebades“ Beispiele an, aus denen zu ersehen ist, von welchen Leiden die Kranken in Heiligendamm befreit wurden: „Bei einem Manne, der lange von der ‚fliegenden Gicht‘ geplagt wurde, verschwand diese plötzlich, worauf er jedoch fast völlig blind wurde. Ein warmes Bad genügte hier, um ihm sein Gesicht wiederzugeben, und es blieb auch so bei der Fortsetzung der Bäder, auch kehrte die Blindheit später nicht wieder; das versicherte er mit der größten Rührung! Allerdings mußte in dem heilvollen Bade eine tiefgreifende Veränderung in seinem Körper vorgegangen sein, da der anwesende Bademeister bemerkte, daß der Kranke plötzlich ausnehmend rot ward, und er ihm deswegen riet, sogleich das Bad zu verlassen.

Eine andere sehr erfreuliche Kur betraf eine junge verheiratete Dame, die seit zwölf Jahren periodisch außerordentlich am Gesichtsschmerz gelitten hatte, den die damaligen Ärzte fast zu den unheilbaren Übeln (Tic douloureux) rechneten und von dem die Kranke sich auch durch die bewährtesten Mittel nicht befreien konnte. Das kalte Seebad jedoch, welches sie im vorigen Jahre täglich regelmäßig vier Wochen hindurch gebrauchte, befreite sie völlig von ihrem Leiden.

Ein Wundarzt, der sich bei einer Operation syphilitisch angesteckt hatte und mit offenen Wunden und steifen geschwollenen Gelenken behaftet war, wurde durch warme Seebäder geheilt.

Das gleiche war der Fall bei einem emsigen Gelehrten, der durch vieles Sitzen und Studieren sich krampfhafte nervöse Zustände, Herzklopfen, Schwindel, Beängstigungen und große Kraftlosigkeit zugezogen hatte. Alle Beschwerden verschwanden bei den anfänglich warmen, dann kalten Seebädern." Man nahm es mit Übertreibungen sicher nicht so genau.

Die Anziehungskraft des Seebades Heiligendamm wurde ständig größer. Die wohlhabenden Mecklenburger fuhren nun nicht mehr nach Karlsbad, Pyrmont und anderen Kurorten, sondern sie blieben im Lande. Die segensreiche Wirkung des Seewassers wurde aber auch von Dr. Vogel vielfach zur Anwendung gebracht. Er hatte Regen-, Tropf- und Spritzbäder eingerichtet und verabreichte außerdem Klistierduschen, die Hartleibigen und Unterleibskranken sehr zum Nutzen waren. Von weit her kamen Ärzte, um sich die Einrichtungen des Bades anzusehen, damit sie zu Hause ähnliche Vorkehrungen empfehlen konnten.

Ein englischer Badegast vermittelte Heiligendamm Badethermometer und Fleischbürsten. Zur großen Genugtuung konnte Dr. Vogel in einer englischen medizinischen Zeitschrift feststellen, daß seine Baderegeln mit den englischen fast übereinstimmten. Auch dort wurden Badekleider verworfen. Allerdings meinte der englische Arzt, daß viele Personen das tägliche Baden nicht vertragen könnten. Daraus zog Dr. Vogel den Schluß, daß die Ostsee

mit ihrem geringeren Salzgehalt sich besser für den Badebetrieb eigne.
Der fürsorgliche Arzt machte auch die zu leicht bekleidete Damenwelt auf die dadurch entstehende Gefahr der Erkrankung aufmerksam, und er schlug vor, in Doberan und Heiligendamm doch Überkleider zu tragen, die Arme und Brust bedeckten. Außerdem sollte sich jeder befleißigen, einen möglichst guten Ton anzuschlagen, denn auch dieser sei der Gesundung dienlich. Wer würde ihm darin nicht recht geben?
Kritische Zeiten schienen für das Seebad die Jahre der französischen Besatzung werden zu wollen, doch Dr. Vogel wußte auch diesen zu begegnen. Er richtete an den General Laval ein Schreiben, in dem es hieß: „Ich gebe mich ganz der Hoffnung hin, daß Euer Exzellenz dieser so nützlichen und wohltätigen Einrichtung nicht nur die Fortsetzung ihrer Existenz zugestehen wird, sondern daß Euer Exzellenz sie auch mit allem, was zu ihr gehört, gnädigst unter ihren besonderen Schutz nehmen werden, damit die vorbereitenden Maßnahmen, die jetzt für die nächste Saison getroffen werden müssen, in keiner Weise behindert oder verzögert werden möchten."

Der General sicherte dies zu, und dem Badeort ging es vortrefflich. Die Damen scheinen ganz besonders gut mit den Franzosen ausgekommen zu sein, denn in die Franzosenbuche am Bahnhof wurden die Worte eingeschnitten:

Hier haben die Schönen ihr Vergnügen.
Kaiserliche Zollbeamte 1813.

In diesen Jahren wurde in Heiligendamm auch ein Krankenhaus für Mittellose gebaut. Es konnte zwölf Patienten aufnehmen, so daß in der Saison ungefähr vierzig Kranke kostenlos verpflegt und behandelt wurden.

Nimrods Begegnungen

Mr. Apperley, der englische Globetrotter, der längere Zeit in Doberan weilte und von dem hier noch einmal die Rede sein soll, hatte sich vorgenommen, im Gegensatz zu seinen lange schlafenden Landsleuten, in aller Frühe aufzustehen, um Heiligendamm zu besuchen. Er hätte am Abend vorher gern noch einen Bummel gemacht, doch als um 10 Uhr die Tafel aufgehoben wurde, verschwand auch die illustre Gesellschaft, und es blieb dem englischen Lebemann nichts anderes übrig, als ebenfalls ins Bett zu steigen. Er kam sich in dem Bett vor wie im Kriege und stellte mit galligem Humor fest: „Es heißt in der Bibel: ‚Verflucht soll sein, wer Mann und Weib voneinander scheidet‘: folglich müßte jeder Bettfabrikant in Deutschland verflucht sein, denn in seinem Machwerk kann nie ein Mann mit seiner Frau zusammen schlafen. Jedes Übel hat aber auch sein Gutes; so kennt man in deutschen Betten keine Gardinenpredigten, aus dem einfachen Grunde, weil sie keine Gardinen haben. Jedenfalls muß ich gestehen, daß ich seit meiner Abreise von Zierow in Deutschland nie wieder in einem Bett geschlafen habe, das diesen Namen verdient."
Gegen 1 Uhr in der Nacht wäre Mr. Apperley beinahe auch noch aus dem Bett gefallen, so sehr erschreckte ihn das

urige Hornsignal des Nachtwächters, der auf dem Tutehorn blies und danach mit seines Basses Urgewalt zu singen begann:

> Bewahrt das Feuer und das Licht,
> Daß euerm Nachbarn kein Schaden geschicht.

Übermüdet schlief Mr. Apperley dennoch wieder ein, und das war gut so, denn er hatte sich vorgenommen, nach dem deutschen Sprichwort „Morgenstunde hat Gold im Munde“ zu leben.

Er stand also schon vor 6 Uhr auf. Sein Diener mußte ihm das Morgenmahl bereiten und ihm beim Anziehen behilflich sein; er wollte um 7 Uhr starten.

Mit entsprechendem Abstand schaute Mr. Apperley aus dem Fenster und gewahrte zu seiner Überraschung draußen schon emsiges Leben. Im benachbarten Hause sah er unter einem kecken Häubchen schöne Augen. Danach war selbst das schwache Geschlecht schon auf den Beinen. In den Höfen wieherten die Rosse, und die Stallburschen waren dabei, sie zu striegeln und zu putzen. Auf der Straße hielten die Landleute mit ihren ungefügen Wagen, um Badegäste, die ohne eigenes Gespann gekommen waren, nach Heiligendamm zu fahren. Am Abend vorher war der Vogt auf den Höfen erschienen und hatte angesagt. Da nutzten alle Gründe nichts, die Arbeit mußte verschoben werden, denn die Wagen hatten am nächsten Morgen an Ort und Stelle zu sein.

Auch Kutschen mit Abreisenden rollten aus dem Tor. Barbiere eilten zu ihren Kunden, und die Diener hatten kaum Zeit, mit den Mägden zu schäkern, denn die Herrschaften warteten darauf, aufbrechen zu können.

Apperley zog schnell den Kopf zurück und trieb seinen Diener an. Inzwischen begaben sich einige ältere Bürger des Fleckens mit der Zipfelmütze auf dem Ohr vor die Tür, um die Abfahrt nach Heiligendamm in Augenschein zu nehmen. Ein bißchen von oben herab sahen sie auf die plumpen Bauernfuhren. Die Herrschaften, die darin saßen, interessierten sie weniger. Es mußte schon mindestens ein Kabriolett sein, wenn sie ihre Achtung verschenken sollten, so ein einspänniger Gabelwagen auf zwei Rädern, der, wenn der richtige Renner davor war, regelrechte Luftsprünge machen konnte. Kam ein Vierspänner dahergefahren, dann war das etwas Besonderes. Sie kannten jeden und jede und wußten gelegentlich auch etwas mehr. Der eine behielt es vielsagend für sich, der andere erzählte es unter dem Siegel größter Verschwiegenheit dem Nachbarn. Auch ein offener Bankwagen, mit ein paar Jockeis hinter sich, erregte ihr Interesse, denn in dem saß auch nicht „irgendwer". Kam gar ein Sechsspänner daher, so sperrten sie Mund und Augen auf.

Endlich war Mr. Apperley soweit. Er fuhr einen Gig mit einem Fuchs davor, dem zwei Reitknechte folgten. Begleitet wurde er von einem der vielen Grafen von Bassewitz mit zwei schnellen Braunen und zwei Vorreitern. Der Graf Hahn kam mit vier Braunen hinterher, umgeben von reitenden Postillions in weißen Röcken mit rotem Besatz, weißen Lederhosen und glänzenden Stiefeln mit Stulpen. Die Herren waren steinreich, denn es mangelte ihnen nicht an Leibeigenen, und die Werte, die diese schufen, waren nicht gering.

Da man die Pferde in Mecklenburg auf Trense fuhr statt wie in England auf Kandare, mußte sich der englische Herrenfahrer sehr anstrengen, so daß einer seiner Handschuhe von den Zügeln regelrecht durchschnitten wurde. Derartiges Fahren war ihm ganz ungewöhnlich, und er befürchtete, der Fuchs würde ihm doch noch durchgehen. Als er dies den Kutscher wissen ließ, meinte der trocken: „Laten S' em man lopen, as hei will. Hei kümmt woll an!" (Lassen Sie ihn nur laufen, wie er will, er kommt schon an.) Das war für Apperley wenig tröstlich, doch ist er, bis auf den zerschnittenen Handschuh, ohne Schaden in Heiligendamm eingetroffen.

Natürlich begab er sich wie alle, die das Bad zum erstenmal

sahen, an den Strand, um das Badeleben zu betrachten. Trotz der frühen Morgenstunde herrschte bereits Leben im Wasser, denn die Badezeit war genau eingeteilt, und jeder bemühte sich, sie einzuhalten.
Auch als sachlicher Engländer mußte Mr. Apperley feststellen, daß er sich einen besseren Strand und klareres Wasser nicht vorstellen konnte. Er sah, wie die zum Bade eilenden Herren im Schlafrock ein Stück auf dem Steg entlanggingen. Das Treiben im Herrenbad war von der Promenade aus nicht zu übersehen, so daß das Feingefühl der Damen nicht verletzt werden konnte; dies stellte Mr. Apperley ausdrücklich fest.
Da der Engländer weniger ein Freund des Badens als vielmehr einer von rassigen Pferden war, sah er sich lieber die Auffahrten an. Die Kutscher der bereits anwesenden Badegäste fuhren zur Abkühlung der schweißbedeckten Pferde langsam am Strand entlang, während immer neue Wagen kamen.
Eine Equipage nach der andern rollte heran. Die großherzogliche Familie fuhr in zwei oder drei Sechserzügen vor, ein Teil des hochbegüterten Adels machte es ihr nach. Die Pferde wurden teils vom Bock aus, teils vom Sattel gefahren. Apperley sah sich zwar unauffällig, doch sehr genau, die Beschirrung der Pferde an, und er stellte sachlich fest, daß sie primitiv und phantasielos war. Er bewunderte jedoch ein Gespann mit dänischen Pferden. Der Kutscher hatte die Tiere gut im Zug. Bevor er anfuhr, rief er ihnen ein Kommando zu, worauf sich die Pferde in die Stränge warfen und mit erhobenem Vorderfuß stillstanden. Erst nach dem zweiten Kommando zogen sie gleichmäßig an.
Von dem Zustand der Equipagen war Mr. Apperley ebenfalls nicht sehr eingenommen. Es waren nach seiner Meinung recht altertümliche Vehikel darunter, und er war der Ansicht, daß diesen Gefährten manche Mietskutsche in England den Rang ablaufen würde. Er wunderte sich auch über die Reisechaise des sehr reichen Grafen Hahn, von dem man sich in Mecklenburg erzählte, daß er mit

großen Geldstücken „Butterbrot“ übers Wasser warf. Die Hahns sollten neunundneunzig Güter besitzen. Auf das hundertste verzichteten sie, wie man sagte, weil sie sonst ein Regiment hätten ausrüsten müssen, und so weit ging ihre Vaterlandsliebe nun nicht. Apperley meinte bei sich, daß er in einer solchen Chaise nicht einmal zum Stierkampf in Spanien erscheinen möchte.

Einige Tage darauf machte der Gast aus England eine unerwartete Bekanntschaft, die tief blicken ließ in die Stimmung des Volkes hinter der festlichen Kulisse. Die Erkenntnis kam so unvermutet aus heiterem Himmel, daß es dem sachlichen und weitgereisten Mann die Sprache verschlug.

Um nicht die übliche Straße von Doberan nach Heiligendamm zu fahren, war er mit seinem Gespann auf einen schmalen Seitenweg abgebogen. Der Weg war weicher und beanspruchte die Hufe der Pferde nicht so sehr. Da kam ihm eine schwere Fuhre mit Getreide entgegen. Vom Weg herunter wollte Mr. Apperley nicht, doch irgendwo mußte er ja vorbei, also hielt er hart rechts. Genauso dachte der entgegenkommende Bauer. Für ihn sah das Vorbeikommen aber weit schlimmer aus, denn geriet er nur etwas zu weit an die Seite, konnte das die ganze Fuhre umwerfen. Außerdem dachte er sicher mit Recht: Warum bleibt der Herr nicht auf der breiten Straße? Es ist auch möglich, daß ihm angesichts der vielen Nichtstuer die Leber schwoll, denn nach des Engländers eigenem Bericht schrie der Bauer ihn hart an und verlangte, er solle noch weiter nach rechts fahren.

Der Angeschriene dachte aber nicht daran, denn er befürchtete ebenfalls umzuwerfen. So standen sie sich einen Augenblick wortlos gegenüber, aber schon nahm der Bauer die Peitsche und knallte sie den Vorderpferden des Engländers um die Köpfe. Apperley bekam beide Hände voll zu tun, um sie zu halten, denn er war von der Selbsthilfe des Bauern völlig überrascht worden. Haarscharf schoben sie sich aneinander vorbei.

Ein Riese aus dem Hägerort

Die Zeit ging dahin, das 19. Jahrhundert nahm seinen Lauf. Der Korse versuchte Europa zu verändern, die Leibeigenschaft wurde aufgehoben, demokratische Kräfte rührten sich, Heine sang seine Lieder, Marx verkündete das Manifest, und die ersten Zeichen der 48er Jahre erregten die Menschen.

In dieser Zeit setzten die Hofkreise ihrem verstorbenen Serenissimus ein hünenhaftes Denkmal. Als sich 1843 der Tag zum fünfzigsten Male jährte, an dem das erste deutsche Seebad gegründet wurde, entschloß man sich, einen Erinnerungsstein aufzustellen, der zu gleicher Zeit ein Denkmal für Friedrich Franz I. sein sollte.

Eine hohe Kommission ließ viele Felder absuchen, bis sich endlich auf der Elmenhorster Feldmark des Erbzinspächters Schmidt im Hägerort der geeignete Stein für das Denkmal fand. Dieser rote Riese aus Granit hatte es sich vor vielen tausend Jahren nicht träumen lassen, daß er nach eisiger Wanderung aus dem hohen Norden einmal als Gedenkstein in Heiligendamm seine Bestimmung finden würde. Fünftausend Zentner wiegt der Koloß, und es gehörte schon ein wenig Kopfzerbrechen dazu, ihn in Bewegung zu setzen. Doch das war nicht Aufgabe der hohen Kommission, man übertrug sie dem Hofbaumeister Demmler in Schwerin. Dieser fuhr hinaus, besah sich den Felsbrocken und stellte fest: „Zu den überaus sorgenvollsten, schwierigsten Geschäften, welche mir während meiner ganzen Dienstzeit übertragen wurden, gehört der Auftrag über die Errichtung des Denkmals Friedrich Franz I. am Heiligen Damm mit dem darauf folgenden Transport."

Demmler überlegte hin und her, wie er den Stein anpacken sollte. Da kam ihm ein französisches Werk zustatten, das er gelegentlich einer Versteigerung der Bibliothek des verstorbenen Hofbaumeisters Barca aus Ludwigslust erworben hatte. Nach gründlichem Studium dieses Buches sah er, daß es ihm die Maschinen und Methoden angab, welche zur Lösung der Aufgabe in Anwendung zu bringen waren. Die in dem Buch beschriebenen Geräte für den Transport schwerster Lasten zu beschaffen war möglich, selbst mit der geringen Summe, die ihm zur Verfügung stand. Ohne diesen Hinweis des Buches hätte er den Auftrag nicht erfüllen können, denn ein Schiffsbaumeister aus Wismar verlangte allein für den Transport die Summe von 23 000 Talern, während der Felsen und die Flurentschädigung nur 3 291 Taler kosteten. Demmler benötigte für den Transport, einschließlich Anschaffung der Maschinen, Planierung des Weges und Entschädigung der Ackerbesitzer, ungefähr 3 300 Taler.

Wie die Katze um den heißen Brei, so ging der Zimmerpolier Zogmann, der die technische Leitung des Unternehmens hatte, um den Felsen herum, und neben ihm standen fünfzig Arbeiter, die auf seine Anweisung warteten, dem Koloß endlich auf den Leib zu rücken. Schließlich fanden sie die verwundbare Stelle des Steines und begannen zu graben. Es mußte viel Erde bewegt werden, um ihn überhaupt erst einmal freizulegen. Doch damit war es noch lange nicht getan. Man mußte dem Felsen ja auch von unten beikommen können. So vorsichtig sie auch gruben, immer wieder sackte der Riese mit seinen fünftausend Zentnern nach. Endlich aber gelang es, ihn zu überlisten, und es konnten ihm Schienen aus Holz untergelegt werden. Demmler hatte sie muldenförmig zuschneiden und mit aus Metall gegossenen Rinnen auslegen lassen. In diesen Rinnen bewegten sich mehrere Kugeln, auf denen der schwere Stein entlangrollen konnte. Die Schienen waren so konstruiert und gedacht, daß sie hinter dem Stein abgebaut und vorn wieder angelegt werden konnten.

Um das Felsenstück überhaupt erst einmal aus seinem tiefen Loch herauszubekommen, mußte ein langer Ausfahrtkanal gegraben werden. Je zwölf Männer bedienten zwei Erdwinden. Sie begannen vorsichtig und langsam zu drehen. Die Seile strafften und dehnten sich, bis sie rissen, doch der Stein hatte sich noch nicht einmal gerührt. Es mußten also dickere Taue besorgt oder gar neu geflochten werden. Als diese endlich hielten, bogen sich die Bolzen und Haken in den Flaschenzügen, doch dieses Mal rührte sich der Stein. Endlich wurden auch die verbogenen Teile durch noch stärkere ersetzt, und dann kam er!

Bald aber erwiesen sich die Holzschienen als zu schwach, neue wurden geschnitten; darauf zersprangen die metallenen Rinnen, so daß stärkere gegossen werden mußten. Doch Demmler war nicht zu schlagen. Er gab nicht nach und rückte dem Stein buchstäblich auf den Pelz. Mitten auf der nach oben liegenden glatten Seite des Felsens ließ er sich eine kleine Hütte bauen und verrichtete dort alle anfallenden schriftlichen Arbeiten, um sofort zur Stelle zu sein, wenn neue Schwierigkeiten auftauchten. Sein eigenes Gewicht und das der Hütte machten im Verhältnis zu dem des ungeheuren Steines gar nichts aus. Neugierige aus Rostock, aus Schwerin und vielen anderen Städten kamen herbei, um sich diese Riesenwanderung durch den Hägerort mit anzusehen. Die Arbeiter wußten den zahlreichen Besuch zu nutzen und befestigten an ihrem Ungeheuer eine Büchse, in die alle Neugierigen ihr Scherflein werfen konnten; so kamen sie zu einem kleinen Nebenverdienst.

Auf ebener Erde ging es ja noch mit dem Transport, doch wenn Hindernisse im Wege auftauchten, die nicht wegzuräumen waren, wurden die Schwierigkeiten schon schlimmer. Ein solches Hindernis war der Garnitz-Bach. Um die Jemnitz zu überqueren, wurde sie mit Steinen des Heiligen Dammes zugeworfen. So ging es unbeirrt, aber sehr langsam auf der anderthalb Meilen langen Strecke weiter. Zweihundertdreißig Pferde waren nötig, um den Felsen zu ziehen, und rund einhundertzwanzig Tage wurden gebraucht, um ihn an Ort und Stelle zu bringen. Durchschnittlich waren sechsundvierzig Tagelöhner und Zimmergesellen bei diesem Transport beschäftigt. Die tägliche Arbeit ging von morgens bis abends 8 Uhr vor sich, genau zwölf Stunden, die Essenspausen waren darin enthalten.

In Schwerin und in Heiligendamm rüstete man bereits zur Feier der Grundsteinlegung, als der granitene Riese noch gar nicht angelangt war. Er schaffte es auch nicht bis zum ausgemachten Termin. So versammelten sich die Herren mit den hohen Hüten, mit Helmen, Federbüschen und Orden, im Gehrock und Talar ohne ihn. Als Ersatz hatten sie einen kleineren Felsen vor sich liegen, auf dem die Hammerschläge vollführt wurden.
In das Fundament hatten die Festteilnehmer eine von dem Hofbaurat Demmler geschriebene Urkunde gelegt, die alle Einzelheiten der Transportphase enthält.
Auf den bald darauf eingetroffenen Stein ließ man die Worte meißeln: „Friedrich Franz I. gründete hier Deutschlands erstes Seebad – 1793/1843."
Man vergaß hinzuzufügen, daß es der Arzt Dr. Samuel Vogel und der Landbaumeister Karl Theodor Severin waren, die dem Bad Gestalt und Inhalt gaben.

Wohltuende Harmonie

Die Zeiten der Hofgesellschaft sind heute vorbei. Durch die von Sturm gekrümmten Stämme und Äste des Gespensterwaldes von Heiligendamm glüht rot und feurig das Licht der scheidenden Sonne. Hoch über den Kronen schwebt noch ein Falkenpaar, und in den Buchen neben den Schienen der Kleinbahn nach Kühlungsborn lärmen die Krähen in ihren Schlafbäumen. Fledermäuse huschen lautlos um die Buchen, und die See rauscht. Auf den verwitterten und grünbemoosten Pfählen der langen Buhnen lassen sich die Sturmmöwen nieder, gelegentlich sich erhebend, um nach einem Brocken zu schnappen, der ihnen durch die Menschen vom hohen Ufer aus zugeworfen wird.
Versonnen, hier und dort auch neckend und scherzend, spazieren heute die Werktätigen aus allen Teilen der Deutschen Demokratischen Republik über die gepflegte Pro-

menade. Blumenbeete, in ihren Farben sorgfältig abgestimmt, säumen die grünen Rasenflächen, von künstlerisch angelegten Steingärten reizvoll unterbrochen. Weiße Bänke, deren Plätze oft nicht besser gewählt werden können, laden zur Ruhe und Besinnung ein.
An dieser Stelle ist mein Vater mit zwei Sätzen auf die Fachschule für angewandte Kunst eingegangen. Zwei Sätze nur. Ich weiß nicht warum. Vielleicht, weil die Fachschule damals nicht nur im Schatten der Heiligendamm umgebenden Buchen gelegen hat.
Heute jedenfalls, und es tut gut, das berichten zu können, sind Absolventen dieser Schule mit künstlerischen Arbeiten weit über die Grenzen unserer Republik hinaus bekannt geworden. Auf zahlreichen internationalen Ausstellungen haben sie Preise, Medaillen und Diplome erlangt.
Im Lehrplan der von rund 105 Studenten besuchten Schule herrscht ein ausgewogenes Verhältnis von kunsttheoretischen und kunstpraktischen Fächern.

Großgeschrieben wird die praxisnahe Ausbildung. So ist die Schule unter anderem beteiligt an der künstlerischen Baugestaltung entlang der Ostseeküste, in Rostock, Berlin und anderen Städten. Mit den Absolventen bestehen Verträge, die Arbeitsplätze in Industrie und Wirtschaft sichern, damit unser aller Leben nicht nur inhaltlich, sondern auch von der Form her schöner werden möge.

Dreißig Jahre alt wurde diese Einrichtung 1979. Ehemalige Studenten nehmen heute führende Positionen in Industrie, Wirtschaft, Staatsapparat und als freischaffende Künstler ein.

Zum Ereignis ist im Ort nicht nur der jährlich stattfindende Fasching der Fachschule geworden, sondern auch der Tag der offenen Tür, die Studententage, Führungen und natürlich auch das im November stattfindende Drachenfest. Das bunte Völkchen der Studenten ist im weißen Heiligendamm ein belebender Farbtupfer.

Fragt man, was das Besondere an der Ausbildungsstätte ist, bekommt man vielfach zu hören: „Das ist die urwüchsige Natur hier. Sie liefert Inspiration frei Haus. Man muß sie nur annehmen und verarbeiten können."

Das verglühende Licht des scheidenden Tages spielt mit blauen Schatten über die weißen Bauten des Badeortes und die schlanken Pappeln, und es fällt schwer, sich nicht in einer südlichen Landschaft zu wähnen. Zur Ordnung gerufen, kehren die Gedanken gehorsam zurück, denn wir sind immer noch im Norden Deutschlands, und die in Rot, Violett und Gold spielende Ostsee ist nicht das Mittelmeer.

Ich verweile vor dem breit hingelagerten Kurhaus, dem schönsten Bauwerk Heiligendamms, wahrscheinlich der ganzen Ostseeküste. Nicht weit entfernt von mir stehen Menschen, die nach ihrer Kur wieder irgendwo in den Fabriken, unter Tage oder in den Büros arbeiten werden. Sie schauen wie ich. Sicher kennen nicht alle unter ihnen die Gesetze der Architektur, doch auch sie empfinden die Schönheit dieses Werkes, denn sonst wäre ihr Blick der See zugewandt.

Es ist ein Kleinod, das hier von dem Landbaumeister Severin geschaffen worden ist. Vier Jahre, nachdem das Bad gegründet wurde, 1797, stand in Heiligendamm nur ein Badehaus, gebaut nach Plänen des Ludwigsluster Hofbaumeisters und Hauptmannes von Seydewitz. Es war ein einstöckiger Bau mit Satteldach und Aufbauten, später erfuhr er wesentliche Aufstockungen.
Nachdem Severin in Doberan so erfolgreich war, beauftragte ihn der Herzog 1814 neben dem Badehaus in Heiligendamm mit dem Bau eines Empfangs-, Gesellschafts-, Tanz- und Speisehauses zu beginnen. 1817 stand der schmucke Bau, so wie er sich uns von der Seeseite her zeigt.
Man darf dieses Haus heute nicht von der Landseite aus betrachten. Von dort ist es keine Empfehlung. Seine vielen zweckdienlichen Anbauten sind später willkürlich und regelwidrig angelegt worden. Für sie zeichnet aber auch kein Severin mehr verantwortlich.
Früher spielten sich Auffahrt und Empfang vor der Landseite ab. Es lag dort auch ein kleiner Teich, der aber zugeschüttet wurde.
Das Gesicht dieses Bauwerkes zeigt nach der See hin, und dieses Gesicht ist noch immer schön geblieben. Niemand hat es gewagt, die Anmut der Züge zu zerstören. Trotz seiner nicht zu leugnenden Vorliebe für die vertikale Linie, die durch die schlanken ionischen Säulen zum Ausdruck kommt, hat Severin die Horizontale betont und somit das herrliche Werk harmonisch in die Küstenlandschaft eingefügt. Wenn man das Wort „vornehm" ohne den faden Beigeschmack der Überheblichkeit versteht, so trifft es ohne Einschränkung auf diesen Bau zu. Seine erhebende und tröstliche Ruhe ist rührend, seine Harmonie wirkt wohltuend und läßt den Alltag vergessen. Ja, es ist immer Sonntag in Heiligendamm. Vielleicht ruft das weiße Kleid sämtlicher Gebäude diese Stimmung hervor.
Ich glaube allerdings nicht, daß das viele Weiß allein diese Wirkung ausübt, es ist auch der Stil, der sich um die klas-

sizistischen Linien bemüht. Kein späterer Baumeister wollte eine Disharmonie in den von Severin angeschlagenen Ton bringen, und so ist wenigstens die Harmonie in Weiß geblieben. Es ist bezeichnend für die Gültigkeit dieses Tones, daß sich selbst ein Baumeister wie Demmler an seinem Heiligendammer Gebäude scharfe Korrekturen gefallen lassen mußte. Er hat dies zwar nicht mehr erlebt, und da er ein Brausekopf war, so ist das auch gut, denn die einschneidenden Änderungen an seinem Werke, der sogenannten Burg, dem heutigen Haus „Glück auf", sind erst in allerjüngster Zeit vorgenommen worden. Die Architekten haben an der Ausführbarkeit der vielen Korrekturen stark gezweifelt, und sie hätten den großen Bau mit den vielen Türmen und Zinnen am liebsten abgerissen, doch es soll ihnen gern bestätigt werden, daß sie ihre Aufgabe trotzdem gut gelöst haben. Der Bau der „Burg" wurde 1848 von Demmler vollendet.

In den Jahren bis 1848 entstanden auch noch andere Bauten. Heiligendamm war in den Adelskreisen so beliebt geworden, daß unbedingt Wohnungen geschaffen werden mußten, denn nicht jeder mochte täglich den Weg von Doberan hin und zurück fahren. Zuerst wurde das Badehaus um drei Stockwerke erhöht, ein fast erdrückender Zuwachs für das schlichte und schöne Kurhaus daneben. Auf diese Weise wurden jedoch viele Zimmer geschaffen. Das platte Dach erhielt ein Eisengitter, so daß die Gäste jetzt aus lichter Höhe über den großen Wohld an der Straße nach Doberan und über die weite See schauen konnten. Gleichzeitig mit der Aufstockung des Badehauses entstanden westlich davon zwei Villen, die sogenannte Marien-Cottage, heute Haus Dresden und Haus Magdeburg. Diese Villen konnten von Badegästen gemietet werden. Dabei muß man sich vor Augen halten, daß es sich um Gäste handelte, die es sich leisten konnten; der kleine Mann fuhr nicht ins Bad, er badete in der Waschschüssel.

Noch weiter westlich von den Häusern Dresden und Magdeburg wurde eine Villa gebaut, die schon im Ge-

spensterwald liegt. Sie heißt heute Haus Weimar. Gebaut wurde sie als Absteigequartier für die Frau des Großherzogs Paul Friedrich.
In der zweiten Hälfte des 19. Jahrhunderts entstand der östliche Teil Heiligendamms. Dieser Teil besteht aus einer Reihe völlig voneinander verschiedener Villen, und dennoch fällt keine aus dem Rahmen. Sie sind von grünem Rasen umgeben, im Hintergrund steht der Wald. Ihre Fassaden, Fenster, Erkerchen und Türme sind vielgestaltig, und doch verletzen sie das Schönheitsempfinden nicht, wenn der Fachmann vielleicht auch etwas auszusetzen haben sollte. Grazie schwingt in allen ihren Linien.
Dem Kurhaus unmittelbar gegenüber lag fast im Wasser ein würfelförmiger Pavillon, auf dessen Dach eine Wendeltreppe führte. Eine Brücke zum Lustwandeln in der reinen Seeluft war weit ins Wasser hineingebaut. Sie wurde gern aufgesucht; auf ihr standen auch Bänke zum Ausruhen. Zuweilen konnte die Hofgesellschaft mit der großherzoglichen Fregatte Lustfahrten in See machen, heute bereitet ein Kutter allen Badegästen ohne Unterschied ähnliches Vergnügen.
Die Badeschaluppen wurden noch immer fleißig benutzt. Man erzählte sich, daß sie einst auch ein stotternder Baron bestieg. Als er im Bade saß und sich der Badediener um ihn bemühte, rief er: „T-t-t-t ...“
„Jawohl, Herr Baron“, antwortete der kräftige Diener und tauchte den Herrn tief ins Wasser. Als dieser prustend wieder hochkam, rief er, sich die Augen reibend: „T-t-t-t-auu-chen ...“ „Jawohl, Herr Baron“, sagte der Diener und tauchte ihn abermals. Wieder kam der Badegast prustend hoch, und nun gelang es ihm endlich zu rufen:
„T-t-t-auchen haaat miir der Arzt verboten!“
„Dat harden S’ mi ok glieks seggen künnt, Herr Baron“, war die Antwort.
Um die östlichen Bauten Heiligendamms ausführen zu können, mußte das Herrenbad noch weiter nach Osten

verlegt werden. Es wurde sehr komfortabel eingerichtet. Für Epileptiker und Gelähmte waren wieder Stühle vorhanden, auf denen sie an Flaschenzügen ins Wasser getaucht werden konnten.
Am Strande arbeiteten die Maurer unterdessen fleißig an der Vollendung der Villen Perle, Greif, Möwe und Seestern. Sie heißen heute derselben Reihenfolge nach Maxim-Gorki-Haus, Käthe-Kollwitz-Haus, August-Bebel-Haus und Walther-Rathenau-Haus. Die Perle erhielt zur monarchistischen Zeit noch einen Anbau.
Nachdem das Haus Seestern fertiggestellt worden war, wurde ein großer Platz für ein Restaurationsgebäude bestimmt. 1858 waren auch die Häuser Anker und Bischofsstab vollendet. Diese beiden Villen heißen heute John-Brinckman-Haus und Fritz-Reuter-Haus. Die Restauration wurde nicht gebaut, dafür entstanden an ihrer Stelle die Villen Schwan und Hirsch, jetzt Rosa-Luxemburg- und Karl-Liebknecht-Haus. Das Max-Planck-Haus hieß Charlottenhof und scheint ebenso wie das Haus Berlin, das ehemalige Grand Hotel, später gebaut worden zu sein.
Im Laufe der Jahre wechselten die Gebäude oft ihre Besitzer. Reiche Fabrikherren, Inflationsgewinnler und schließlich die Herren des Dritten Reiches machten sich die Villen durch Kauf oder Beschlagnahme zu eigen und feierten dort turbulente Feste, bis die Häuser im letzten Krieg ihr weißes Kleid ablegen und sich tarnen mußten. Danach verödete ihr Inneres, der Wind strich durch die zerstörten Fenster, und der Regen tropfte durch die Decken. Eines Tages aber änderte sich alles.

Freude erwartet dich hier

Über dreißig Jahre unter Tage gearbeitet, also rund 10000 Tage Erz und Kohle gefördert, hat mancher Bergmann, der zum erstenmal in seinem Leben bei Heiligendamm die Ostsee sieht.

Ich stand neben einem solchen Mann. Er war trotz der schweren Arbeit schlank und breitschultrig und hatte ein Gesicht, zu dem man sofort Vertrauen faßte. Wegen chronischer Erkrankungen der Luftwege sei er von der Sozialversicherungskasse nach Heiligendamm geschickt worden, erzählte er mir.

Wir standen beide vor dem Säulenportal des Kulturhauses, und er fragte mich, was die blauen Bilder darstellten. Er meinte die weißen Reliefs auf blauem Grunde über der Säulenhalle, und ich erklärte ihm, rechts vom Eingang zeigen sie Söhne und Herolde des Poseidon und der Amphitrite, halb Mensch, halb Fisch, auch Pferde und Fische, also griechische Sagengestalten, und links Töchter des Meeresgottes Nereus. Der Mann schwieg. Ich wußte nicht, ob er noch zuhörte, da er aber weiter interessiert hinsah, erklärte ich, daß die Gestalt über dem Eingang die Göttin der Gesundheit und Tochter des Äskulap, des Gottes der Heilkunde, sei.

„Und wie heißt das da?“ Er wies auf die Inschrift über dem Säulenportal. Sie lautet:

HEIC TE LAETITIA INVITAT POST BALNEA SANUM

Freude erwartet dich hier,
entsteigst du gesundet dem Bade.

Als er die Übersetzung durchdacht hatte, beugten sich die breiten Schultern des Mannes. Wortlos nickte er und ging fort.

Ich lernte eine alte Einwohnerin von Heiligendamm kennen, die erzählte mir: „So sauber und gepflegt, so reich an Blumenschmuck war Heiligendamm noch nie.“

„Wie war es denn damit in der Fürstenzeit und in den dreißiger Jahren?“

„Ach vertellen S’ mi doch nix, ick bün all oewer föftig Johr hier! Und ich habe doch Augen! Die kamen hier für drei Monate mit ihren Wagen vorgefahren, sorgten durch die

Polizei dafür, daß sie unter sich bleiben konnten, und dann waren sie wieder weg!"
„Und dann?"
„Und dann? Und dann blieb alles liegen bis zum nächsten Jahr. Ja, so seeg dat ut!"
1947/48 nahm der Freie Deutsche Gewerkschaftsbund die Pflege des Bades Heiligendamm in die Hand. Wie es damals aussah, möchten Sie erfahren? Trostlos! Sie wissen ja aus eigener Erfahrung, wie Bauten, um die sich niemand kümmerte, in den Jahren nach dem Kriege aussahen.
Nun wurde renoviert, umgebaut, eingerichtet, und es wurden Straßen gepflastert, denn bisher gab es nur sandige und lehmige Wege, die bei Regenwetter besser in Gummistiefeln als in Straßenschuhen zu begehen waren. Wer bisher das Bad aufsuchte, hatte über Wagen verfügt und war nur zur Sommerzeit gekommen. Es mußte auch Personal geworben werden, und dann konnten die Genesungs- und Heilkuren wieder beginnen. Endlich! Nach langen Jahren wurde aus Heiligendamm das, wozu es Professor Dr. Samuel Gottlieb Vogel aus Rostock mit wärmster Unterstützung des großen deutschen Arztes W. Ch. Hufeland aus Thüringen ursprünglich vorgesehen hatte, nämlich ein Kurort für kranke Menschen.

Es sind heute nicht nur erkrankte Bergleute, die durch das Kursystem des FDGB ins Sanatorium für Werktätige kommen und in den weißen Häusern der ehemaligen mecklenburgischen Fürsten und ihres Adels Genesung finden, sondern es sind Männer und Frauen aus allen Berufen, auch Rentner.
In der Hauptsache werden in Heiligendamm Hautkrankheiten behandelt aber auch unspezifische Erkrankungen der Atemwege und Herz- Kreislaufleiden. Alle Patienten gelten als chronisch krank.
Neben den Möglichkeiten der Physiotherapie, sind es besonders seeklimatische Faktoren, die den Genesungsverlauf günstig beeinflussen. Heiligendamm liegt dafür an

einer äußerst vorteilhaften Stelle der Küste. Die therapeutisch günstigen Westwinde können nahezu ungehindert einfallen.
Einer der Chefärzte von Heiligendamm sagte: „In der modernen Medizin spielen die von einer verantwortlichen Staatsführung gelenkten und unterstützten Maßnahmen des vorbeugenden und fürsorgenden Gesundheitsschutzes eine große Rolle. Vorbeugung und Heilung können in einem Seebad durch Klimafaktoren und durch vorbeugende Maßnahmen mit natürlichen, der Natur verbundenen Kurmitteln erzielt werden. Ein alter Richtsatz der Naturheilkunde – diejenigen Kräfte, die in der Lage sind, die Gesundheit zu erhalten, sind auch imstande, viele Krankheiten zu heilen – findet gerade hier seine Bestätigung. Diese Heilschätze der Natur kennenzulernen und sie zum Wohle unserer Patienten in den Dienst der Volksgesundheit zu stellen ist unsere Pflicht.“
Bereits 1957 wurde in Heiligendamm eine Außenstelle des Forschungsinstituts für Bioklimatologie, Berlin Buch, errichtet. Außerdem gibt es eine Außenstelle für Thalassotherapie (Meeresheilkunde) des Forschungsinstituts für Balneologie (Bäderlehre) und Kurwissenschaft, Bad Elster.
Kuren finden ganzjährig statt, und die Patientengruppen werden je nach Krankheitsbild unter Berücksichtigung der Jahreszeit zusammengestellt. Die Außenstellen in Börgerende und Kühlungsborn mitgerechnet, gab es beispielsweise 1978 rund 84 Kurgänge mit 12 000 Patienten. Insgesamt verfügt das Sanatorium für Werktätige über 260 Mitarbeiter. Davon sind neun Ärzte, rund 30 Schwestern, etwa 20 Therapeuten, und ein Diplompsychologe ergänzt das medizinische Personal.
Der Beobachter kann während des ganzen Jahres in und um Heiligendamm Gruppen von Leuten und einzelnen Personen begegnen, die geruhsam oder in schnellerer Gangart die Landschaft abschreiten, direkt am Strand, hinter dem schützenden Deich, neben windbrechenden

Hecken oder im Wald. Bei meinem Vater heißt es: „Kuren an der See sind während des ganzen Jahres zu empfehlen, erst recht im Winter. Bei Sturm und Eis etwa, wenn draußen der Nordost über die graue See gefegt kommt? Auch dann! Besonders Katarrhe und Drüsenkrankheiten heilen in windreichen und sonnenarmen Wintermonaten besser als in sonnigen Sommermonaten. Bereits 1875 sagte der Klimaforscher Dr. Cazin: ‚Ein Winter am Meer ist so viel wert wie zwei Sommer.'

Glauben Sie es, daß Sie aufgekratzt sind, wenn Sie bei rauhem Wetter eine längere Strandwanderung gemacht haben? Die wie Champagner prickelnde Luft verfehlt ihre Wirkung in keiner Jahreszeit. Sie erreicht, daß der Mensch sich jung fühlt und daß sein Appetit auf Lebensleistung wächst.

Ein Einwand muß allerdings gelten: Seekuren sind im Prinzip nicht zu empfehlen bei schweren Herzerkrankungen, starken Schilddrüsenüberfunktionen, entzündlichen Erkrankungen der Nieren und Harnwege, Gallensteinanfällen und nach einigen anderen Krankheiten. Für solche Patienten ist ein Aufenthalt an der See aber auch im Sommer nicht ratsam."

Die Gestalt der Landschaft ist es, die eine natürliche Dosierung bioklimatischer Reize zuläßt. Gruppentherapie, Trainingsbehandlung und die Mittel der Physiotherapie ergänzen das Kurprogramm. Die aktive Behandlungsform steht in Heiligendamm im Vordergrund.

Und ganz sicher kommt auf indirektem Wege jedem Patienten zugute, daß größtes Augenmerk auf den denkmalspflegerischen Aspekt gerichtet wird. Die Leitung des Sanatoriums mißt den Fragen der Werterhaltung und der Rekonstruktion große Bedeutung zu, übt doch das Ensemble der historischen Bauten und der gegenwärtigen gärtnerischen Gestaltung des weißen Kleinods einen außerordentlich günstigen Einfluß auf das gesamte Kurmilieu aus. Man kann sich denken, daß die relative Großräumigkeit des Ortes, die rund 36000 Quadratmeter

Rasenfläche, das Fehlen von urbanen Faktoren und die vergleichsweise wenig strapazierte Umgebung den Kuraufenthalt angenehm und effektiv machen. Allerdings könnte eine Umgehungsstraße den Kurwert von Heiligendamm weitgehend erhöhen.
Wenn mein Vater in der letzten Auflage des Buches noch den Genuß von Meerwasser pries, dann mochte das damals vielleicht angehen. Er schrieb: „Nun stellen Sie sich neben der prickelnden, herrlichen Champagnerluft auch noch den Genuß von Meerwasser vor. Schütteln Sie sich nicht! Es läßt sich trinken, und es ist bekömmlich.
Meerwasserkuren sind seit altersher volkstümliche Bräuche der Meeresküstenbewohner gewesen. England und Frankreich betreiben sie schon lange, auch Dr. Vogel in Heiligendamm und sein Nachfolger Dr. Sachse waren Befürworter der inneren Anwendung des Meerwassers. In diesem Falle waren sie sich mit den Ärzten des Altertums, mit Plinius und Dioskorides, einig. Diese beiden griechischen Herren wandten schon zu ihrer Zeit das Meerwasser gegen Verdauungsbeschwerden und als Abführmittel an. Und der Altmeister der Ärzte, Hippokrates, hatte es bereits lange vor ihnen gegen Erkrankungen und Verletzungen der Haut und gegen Geschwülste verordnet.
Jahrhundertelang und besonders im Mittelalter hatte man die Behandlung mit Meerwasser wieder fallenlassen, bis dann, wie schon erwähnt, Vogel und Sachse, vor ihnen der Engländer Russel und später der Franzose Quinton, eingehend den Wert solcher Kuren nicht nur theoretisch, sondern auch an Beispielen nachzuweisen versuchten und auch nachwiesen. Der Doberaner Badearzt Kortüm wollte allerdings nichts davon wissen und lehnte die Heilmethode als weder sicher noch angenehm ab.
Alle diese Versuche, mochten sie noch so widersprüchlich sein, hatten ihr Gutes, denn die Ärzteschaft wurde auf sie aufmerksam und wandte sich dem Problem, nämlich der Nutzanwendung des Meerwassers, wieder zu. Einig ist man sich heute noch nicht, doch das spielt eine untergeordnete Rolle.“

Nun, 1980 ist man sich einig, daß kein Arzt das Meerwasser von Heiligendamm, noch das eines anderen Ostseeortes, zur Trinkkur empfiehlt. Die Keimbelastung des Wassers läßt das nicht zu, obwohl sie wiederum nicht so hoch ist, daß ein epidemisches Geschehen befürchtet werden müßte. Ein zufälliger Schluck beim Baden schadet auch heute noch nicht.

Vogelrastplatz Conventer See

Sichtbar von Heiligendamm aus liegt ein unberührtes Vogelparadies, der Conventer See. Seinen Namen hat dieses fast unzugängliche Gewässer nach dem Convent der Zisterzienser Mönche erhalten, der ihn befischte. Wenn man auf dem Heiligen Damm steht und das Wiesen-, Moor- und Seengebiet landeinwärts betrachtet, so sieht es aus wie eine zum Teil entwässerte Bucht der Ostsee, und in der Tat, vor 7000 Jahren rauschten dort noch die Wogen der See. Als vor 7000 bis 5000 Jahren das Wasser während der Litorinazeit weiter ins Land rückte, flutete es auch in diese Niederung. Langsam schob sich die See dann durch Steine und Geröll selbst einen Riegel vor, den sogenannten Heiligen Damm. So wurde die dahinter entstandene Bucht zuerst ein Haff und später ein See, der sich allmählich zum großen Teil mit Kalkschlamm füllte und vertorfte. Es wuchsen Ried, Weichholz und Bäume, und es wurde im Verlauf einiger Jahrtausende dieser See bis auf seine heutige Fläche eingeengt. Daß dort einmal die Urostsee brandete, ist längst durch Funde von Meeresmuscheln und -schnecken in der Tonschicht unter dem Torf bewiesen worden.
An einem Herbsttag, als die Wacholder- und Weindrosseln sich an den prallen goldgelben Beeren des Sanddornes gütlich taten und auf den Telefondrähten unzählige Stare saßen, die sich noch viel vor der Abreise zu erzählen hatten, machte ich mich auf, um an den Conventer See zu wandern.

Er liegt unmittelbar unter der Vogelflugstraße und wird von einer großen Anzahl verschiedener Arten als Rastplatz benutzt, während der urwaldartige Bruch und der dichte Schilfgürtel vielen auch als Nistplatz dienen. Schon aus diesem Grunde stehen der Strand mit seinem Sanddorn, der breit wuchernde Meereskohl, auch weitere Pflanzen und Blumen, wie überhaupt das ganze Gebiet um den Conventer See, unter Naturschutz.

Auf der dem Meer abgewandten Seite des Dammes sah ich kleine und auch größere Haufen blauer Steine. Es sind Kugelflintsteine, die für das Fliesenwerk in Boizenburg gesammelt wurden. Sie finden als Mahlsteine Verwendung, um Tone, Kaoline, Spate und dergleichen zu zermahlen. Früher wurde dieses Gestein aus den norwegischen Fjorden bezogen. Natürlich reiben sich die Steine in dem Mahlprozeß auch ab, so daß sie laufend ergänzt werden müssen. Die zu Fliesen verarbeitete keramische Masse geht dann als Qualitätsware nach Australien, Afrika, Südamerika, Dänemark, Italien, der Schweiz, der Türkei und

noch anderen Ländern. Auf diese Weise wandert auch der runde Stein aus Heiligendamm in alle Welt, da er als Mahlstein allmählich mit zu Staub vermahlen wird.
Kurz vor der Schleuse bog ich rechts vom Wege ab und ging in die Wiesen hinein. So weit ich auch lief und obwohl ich den See vom Damm aus schon hatte blinken sehen, war sein Ufer nicht zu erreichen. Morastige Wege, Wiesen, Bruch, Busch und Bäume und eine fast unheimliche Stille umgaben mich. Neben mir gluckste Grabenwasser. Am jenseitigen Ufer brach trockenes Knäckholz, vielleicht war ein Reh flüchtig geworden. Eine Rohrweihe strich lautlos ab, auch ein einzelner Reiher zog mit ruderndem Flügelschlag über mich dahin, doch das Ufer fand ich nicht. Ich lief weiter und weiter, endlich stand ich vor einer Behelfsbrücke aus Stangenholz, wie sie sich der Förster gelegentlich baut.
Vorsichtig tastete ich mich hinüber, Stille ringsumher, nirgends ein Laut. Den Weg, der von Doberan am Bach entlang durch den Großen Wohld an den Conventer See führt, kannte ich nicht.
Auf der anderen Seite des Grabens lag zwar ein kleiner Wall, doch dahinter erhob sich eine hohe und völlig undurchsichtige Schilfmauer, ein Eldorado für Fischotter, Sumpfhühner und Weihen.
An dieser Stelle gab ich es auf, das Ufer des Sees zu erreichen. So ging ich den langen Weg zurück, vorbei an den geduldigen Anglern bei der Schleuse, de ümmer up den' täuben, de noch kamen sall, bis nach Börgerende. Hatte mich die Landschaft bisher schon an die Nordseeküste erinnert, so vermutete ich mich bei Börgerende vollends an sie versetzt. Zu meiner Linken das rollende Meer, unter meinen Füßen der breite grüne Deich und zur Rechten die weiten fetten Marschwiesen. Am Strand lagen einige auf Land gezogene Boote, fast wie das berühmte Bild von Vincent van Gogh sie zeigt. Die unendlich lange Häuserreihe von Börgerende, das wirklich „ohne Ende“ zu sein scheint, wagt sich bis unmittelbar an den Deich heran. An seiner

grünen Böschung könnte auch Theodor Storm gestanden und an den Schimmelreiter gedacht haben.
Wenn ich die Spekulation meines Vaters weiterführen darf, und wenn damals das weithin sichtbare und in seiner Massigkeit alles beherrschende Gebäude schon gestanden hätte – Storm würde sich gewundert haben, wer es so unverfroren in diese Landschaft gesetzt hat. Ich meine das FDGB-Ferienheim „Waterkant", das mit seinen 482 Betten 1976 in Betrieb genommen wurde. Nichts gegen Erholungsmöglichkeiten und Komfort! Aber dieser Klotz, der jeder Industrie- oder Stadtlandschaft zur Ehre gereichen würde, mit der herben Schönheit unserer Küstenlandschaft harmoniert er beim besten Willen nicht.
Ich war schon weit nach Börgerende hineingegangen, als ich immer noch keine Möglichkeit sah, das Ufer des Conventer Sees zu erreichen. Da riet mir ein Bauer, kurz vor dem nächsten Hause in einen schmalen Weg einzubiegen, dort sei der Fischersteig. Über schwappende Bretter kam ich an einen Graben, der durch einen Schilfgürtel ins freie Gewässer führt. Dicht am Ufer kletterte ich auf eine knorrige Weide und hatte so wenigstens einen kleinen Blick auf den See. Silbergrau, von Herbstböen leicht bewegt und vielen Wasservögeln belebt, lag er da; keine Menschenseele war weit und breit zu sehen noch zu hören, kein Ruderschlag und kein Kindergeschrei – wie ein Stück Urlandschaft aus ferner, ferner Vergangenheit, so zeigt sich um diese Zeit der Conventer See.
Als die noch reichlich vorhandene Vogelwelt keine Veranlassung zu Naturschutzgesetzen gab, veranstalteten die Fürsten im vorigen Jahrhundert während ihrer Besuche in Doberan als besondere Belustigung auf dem See Schwanenjagden. Sobald die Jungschwäne flügge waren, brachten die Fischer Boote an den See. Die Herrschaften bestiegen sie, und dann wurde eine wilde Treibjagd veranstaltet, die Musikanten in einem Boot begleiteten. Viele, viele Schwäne ließen dabei ihr Leben. Sicher wurden die Daunen verwertet, während das übrige verluderte.

Später traf ich den Ornithologen und Lehrer Heinrich Thorbeck aus Doberan, der den Conventer See in langen Jahren genau kennengelernt hat. Er arbeitet mit den Vogelwarten ins Radolfszell und Helgoland zusammen und führt regelmäßig seine Schüler und auch Rostocker Studenten in diese Niederung.
Heinrich Thorbeck erzählte mir, daß der Conventer See einst wegen der zahlreich dort brütenden Schwäne berühmt war. Ein einziges Schwanenpaar mit Jungen blieb davon übrig. 1952 erhöhte sich der Bestand wieder auf vier brütende Paare, und mehr als vierzig Schwäne belebten dann bald mit ihren in der Erregung so reizvoll gelüfteten Schwingen den See. Im Jahre 1957 waren es bereits an zweihundert dieser stolzen Vögel, die sich dort niedergelassen hatten.
In den Frühlings- und Herbstmonaten bevölkern Hunderte von Enten der verschiedensten Arten, viele Bleßhühner und etwas abseits von ihnen Gänse- und Mittelsäger die weite Wasserfläche, dem geübten Auge erst auffallend, wenn alle in einem rauschenden Schof aufsteigen und die Bleßhühner eilig auf der Wasserfläche dahinrennen, weil über ihnen ein Raubvogel kreist. Bis in den Herbst des Jahres 1952 hinein zog der Fischadler seine Kreise, doch eines Tages lag der große Freibeuter tot im Schilf.
Ein Graureiher, der alte Wildfischer, rudert krächzend herüber und fällt in die Zitterpappel ein. Möwe und Seeschwalben, unter ihnen die seltene Zwergmöwe und Zwergseeschwalbe, stellen sich ein, dazu die Raubseeschwalbe. Viele tausend Stare steigen im Herbst aus dem Rohrgürtel auf. Wie eine dunkle Wand verdecken sie einen Teil des Himmels, ziehen sich zu einem breiten Band auseinander, heben und senken sich und schwenken dabei mit verblüffender Geschicklichkeit ein, bis die Dämmerung diesem Schauspiel ein plötzliches Ende bereitet. Mit melodischen Flötentrillern steigt der große Brachvogel auf, und im Zickzackfluge fallen die Schnepfen ein, um mit dem Köpfchen in der Windrichtung am Wiesenrand auszuruhen.

Ein schönes Erlebnis bietet sich dem, der im zeitigen Frühjahr draußen den Sonnenaufgang erwartet. Singschwäne, Schicksalsvögel des Nordens, ziehen in schneeweißem Gefieder vorüber, und irgendwo hallt vom See her ihr heiserer Ruf.

Auf einer einzigen Wanderung von Althof durch Gärten, Wiesen, Felder und Wälder zählte Heinrich Thorbeck während der Zugzeit allein dreiundachtzig Vogelarten. Und im Jahre 1952 kam sein großer Tag. Mit seinem Freund Schewen beobachtete er zum erstenmal in der Geschichte der Ornithologie an der deutschen Ostseeküste eine brütende Steppenweihe. Nach beharrlichem Suchen fanden sie auch das Nest und hatten Gelegenheit, die Jungen zu beringen.

Diese Beobachtung erregte unter den Ornithologen in aller Welt Bewunderung und Anerkennung. Gelegentlich laufen auch Nachrichten aus weiter Ferne in Doberan darüber ein, daß wieder ein von Thorbeck beringter Vogel geschossen wurde; sogar aus Südafrika erhielt er von einem in Kessin bei Rostock beringten Storch Kunde.

Nur einen Teil von dem, was sich im Bruch und Schilf um den Conventer See verbirgt, wird das kundige Auge sehen. Sich selbst überlassen, würde der See bald zugewuchert sein. So arbeitet denn ein Bagger, um ihn vor der Verlandung zu bewahren.

Außer der reizvollen Landschaft um dieses Gewässer und dem leuchtenden Bad Heiligendamm lockt noch ein anderes Fleckchen Erde an unserer schönen Küste, das ist das unter diesem Namen wenig bekannte Land Cubanz; ihm wenden wir jetzt unsere Aufmerksamkeit zu.

Zuvor lassen Sie mich aber noch eine Ergänzung aus der Sicht des Jahres 1980 hinzufügen. Man hat das Gebiet der Conventer Niederung nicht sich selbst überlassen, und es ist auch nicht bei dem einen Bagger geblieben. 1966 wurde ein Gesamtprojekt beschlossen. Danach ist zunächst Wasser aus dem Hinterland zur Ostsee abgeleitet worden. Dem folgte die systematische Entwässerung der Niede-

rung. Und schließlich galt es, das Problem des Rückstaus der Ostsee bei Sturmfluten zu lösen. Gräben wurden gezogen, Deiche gebaut, ein Schöpfwerk errichtet und die Jemnitzer Schleuse mit einer neuen Anlage versehen. Granitblöcke verstärkten den Heiligen Damm, und der Conventer See ist auf zwei Meter Tiefe ausgebaggert worden und somit gesundet. Es liegt auf der Hand, daß das Vogelschutzgebiet erhalten werden konnte und die Moorgewinnung für das Stahl- und Moorbad in Doberan gesichert bleibt. Gleichzeitig sind saftige Wiesen für die Jungrinderhaltung entstanden, und überschüssiges Gras wird im Trockenwerk Doberan verarbeitet.

Kühlungsborn

Niebukow un oll Schausterstadt Kraepelin

Ein Ausgangspunkt zu den beiden Ostseebädern Kühlungsborn und Rerik ist das Städtchen Kröpelin. Es liegt wie Neubukow an der Strecke Wismar–Rostock.
Die Landschaft, in der diese Orte zu finden sind, war zur Slawenzeit das Grenzgebiet Cubanz im Lande der Obotriten. Die Grenze bestand aus dem Fulgenbach, an dessen östlichem Ufer das Land der Kessiner begann.
Wenn de oll Schausterstadt Kraepelin auch keine historischen Sehenswürdigkeiten, Baudenkmäler und Kulturstätten aufzuweisen hat, so ist sie doch erwähnenswert. Vorher aber sei Neubukows gedacht. Ohne den Einwohnern von „Rugenbukow" zu nahe zu treten, sei gestanden, daß der Markt zwar ein idyllisches Plätzchen ist, sonst aber findet sich im Städtchen zunächst wenig Sehenswertes. Doch so schnell gaben wir uns nicht geschlagen, und nach langem Blättern in den „Annalen der Geschichte" und Vertellers oewer dit und dat mit em un ehr kam doch etwas dabei heraus. So seien denn als erstes die Tatsachen notiert, daß Fürst Borwin am 2. August 1220 von dem benachbarten Alt Bukow aus die Strandräuberei an der mecklenburgischen Küste aufgehoben hat, der Kirchturm den Schiffern als Wahrzeichen diente und daher auf allen Ostseekarten verzeichnet ist, daß ferner bis in den Anfang des 19. Jahrhunderts hinein von der Stadt Schiffspässe ausgestellt worden sind, obgleich sie fast 5 Kilometer vom Strand entfernt liegt und nie einen Hafen besessen hat. Es ist nicht zu leugnen, daß dieser kleine Ackerbürgerort demnach eine Schifferstadt war. Niemand weiß genau, wie es dazu kam. Diese Merkwürdigkeit soll eine Überlieferung

aus den Zeiten der Hanse sein, und es galt in Neubukow nicht nur das lübische Recht, sondern der Ort lag auch auf halbem Wege zwischen Rostock und Wismar, Lübeck und Stralsund, so daß sich dort deshalb die hansischen Sendboten trafen, um ihre Angelegenheiten zu regeln. Als Hansestadt ist Neubukow aber trotzdem nicht in die Geschichte eingegangen. Geht man durch die engen Gassen, so sollte es niemanden verdrießen, ein paar Minuten bei der alten Wassermühle zu verweilen. Sie ist so alt wie die Stadt und hat ihren Besitzern durch den Mahlzwang stets einen guten Batzen eingebracht.
Am Pfarrhaus hängt eine Gedenktafel, und der Mann, dessen darauf gedacht wird, ist es allein schon wert, daß man sich den Namen des Städtchens um seinetwillen einprägt und ihn nicht wieder vergißt. Auf der Tafel steht, daß in Neubukow der Archäologe und Trojaforscher Heinrich Schliemann geboren wurde. Ein Jahr nach seiner Geburt zog die Familie nach Ankershagen bei Penzlin in der Neu-

brandenburger Gegend. Dem großen Sohn der Stadt zur Ehre wurde die neue Neubukower Schule nach Heinrich Schliemann benannt, und alle Jungen und Mädel aus Neubukow und Umgegend erhalten hier während ihrer Schulzeit ein reiches Wissen vermittelt.
Der Vater Schliemanns ist Pastor an der Kirche zu Neubukow gewesen, die mit ihren für die Übergangszeit von der romanischen zur gotischen Bauweise typischen Fensterschlitzen sehenswert ist. „Der Übergangscharakter", schreibt der hervorragende Kenner mecklenburgischer Kirchen, Professor Schlie, „zeigt sich am Äußeren besonders in der Verbindung romanischer Lisenen mit Stromschichtfriesen am Chor und mit abgetreppten Zickzackfriesen am Langhause."
Wie heute die meisten Kleinstädte, spielt auch Neubukow mit seinen Handwerksbetrieben und Geschäften für die Dörfer der Umgegend eine wichtige Rolle. Handel und Wandel werden weiter belebt durch die günstige Verkehrslage an der mitten durch die Stadt führenden Chaussee von Rostock nach Wismar und an der parallel dazu verlaufenden Eisenbahn.
Längst ist aus der Chaussee eine wichtige Transitstraße geworden. Weithin sichtbar sind die Anlagen des Kraftfuttermischwerkes. Im Ortsteil Berghausen werden von rund 400000 Hennen Eier aufs laufende Band gelegt. Kartoffellagerhallen und eine Schweinemästerei runden das Bild Neubukows als Agrarstadt ab, Wohnneubauten nicht zu vergessen.
Bei einem Aufenthalt kann man getrost die Schliemann-Gedenkstätte in der Mühlenstraße besuchen, die sich in den Räumen der dortigen Stadtbibliothek befindet. Auch ein Besuch des kleinen und gut gepflegten jüdischen Friedhofes wäre zu bedenken.
Übrigens wird als bedeutendster Sohn der Gegend einzig Schliemann angesehen. Aber unbedingt nennenswert ist in diesem Rahmen auch der sechsundsechzigjährige Professor Dr. Ewald Schuldt. Er ist Direktor des Museums für

Ur- und Frühgeschichte in Schwerin. Der international als Kapazität geltende Wissenschaftler stammt aus Mechelsdorf bei Rerik. Seine Zukunft wurde ihm nicht an der Wiege gesungen, denn er kommt aus einer Tagelöhnerfamilie und war früh Halbwaise. Wie ein Ortschronist berichtet, hat der junge Schuldt an Professor Beltz' Ausgrabungen am Reriker Schmiedeberg (s. Kapitel „Der geheimnisvolle Berg") teilgenommen. Der an der Urgeschichte interessierte junge Mann erhielt durch die veränderten Gesellschaftsverhältnisse nach 1945 die Möglichkeit, das Abitur zu machen, promovierte, wurde Professor und ist mit dem Nationalpreis geehrt worden. Aus seiner Feder stammen zahlreiche Aufsätze in Fachzeitschriften und Jahrbüchern sowie Monographien. Außerdem ist er der Herausgeber des Jahrbuches für Bodendenkmalspflege. Ich meine, wir sollten Lichter dieser Art, die in unserer Zeit zu leuchten begannen, nicht unter den Scheffel stellen.

Nach diesem Blick auf Neubukow wenden wir uns Kröpelin zu. Es ist der Ort mit dem Krüppel im Wappen. So ist das nun, andere Städte führen darin Schwerter, Lilien, Ritterhelme und Tore, während diese sich mit einem Krüppel begnügt. Wie mag das zustande gekommen sein? Der Name Kröpelin wird als Ort des Chropola, Kropola gedeutet oder mit Wachtelfeld, Krepelice Wachtel, übersetzt. Danach müßten also die ehemaligen slawischen Einwohner ihrem Ort den Namen nach dem zwar wohlschmeckenden, aber recht scheuen Feldhühnchen gegeben haben. Sehr wahrscheinlich klingt es nicht, doch möglich ist alles. Die Angelegenheit erhält aber Hand und Fuß, wenn wir eine jüngere Zeit betrachten. Die Ratsherren oder der von ihnen beauftragte Heraldiker haben sich nicht lange mit Wortdeutungen gequält, sie erklärten sich den Namen ihrer Stadt aus dem Plattdeutschen. Danach stammt es von dem Wort Kraepel, und das bedeutet auf hochdeutsch Krüppel. So entstand das Wappen. Die Erklärung kann jedoch beileibe keine Deutung des Namens sein.

Ganz anders die Sage. Sie berichtet von einem reichen König, der einem armen Krüppel so viel Land zubilligte, wie er an einem Tage umkriechen konnte. Der arme Schlauberger schnallte sich Rollen unter die Knie und an die Hände. So „errollte“ er sich ein großes Stück Land. Er gründete auf diesem Gebiet eine Stadt und nannte sie Kröpelin.
Urkundlich wird Kröpelin am 25. August 1250 zum erstenmal als Stadt erwähnt. An diesem denkwürdigen Tage erhielt es auch die Feldmark Wendland. Dies ist das Land zwischen der Güldenbäk und dem Althäger Bach, wo sich die letzten Slawen nach der Christianisierung niedergelassen hatten.
In Kröpelin galt wie in Neubukow das lübische Recht, und der Ort errang den traurigen Ruhm, wie bereits erwähnt, die erste Stadt Mecklenburgs zu sein, in der eine Hexe öffentlich verbrannt wurde. Kriege brachten viel Unruhe ins Städtchen, und nach dem Dreißigjährigen lebten dort nur noch vierhundertfünfzig Menschen. 1738 schoß ein

Musketier nach Spatzen auf dem First eines Strohdaches, und im Umsehen flatterte daraus der rote Hahn empor. In kürzester Zeit lagen 92 Häuser in Schutt und Asche. Mühselig wurde die Stadt wieder aufgebaut und ist 1774 erneut einem verheerenden Feuer zum Opfer gefallen, nachdem die Einwohner im Siebenjährigen Kriege bereits erbarmungslos ausgebeutet wurden. Während der Befreiungskriege jagten noch einmal die Franzosen durch die winkeligen Gassen, und dann war Ruhe.
Tiefe Ruhe, Biedermeierzeit. Wenn die Bürger mitten auf dem hochgelegenen Marktplatz standen, konnten sie in der Forst von Hundehagen die Füchse bellen hören. Alles löp sick von sülben trecht, blot de Paster hard sin Sorgen. Er erhielt von den Gehöften in der Stadt und aus den eingepfarrten Dörfern zwar regelmäßig die zu seinem Einkommen gehörenden Würste, nur deren nach Ofenkacheln gemessene Länge stimmte nicht immer. Und, o Wunder, nach solcher Feststellung läutete die Glocke am folgenden Sonntag vom Turm:

Dei korten Würst, dei mag ik nich,
dei langen, dei langen!

Kröpelin wäre im Lande nicht sonderlich bekannt geworden, wenn dort nicht die tüchtigen Schuhmacher gewesen wären. Seiner guten Schuhe wegen geriet Kröpelin in aller Mecklenburger Mund. Die Meister waren mit ihren Buden auf jedem Jahrmarkt. Einhundertzwanzig Meister, dazu zehn selbständige Schuhmacher und fünfzig Gesellen waren 1867 in der Zunftrolle eingetragen. So ist Kröpelin als Schausterstadt in guter Erinnerung geblieben, und als solche ist sie auch in die Geschichte des Landes eingegangen und in gewissem Umfang auch in die Gegenwart. Nur ist an die Stelle der vielen Handwerksstuben eine ansehnliche Schuhfabrik getreten, in der Maschinen die manuelle Arbeit größtenteils übernommen haben.
Heute hat Kröpelin besonders dadurch seine Bedeutung,

daß es Sitz der Agrar-Industrie-Vereinigung Pflanzenproduktion Kröpelin ist. Ihr gehören vier Genossenschaften der Pflanzenproduktion an sowie das Agro-Chemische-Zentrum, die Zwischenbetriebliche Einrichtung Melioration, der VEB Futterbetrieb, der VEB Schälbetrieb und eine Abteilung Schafhaltung. Der AIV ist eine Berufsausbildungsstätte angeschlossen. Das höchste beschließende Organ der AIV ist die vierteljährlich tagende Delegiertenversammlung.
Der gute Ruf der kleinen Stadt ist noch besonders durch ihr Handwerk begründet, und zwar durch das Kunsthandwerk. Hier hatte der Kunsthandwerker Professor Irmfried Liebscher in Kröpelin eine Heimat gefunden. Liebschers keramische Arbeiten werden nicht nur seit über 30 Jahren im Grassimuseum in Leipzig ausgestellt, sondern der Künstler ist auch der Verfasser des in über zweiundzwanzig Staaten verbreiteten Lehrbuches „Technologie der Keramik". Wie sehr Professor Liebscher Gestalter und Lehrer ist, mag auch daraus hervorgehen, daß er als Dozent für Baukeramik an der Fachschule für angewandte Kunst in Heiligendamm wirkte.
Nur wenigen wird es bekannt sein, daß Carl Malchin, der Maler der Heimat, in Kröpelin geboren wurde. Nachdem er seine Lehr- und Wanderjahre als Landmesser hinter sich hatte, fand er in Schwerin als Geometer eine Anstellung. Durch Vermittlung des Hofmalers Theodor Schloepke erhielt er ein Stipendium, um als 35jähriger in Weimar an der Kunstschule zu studieren. 1879 kehrte er mit 41 Jahren endgültig nach Schwerin zurück. Malchin hat mannigfache Motive aus der mecklenburgischen Landschaft und aus dem Leben der Bauern mit feinem Pinselstrich in sehr sorgfältigen Ölbildern auf Leinwand und Holz dargestellt. Seine Gemälde hängen in vielen Kunst- und Heimatmuseen Mecklenburgs. Es gingen also aus den beiden kleinen Städten Männer hervor, deren Ruf noch heute in der Heimat und der weiten Welt einen guten Klang hat.
Abschließend sei auf eine ungewöhnliche „technische"

Überraschung hingewiesen, die das Städtchen aber nur für den Autofahrer zur Verfügung hat. Fährt man auf der Fahrt durch Kröpelin über den Marktplatz weiter nach Rostock, so verschwindet zur allgemeinen Verwunderung die hoch über den Häusern stehende Windmühle entsprechend dem Tempo des Fahrzeuges in der Versenkung und bleibt verschwunden ... Eine Erscheinung, auf die Kraftfahrer den Neuling immer wieder gern aufmerksam machen.

In der Kühlung bei Sarah und Störtebeker

Es ist gar nicht so leicht zu begreifen, daß die eigene noch nicht ferne Jugendzeit schon zur romantischen Epoche der letzten Fußwanderer gehören soll. Mit einem Rucksack bepackt wanderten wir an die Küste, fuhren auch wohl bis Rostock, Doberan oder Wismar mit der Bahn, um dann aber auf Schusters Rappen weiterzuziehen. Heute ‚rad- und autowandert' man. Nun gut, die Schönheit der Landschaft ist geblieben, und die Hauptsache ist, sie wird bei dem höheren Tempo nicht ganz übersehen. Das wäre auf jeden Fall sehr schade wegen des Anblicks der Kühlung, des schluchten- und höhenreichen Waldgebietes links und rechts der Straße zwischen Kröpelin und Kühlungsborn.
Als ich zum erstenmal, von Kröpelin kommend, an Jennewitz vorbei nach Diedrichshagen wanderte und den 120 Meter hohen Diedrichshäger Berg erkletterte, war ich ergriffen von der vor mir liegenden ungeahnten Schönheit des Küstenlandes. Ich saß ganz still auf einem Baumstumpf und schaute ins Tal. Es rührte sich kein Blatt, kein Vogel sang, lautlos war es ringsumher, ein sich im Unendlichen verlierender Himmel wölbte sich riesenglockenhaft über dem schönsten Teppich, den ich jemals sah, und an seinem Rande verlor sich das Tiefblau der See in der Bläue des Weltalls. Unter mir lagen hellgrüne Koppeln, blaugrüne Wiesen, gelbe Felder und rotgetupfte Dörfer, durchzogen von gelben, braunen und grauen buschumrandeten Wegen

und den dunklen Furchen kleiner Täler. Unglaublich schön und so friedlich war alles, daß man es sich kaum vorstellen konnte, wie dieser Friede und solche Schönheit von Menschen zerstört werden können. Und dennoch, aus der Ferne klagten Wismars und Rostocks Ruinen herüber!
So aber wie ich saß vor Jahren vielleicht einer auf einem Hügel bei Coventry, Kiew, Mailand oder Bordeaux. Sollten nicht endlich alle Menschen, die ihre Heimat lieben, sich brüderlich finden, um für immer die zerstörenden Waffen zu strecken?
Lange schaute ich ins Land, sah den Bastorfer Leuchtturm und weiter im Westen Rerik, die Halbinsel Wustrow und in fast 30 Kilometer Entfernung die Insel Poel liegen. Neubukow lag tief zu meinen Füßen, und aus weiter Ferne grüßte der Iserberg bei Grevesmühlen herüber. Am Horizont schimmerte wie ein blauer Streifen Holsteins Küste.
Später stand ich auf dem Leuchtturm mitten auf dem Signalberg bei Bastorf. Er liegt eine ganze Stunde von der Küste entfernt, doch so hoch, daß seine Blitze weit genug über die See durch die Nacht dringen. Zu seinen Füßen spiegelt sich der Rieden, ein Süßwassersee. Alljährlich im

Frühjahr und Herbst rasten auf ihm die vielen Zugvögel, einige brüten auch wohl später an seinem Ufer. Dieses Gewässer ist das Überbleibsel eines großen Haffs. Vor rund 7000 Jahren, als der Meeresspiegel der Ostsee noch nicht gestiegen war, grünten dort ausgedehnte Wälder, und noch heute legt die See an der Bugspitze immer wieder Torfstücke bloß.

So ein Stück gepreßter Wald zeugte über Tausende von Jahren von einer längst gewesenen Welt, von einer Zeit, in der es grünte und blühte wie jetzt. Auch in der Kühlung selber fanden aufmerksame Sammler und Forscher Zeugen aus kaum noch vorstellbaren Jahrtausenden. Es sind Teile von Meerestieren, sogar Haifischzähne befanden sich darunter.

Diese Lebewesen mögen wohl in der Urwelt gelebt haben, als auch die gebirgige Kühlung noch flach und von der Ursee überspült war.

Dann haben starke Kräfte im Innern der Erde die Landschaft hochgedrückt und die Kruste zerrissen und zerfurcht. Sie hat sich seitdem wenig verändert, denn die nordischen Gletscher haben zur Eiszeit nur wenig daran hobeln, spalten und glätten können.

So enstand diese ungewöhnliche und reizvolle Gebirgslandschaft, wie wir sie in Norddeutschland sonst nicht kennen. Inzwischen ist der Urwald aufgeforstet, doch seine schluchtenreichen Regionen erinnern noch an Zeiten, als Wolf und Bär, Luchs und Wildkatze dort heimisch waren.

Heute sprechen wir von Grund- und Endmoränen, von Stein- und Bronzezeit, doch früher, als sich die Leute noch abends um das gespenstisch flackernde Herdfeuer versammelten, erzählte man sich vielsagend vom Wirken der Riesen. Sie und keine anderen sind es danach gewesen, die diese Höhen in der Landschaft schufen.

Das geschah damals, als die Ostsee zugeworfen werden sollte und die Frauen der Riesen mit Erde und Geröll in ihren Schürzen angestampft kamen, doch beim Anblick des vielen Wassers ihr nutzloses Unterfangen einsahen und ihre Last fallen ließen, wo sie sich gerade befanden. So soll die hügelige Kühlung entstanden sein ...

Der Buttweg bei Kühlungsborn, so genannt wegen seiner vielen Hagebutten, führt auf eine Höhe, die einst das Schloß Gammelin getragen hat. Der kleine Bach, der um den Berg murmelt, könnte davon erzählen, denn er diente den Bewohnern einst als guter Schutz. Das Schloß liegt, von Ketten gehalten, in diesem Berg, und Jungfer Sarah, die letzte Besitzerin, wartet seit vielen hundert Jahren auf den Befreier.

Wenn der alte Kuhhirt von Wittenbeck noch lebte, könnte er einiges über die schöne Sarah erzählen. Sie schlossen beide einen Vertrag, nach dem der Hirte täglich die Kühe Rörick und Brunick, die der Jungfer gehörten, zusammen mit seiner Herde zu hüten hatte. Dafür erhielt er jeden Tag an einem bestimmten Stein sein Frühstück und eine Kanne Bier vorgesetzt. Am Johannistag bekam er alljährlich seinen Hütelohn! Leider ist Sarah nach des Hirten Tod keinen Vertrag mehr eingegangen, so daß nun niemand von ihr erzählen kann.

Dies wären nur zwei der vielen Sagen, von denen es in der alten Cubanze raunte. Vom verwegenen Becherstürzer, dem trinkfesten Störtebeker, ging manche Kunde von Mund zu Mund. Das kliffreiche Ufer, das Salzhaff und vielleicht auch der Rieden oder der Conventer See dienten seinem Schiff als Versteck, aus dem er in den letzten Jahren des 14. Jahrhunderts mit vollen Segeln hervorstürzte, um die dickbauchigen Koggen der Hanse zu kapern und die Stockholmer zu versorgen, bis dem Freund der Bedrängten die Hamburger Patrizier den Kopf vor die Füße legten.

Wenn die Möwen gellend kreischen und vom wilden Sturm wie weiße Fetzen ins Land verschlagen werden, wenn die schweren Wogen rollen und aus schaumigen Rachen das Kliff anbrüllen, dann scheinen noch immer die alten Sagengestalten durch die Cubanze zu geistern.

Bauer Wittholz und die 200 000 Ziegelsteine

Durch fruchtbare Wiesen schlängelt sich der Fulgenbach, von Reddelich kommend, zwischen Bollhagener Bruch und Wittenbecker Tannen gemächlich in die Ostsee. Er hat es nicht eilig, das war früher einmal, vor vielen tausend Jahren, als seine Wasser noch das breite Tal völlig einnahmen. Wenn man aber älter wird, so legen sich Sturm und Drang; auch die Streitigkeiten der Kessiner und Cubanzer, die zur Slawenzeit an seinem Ufer häufig ausgetragen wurden, sind vergessen. Längst herrscht Friede am Fulgenbach, und die saftigen Gräser und bunten Blumen blühen, solange es den Kühen oder Schnittern gefällt.

Dicht an der Mündung liegt Fulgen. Heute ist es ein Stadtteil vom langgestreckten Kühlungsborn, früher aber war es ein großes Dorf mit wohlhabenden Bauern. Das blieb es bis zum Dreißigjährigen Kriege. Damals hatten räuberische Kriegshorden sich über Kröpelin hergemacht, und als sie erfuhren, daß an der Mündung des Fulgenbaches auch noch ein fetter Happen zu holen sei, machten sie sich auf. In wenigen Stunden schwelten dort verkohlte Balken, wo einst stattliche Bauernhäuser und Stallungen standen.

Es dauerte lange, bis sich der Ort erholte, und seine einstige Größe hat er nicht wieder erreicht, bis um die Mitte des 19. Jahrhunderts noch einmal eine große Stunde schlug. In diesen Jahren lebte dort ein Mann mit einem hellen Kopf. Es war der Erbpächter Wittholz. Er hatte aus der Ferne die Entwicklung des Seebades Heiligendamm miterlebt und sich dabei seine eigenen Gedanken gemacht, bis er eines Tages zu der Feststellung kam: „Wat de oll Friedrich Franzen dor in Heiligendamm fardigkrägen hett, dat kann ick ok!"

Einer der Großherzöge hatte holländische Ziegler ins Land gerufen, die anfangs mit den mecklenburgischen Brennverhältnissen nicht zurechtkamen, so daß zweihundert-

tausend nicht einwandfreie Ziegelsteine an die Seite gelegt werden mußten.
Diesen Ziegelsteinen rückte Wittholz zu Leibe. Er nahm Verhandlungen auf, und vielleicht war der Ziegeleiverwalter froh, daß er die Steine los werden konnte, denn Wittholz erhielt sie für ganze 86 Taler.
„Wat will he blot mit all de Stein?" fragten die Nachbarn. Sie wurden es aber bald gewahr, denn in gar nicht langer Zeit stand auf dem Wittholzschen Grundstück ein stattliches zweistöckiges Logierhaus, und fortan konnten dort 70 Gäste wohnen.
Der Hof steht noch heute. Er liegt kurz vor Kühlungsborn als erstes Gehöft auf der linken Seite unmittelbar neben dem Bahndamm. Auch das weiße Gästehaus befindet sich noch dort, und auf der Scheune des Hofes dreht sich die Wetterfahne mit dem Namen des alten Wittholz.
„Wie will he de all satt kriegen?" fragten wiederum die erstaunten und etwas langsamer denkenden Nachbarn. Doch Wittholz war nicht der Mann, der seine Gäste hungern ließ, außerdem war er der festen Meinung, „dat Äten un Drinken Liew und Seel tausamenhölt!"
Bereits um die Gänseschlachtezeit zu Martini begann auf dem Wittholzschen Hof das Einpökeln, Swien würden afstäken, de ollen Häuhner güngen an 't Metz, 'ne fettmakt Kauh kreeg einen vör 'n Kopp, un de Hamel würden bi de Bein krägen. So hing zur Saison die Räucherkammer voller armdicker Mettwürste, und wer so ein richtiges mecklenburgisches Mettwurstbrot schon einmal zwischen die Zähne genommen hat, der weiß, daß es anschlägt. Speck, Butter, Eier, Schmalz – alles war da. Im Garten hatte die Frau mit den Dierns genügend Erbsen und Wurzeln, Kohl, Sellerie, nicht zu vergessen Zwiebeln und Petersilie, angepflanzt, so daß abwechslungsreiche Kost gereicht werden konnte.
Mit den Arendseer Fischern stand sich Wittholz gut, so daß für Heringe, Dorsch und Schollen gesorgt war. An Aalen hatte es auch keine Not, denn die gab es genügend im

Fulgenbach, und mit dem Müller ließ sich reden. Koem und Bier waren auch keine Mangelware. Kein Wunder also, daß die Gäste gern kamen! Die schlechten Wegeverhältnisse hinderten sie nicht.
Am Zaun aber stand Erbpächter Wittholz, die Daumen hinter die Weste geklemmt, und sah sich „dat Spillwark" an. Er war zufrieden, denn die kleine Ausgabe für die lädierten Ziegelsteine hatte sich reichlich bezahlt gemacht. Schon 1857 heißt es im neuen Badeprospekt: „Das Ostseebad Fulgen, 1 Meile von Doberan und ½ Meile von Heiligendamm gelegen, empfiehlt sich zur Aufnahme von Badegästen ergebenst. Er werden à Person per Woche für Bäder, Logis, Aufwartung und Beköstigung (table d'hote) 7,8 und 9 R-Thlr. je nach den gewünschten Zimmern berechnet, und tritt bei Kindern unter 10 Jahren eine Preisermäßigung ein."
Gelegentlich hat wohl der eine und der andere im benachbarten Brunshaupten und Arendsee gedacht, daß man es doch auch einmal mit Gästen versuchen könnte. Doch erst ein Vierteljahrhundert später machten die damaligen Brunshauptener den Versuch.

Am Ober- und Niederhag

Die Ortsnamen Fulgen, Brunshaupten und Arendsee geraten aus verständlichem Grunde nach und nach in Vergessenheit, denn inzwischen ist aus den drei Dörfern mit damals zusammen viertausenddreihundert Einwohnern am 1. April 1938 die Stadt Kühlungsborn geworden. Bei dieser Namensgebung standen die Kühlung und der Bach Cubanze Pate. Das slawische Wort Cubanz bedeutet auf deutsch Born.

Fürst Heinrich Borwin, der die Zisterzienser nach Doberan rief, gründete um 1210 das Kloster Parchow bei Kröpelin, und unter den Dörfern, die diesem Kloster zugeteilt wurden, war auch Bruneshovede, das dem Namen nach eine deutsche Gründung gewesen ist. Wahrscheinlich war es eines Bruns Hof. Zuverlässig weiß man es nicht, denn es wird auch die Möglichkeit in Erwägung gezogen, daß der Ort seinen Namen nach dem braun ins Meer ragenden Land haben könnte.

Parchow war ein Nonnenkloster der Zisterzienser, und zwar das erste in Mecklenburg. Die Insassinnen kamen aus dem Mutterkloster Arendsee in der Altmark. Brunshaupten, wie es mit der Zeit hieß, lag an der heutigen Cubanze- und Mitschurinstraße. In früheren Zeiten hieß der eine Teil Ober-, der andere Niederhag. Gemessen an den Hufen und an der Güte des Bodens lebten dort wohlhabende Bauern. Ihre Abgaben waren die üblichen; sie zahlten den Zehnten an das 1218 nach Sonnenkamp, dem späteren Neukloster, umgezogene Nonnenkloster und weitere Steuern an den Herzog. Für das Ablager des Fürsten lieferten sie zeitweise mit den Arendseern zusammen jährlich 2 Ochsen, 14 Schweine, 37 Gänse, 6 Tonnen Bier und 124 Scheffel Hafer für die Pferde.

Eine Sonderstellung nahm der Schulze von Brunshaupten ein. Wahrscheinlich handelte es sich bei der ursprünglichen Besetzung dieses Postens um Nachkommen eines Lokators, der die jungen Bauern von jenseits der Elbe geholt und

den Ort gegründet hatte. Dieser sogenannte Freischulze besaß gar das Recht, einen Pflug der Bauern und einen Kätner für seine Arbeiten zu beanspruchen. Weilte der Vogt aus Bukow oder ein anderer der herzoglichen Amtmänner im Dorf, wurden sie vom Freischulzen beherbergt und bewirtet.

Aus dieser Zeit sind bis auf die alte verwitterte Kirche keine Zeugen mehr vorhanden. Als wir an einem sonnigen Herbsttag vor dem grauen Gemäuer des alten Kirchleins standen, leuchteten die roten Blätter des wilden Weines bis auf das Dach hinauf, und die knorrigen Äste der umstehenden Bäume wurden vom Seewind leicht bewegt.

Es ist unendlich lange her, daß die klobigen Steine zur festen Mauer aufeinandergefügt wurden, und wiederum, wie so oft an der Ostseeküste, zeigt sich hier ein typisches Beispiel für die romanisch-gotische Übergangszeit. Da sind die Schlitzfenster in dem aus Feldsteinen im 13. Jahrhundert gebauten älteren Gemeindehaus, und da ist ein aus Feld- und Backsteinen erbauter „jüngerer Chor mit drei

Seiten aus dem Achteck, wie er der nachfolgenden Periode der Gotik entspricht".
Das Gemeindehaus wurde zur Zeit der Parchower Nonnen gebaut. Die Schlitzfenster waren anfangs noch ohne Glas, der Turm ist aus Holz, und er ist im Laufe der Jahrhunderte oft erneuert worden.
In den unruhigen Jahren des drei Jahrzehnte dauernden Krieges versetzte der Pastor Jakob Gletzel Kelche, Hostientellerchen und Weinflaschen an den Bürger Baltzer Heyden in Rostock; wer weiß, wie groß sein Hunger und die brennende Not waren? Nach wiederholter Beschwerde wurde das Kirchengut an den Amtsnachfolger zurückgegeben.
1725 wurde die silberne Oblatendose mit allem Kirchengeld und zwei vergoldeten Kelchen „von Kirchenräubern aus einem dicht mit eisernen Bändern und mit Schlössern verwehrten Blocke gestohlen, nachdem vorher gedachte Räuber sich unter der Kirchentüre ein Loch gebrochen und von inwendig beyde Thüren eröffnet."
Diese Truhe war zur Zeit des Dreißigjährigen Krieges schon einmal gestohlen worden und wurde auf einem benachbarten Felde wiedergefunden. Es heißt hierüber: „Leider in dem Jahr ist ein Verwegener des Dienstags vor Dionysi in der Nacht in die Kirche gebrochen, die lade mit allem vorat bis auf 11 weggestohlen, die lade auf dem felde entzwey geschlagen, alls herausgenommen, Undt die lade liegen lassen."
Die Kanzel wurde 1698 von Adam Hartig und einem Jungen gebaut. Sie arbeiteten daran 12 Wochen, und da Hartig plattdeutsch besser als hochdeutsch sprach, schnitzte er „Selig sind, die Gottes Wort *hüren* und bewahren". Auf den Fehler aufmerksam gemacht, verbesserte er das plattdeutsche Wort hüren in das hochdeutsche hören.
In dem alten Brunshaupten scheinen überhaupt die „Urplattdeutschen" beheimatet gewesen zu sein. Das lehrt ein Gang durch die Reihen des stillen Friedhofes. Da stehen auf den Kreuzen und Steinen die Namen Brodhagen,

Fründt, Godemann, Knüppel, Oldach, Suhrbier, Schriewer, Uplegger, Koppelmann, Käkenmeister, Mecklenburg und viele andere.

Von zwei Ehepaaren auf 80000 Besucher

Während sich im benachbarten Fulgen bereits seit Jahren ein gut gehender Badebetrieb abspielte, geschah in Brunshaupten in dieser Beziehung immer noch nichts. Endlich schlug im Jahre 1881 auch die Geburtsstunde dieses Badeortes. Rechnungsrat Eingrieber und Goldschmied Krüger nebst Gattinnen aus Schwerin kamen an einem prächtigen Sommertag bespannt in Brunshaupten an und stiegen beim Erbschmied Sengebusch ab. Dort wurden sie gastlich aufgenommen und mit des Leibes Notdurft und Nahrung reich versorgt.

So ähnlich steht es in den Aufzeichnungen eines Rechnungsrates geschrieben, der unermüdlich und erfolgreich schriftstellerisch für Brunshaupten warb. Seine von ihm und seiner Frau zur Erholung an die See gebrachte Tochter, die dort von ihrer Krankheit genas, erfreute sich 1959 in Hannover noch bester Gesundheit.

„Nu fangt oll Smitt Sengebusch woll liekstewelt so an as Wittholt in Fulgen", unkten die Nachbarn, vergaßen es aber nicht, dabei ein Auge auf die im Wasser am Ostrand des Waldes spadelnden Ehepaare Eingrieber und Krüger aus Schwerin zu werfen. Ne, ne, wo is't einmal maeglich, dachten sie. Kein Minsch wascht Haas un Vöß. Sie selbst stiegen nie in ihrem Leben in das große Wasser und waren doch auch glatt und schier.

Einer aber hatte für das Neue Verständnis, das war der Tischler Bünger. „Dit is'n Geschäft", sagte er zu seiner besseren Hälfte, „nun kannst wiesen, wat du för ne fine Koeksch büst", und Mutter Bünger übernahm die Kocherei für die immer zahlreicher ankommenden Gäste. Bald stand das Waldhotel „Bünger und Brümmer", denn ol Vadder

Bünger güng up Nummer Sicher un nöhm sick'n Kompanjon! Pastor Niemann, Kantor Lohff, Erbpächter Risch und sogar der Amtmann von Bülow standen ihnen zur Seite, und als sie erst einen Badeverein gegründet hatten, kam vieles in die Reihe.

Da nicht jedem Gast die kalte See behagte, heizte Vadder Bünger den Herd in seiner Werkstatt, ließ die Jugend tüchtig Wasser vom Strand herbeischleppen und richtete so das erste „Meerwasser-Warmbad" in Brunshaupten ein.

Es ging lustig voran, außerdem erfreute sich Brunshaupten des guten Rufes, ein völlig mückenfreies Bad zu sein. 1895 waren dort eintausend und 1900 bereits dreitausend Gäste. Immer mehr wurden es, denn was konnte es wohl Schöneres geben als ein Bad im wogenden, weiten Meer? Leider aber begann auch das Spekulieren. Grund und Boden wurden teurer und teurer, Spekulationsbauten schossen aus der Erde, Konkursanmeldungen waren nicht selten, und die Gläubiger machten lange Gesichter.

An dem ehemaligen Bülowweg, heute Straße des Friedens, der Straße nach dem benachbarten Arendsee, entstand ein Prachtbau nach dem anderen, zugeschnitten für anspruchsvolle Gäste. Doch es ist ein guter Charakterzug dieses großen Bades, daß es auch in der Vergangenheit dem wenigbemittelten kleinen Mann Urlaubsfreuden an der See ermöglichte.

Zu Beginn war das Badeleben noch ein wenig umständlich. Man badete in Badeanstalten, denn im Bikini im Wasser zu plantschen gehörte früher bekanntlich nicht zu den feinen Sitten, und am Strand lief man auch nicht im Badeanzug umher, sondern trug ein bis an die Knöchel reichendes Sommerkleid und den passenden Hut dazu. Die Männer waren mit einer „Kreissäge" aus Stroh bedeckt, oder sie hatten einen Panama aufgesetzt. Selbstverständlich lief niemand von ihnen in Hemdsärmeln durch die Gegend oder gar noch in kurzen Hosen. Man kannte es nicht anders und nahm lieber übermäßige Erhitzung in Kauf, als gegen die Sitten zu verstoßen.

Im Jahre 1895 konnte endlich eine Chaussee angelegt werden. Das gab zusätzliche Verdienstmöglichkeiten, denn bei guten Wegeverhältnissen konnte man den Pferden neben der üblichen Arbeit schon einmal eine Fuhre zumuten, so daß viele Pferdebesitzer gern zu einer Fahrt bereit waren. Bald fuhr während der Saison außerdem dreimal am Tage ein Postomnibus. Eine neue Chaussee nach Doberan entstand, Postagentur und Wasserleitung wurden gebaut, und bevor der erste Weltkrieg begann, war die Kleinbahnstrecke nach Doberan fertig geworden.
In den zwanziger Jahren entwickelte sich der Dampferverkehr. Von einer 300 Meter langen Brücke aus konnten Fahrten nach der dänischen Insel Moen, nach Fehmarn, Wismar, Travemünde, Heiligendamm und Warnemünde unternommen werden. Sturmfluten richteten zwar großen Schaden an, doch alles wurde immer wieder schnell in die Reihe gerückt. Ein prächtiges Kurhaus, kleine und große Gaststätten, auch intime Lokale waren längst vorhanden. 1928 wiesen Brunshaupten 21816 Besucher, Fulgen 120 und Arendsee deren 12012 auf, zusammen ergibt das die stattliche Zahl von 33948 Badegästen. 1931 sank die Zahl auf 26000, stieg dann aber 1935 auf 43000 und überschritt im letzten Jahr vor dem zweiten Weltkrieg die 46000. Nach dem Kriege begann in Kühlungsborn der Badebetrieb 1946 wieder mit fast 6000 Besuchern, und im Jahre 1957 tummelten sich bereits, bei 7000 bis 8000 Einwohnern, über 80000 Erholungssuchende in den Fluten.
Natürlich sind auch neue Ferienobjekte gebaut worden, und die Zahl der jährlichen Urlauber hat sich auf 100000 erhöht. Ganzjährig steht die 1972 erbaute Meeresschwimmhalle zur Verfügung.
Gerade an der Gegenüberstellung solcher Zahlen wird deutlich, in welchem Maße der Staat heute für die Werktätigen sorgt. Eine Reise ins Bad ist für alle zur Selbstverständlichkeit geworden, und es gibt nur die Frage: „Wohin reisen wir im nächsten Jahr?“
Das benachbarte Arendsee ist wahrscheinlich eine Grün-

dung der aus dem altmärkischen Arendsee gekommenen Nonnen. In fast schon legendärer Zeit ging die Kunde durch das Land, daß Herzog Heinrich, der Pilger im fernen Morgenlande, zwar in die Hände der Sarazenen gefallen, doch wohlauf sei. Das Glück war ihm hold gewesen, denn er wurde von den Heiden nicht ums Leben gebracht, sondern er war so etwas wie ein Kommandeur ihrer Palastwache geworden, sonst hätte er die Gefangenschaft wohl auch nicht über 20 Jahre ausgehalten. Aus Freude über die gute Nachricht von ihrem verschollen geglaubten Mann schenkte die Herzogin Anastasia, wie dies aus einer Urkunde des Jahres 1275 hervorgeht, den Nonnen von Sonnenkamp das Fischerdorf Arendsee mit allen dort lebenden Seelen. Es war ein Geschenk, das ihren Besitz kaum verringerte, denn viel war in dem armseligen Dörfchen nicht zu holen. Doch hatten sich die Nonnen für die Schenkung fleißig durch Gebete zum Besten des im Heidenland Gefangenen erkenntlich zu zeigen.
Als diese Urkunde ausgestellt wurde, bestand das Dorf

schon einige Jahrzehnte. Man hat dann im Laufe der Jahrhunderte nie wieder etwas von ihm gehört, es blieb bescheiden im Hintergrund. Der glänzende Aufstieg der beiden Dörfer Fulgen und Brunshaupten ließ es schließlich aber doch nicht ruhen. Fischer, Häusler, Büdner und Erbpächter begannen sich zu regen, und als erstes größeres Haus erstand in Arendsee das Strandhotel. Danach machte sich der Einwohner Moll ans Bauen. Geld wurde schneller flüssig, als man dachte, denn die Zinsen lockten. So wuchsen Hotels, Villen, Läden und Fremdenheime aus dem Boden, und vor dem ersten Weltkrieg waren bereits in den drei Badeorten über 17 Millionen Mark investiert. Damit das Unternehmen seine Ordnung bekam, nahmen in Arendsee der Badeverein und der Obervorsteher Borgwardt die Leitung in die Hand, so daß der weitere Aufbau planmäßig geregelt werden konnte und der Ort sich schnell entwickelte.

Aus diesen drei Gemeinden ist Kühlungsborn geworden, dessen Beliebtheit sich heute noch gesteigert hat. Auf der langen Seepromenade ist während des ganzen Sommers ein Kommen und Gehen. Der Strand ist voll von Erholung und Freude suchenden Menschen aus allen Teilen der Republik. Unmittelbar beisammen sind hier Licht, Luft, Wasser, Strand, Wald und die beliebten Kureinrichtungen. In kurzen Spaziergängen sind die herrlichsten Ausflugsziele an der Küste zu erreichen. In der stillen Lesehalle West mit Blick aufs Meer und im Konzertgarten Ost, ebenfalls mit einer Lesehalle, ist Platz für Gäste, die keine Freunde allzugroßer Betriebsamkeit sind. Auf den Gymnastikplätzen West und Ost und auf den Tennisplätzen recken und strecken sich die leicht eingerosteten Glieder der fröhlichen Urlauber, so daß diese Feriengäste nach wenigen Tagen wieder jung und elastisch über die Promenade schlendern und, sich in den Schaufenstern des Geschäftsviertels spiegelnd, das eigene Ich kaum wiedererkennen, so jung sind sie geworden.

Rerik

An den Ufern des Salzhaffs

Hünengräber auf dornbuschbewachsenen Hügeln und das Blinken der See zwischen verstreut liegenden Häusern über eine wellige Landschaft hinweg sind der erste Gruß, der dem Gast auf der Straße nach Rerik entboten wird.
Der Ort ist weder Stadt, noch Badeort, noch Dorf, er ist in reizvoller Weise alles zusammen. Er zeigt eine Reihe hübscher, von Gärten umgebener Häuser. An der hochgelegenen Straße liegt die Post, am tief hinunter führenden Weg ein Restaurant, dazwischen ein Bauernhof und vor den zum Haff absteigenden Terrassen das Kurhaus. In seinem Garten versteckt wohnt der Bäcker, weit von der Straße entfernt liegt die Schule, es gibt ein HO-Warenhaus, eine Buchhandlung und was ein kleines Gemeinwesen sonst noch benötigt. Sie sorgen für die Bedürfnisse der Einwohner. Es ist alles da, doch nichts drängt sich auf.
So wird der Gast auch in keine Richtung zu gehen gezwungen. Es gibt weder eine schnurgerade Promenade noch einen abgezirkelten Kurpark und auch keine Hauptgeschäftsstraße. Wohin sich die Schritte wenden, sie werden nirgends eingeengt, immer führen sie hinaus ins weite, schöne Land.
Rerik, erst 1938 zur Stadt erhoben, ist wohl eine der wenigen Städte, die sich nicht aus langen drei- oder vierstöckigen Häuserzeilen zusammenfügen, sondern fast jedes Haus steht einzeln für sich. Blumen und Büsche umgeben die Häuser, duftende Linden und flüsternde Pappeln umsäumen die Straßen.
Bereits seit Beginn des 19. Jahrhunderts wurde Alt Gaarz, so hieß Rerik früher, von Badegästen aufgesucht, und der

Ort entwickelte sich besonders in unserem Jahrhundert zu einem beliebten Familienbad. Man kannte dort keinen großen Aufwand, doch es war in Alt Gaarz gemütlich, und wer einmal die Ferien an seinem Strand verlebte, den zog es wohl wieder dorthin.

In den dreißiger Jahren wurde die vorgelagerte Halbinsel zu einem militärischen Übungsplatz ausgebaut. Gaarzer Hof, Blengow, Wustrow, Neu und Alt Gaarz wurden eingemeindet, und die neue Gemeinde erhielt den Namen Rerik. Da viele Angestellte untergebracht werden mußten, erforderte das einen erweiterten Wohnungsbau. Heute kommen diese Häuser der zivilen Bevölkerung zugute, und so ist aus dem großen Gebäude für ledige Offiziere ein schönes Landambulatorium geworden, über dessen Innenportal die Worte stehen:

Die Kunst zu heilen kann viele Leiden lindern,
doch schöner ist die Kunst, die es versteht,
die Leiden am Entstehen schon zu hindern.

Apotheke, Röntgenabteilung, Zahnstation, Labor und orthopädischer Turnsaal sind Einrichtungen unserer Zeit, dazu kommt eine Kranken- und Entbindungsstation mit zusammen vierundzwanzig Betten.

In der Nähe des Ambulatoriums liegen die Kinderkrippe, der Kindergarten und ein Kinderheim; in letzterem können achtzig Waisen oder erziehungsgefährdete Kinder untergebracht werden. Das Haus Meeresstern ist ein katholisches Kinderheim geworden. Nicht weit von diesen Einrichtungen liegt die Oberschule mit einem geräumigen Schulhof. Sie ist eine Anstalt mit modernen Unterrichtsmethoden; Werkbänke für den polytechnischen Unterricht, Fernsehempfänger im Schulklub und viele Musikinstrumente gehören heute zum Inventar der Goethe-Schule Reriks.

Unten am Haff pflanzten die Schulkinder 1956 auf dem Schwemmland viele hundert Pappeln, die natürlich keine leichten Lebensbedingungen haben, doch in gut zehn Jahren stand dort schon ein Pappelwäldchen, das den Ort noch mehr verschönert.

Der eigentliche Kern des Städtchens, wenn man will: das Geschäftsviertel, ist schnell durchlaufen. Linker Hand auf dem Wege zum Haff – denn Rerik liegt zugleich am Haff, das fast einem Binnensee gleicht, und am Meer – lag der einst die Kirche umgebende Friedhof. Er mußte in den dreißiger Jahren eingeebnet werden. Hitler, so hieß es, wollte an seinem Wege nach Wustrow keine Kreuze sehen.

Die wuchtige Ostseekirche ist in der Übergangszeit vom romanischen zum gotischen Stil gebaut worden. Ihr Turm, weit von der See her sichtbar, ähnelt dem Poeler, während die Schlitzfenster vor allen Dingen das hohe Alter bezeugen. Sie wird in der ersten Hälfte des 13. Jahrhunderts errichtet worden sein. Außer den nicht besonders erwähnenswerten Wandmalereien, Epitaphen und anderen Schmuckgegenständen sind eine romanisch-gotische Fünte aus Granit und ein eindrucksvolles Gemälde des Pfarrers Christian Liskow, von dem später noch die Rede sein wird, nicht zu übersehen.

Im kleinen Pfarrhaus verbrachte ein echter plattdeutscher Dichter und warmherzigen Befürworter John Brinckmans, der Professor Dr. Ernst Hamann, bei seinem Sohn den Lebensabend. Hamann schätzte Brinckman vor allem, weil dieser nicht nur in unverfälschtem Plattdeutsch dichtete, sondern auch auf die niedere Komik verzichtete.

Ernst Hamann selbst liefert durch seine Gedichte den Beweis, wie zum Herzen dringend tiefe, liebliche und hohe Lebensstimmungen in plattdeutscher Lyrik wiederzugeben sind. Seine Sprache ist so echt, wie sie nur einem von Jugend auf mit dem Plattdeutschen Vertrauten eigen sein kann.

An der Kirche vorbei führt der Weg ans Haff. An seinem Ende liegt breit und hoch der Schmiedeberg. Er ist der geheimnisvolle Berg Reriks, in dem „viele Kapitel“ der

Frühgeschichte Mecklenburgs vermutet wurden. 1935 befaßte sich damit der mecklenburgische Altertumsforscher Professor Robert Beltz.
Von diesem Hügel oder vom Kurhaus bietet sich ein ungewöhnlich schöner Blick über das Salzhaff und die vielgestaltige Küste bis nach Wismar.
Vom Fuße des Schmiedeberges erstreckt sich in Richtung Südwest die sieben Kilometer lange und zwei bis drei Kilometer breite Halbinsel Wustrow, altslawisch Ostrovu-Insel, in die Ostsee. Durch zahlreiche Feuersteinfunde ist ihre steinzeitliche Besiedlung erwiesen. Für die Annahme, daß Wustrow die Insel der Göttin Nerthus gewesen sei und daß in dem Teich der Insel ihr heiliger Wagen versenkt wurde, liegen keinerlei archäologische Bestätigungen vor.
Wustrow bildet zusammen mit der Küste das Salzhaff. Das Ende dieser Halbinsel läuft in zwei Landzungen aus, Kieler Ort und Kirchmeß benannt, die dazwischen liegende Bucht

nennt sich Kroy. Während die Landzunge Kirchmeß fruchtbar ist, besteht der sich mit der Düneninsel Langenwerder vor Poel entgegenarbeitende Kieler Ort aus Sand. Die Düne, die Wustrow im Nordosten mit dem Festland verbindet, ist 650 Meter lang und knapp 100 Meter breit. Sie liegt zwei Meter über dem Wasserspiegel und geht auf beiden Seiten unmittelbar in ein höheres Lehmufer über. Es ist also wahrscheinlich, daß diese Stelle einmal von der See durchbrochen wurde und später wieder versandet ist. Vom Erzählen her hat sich die Meinung erhalten, daß die Düne während der großen Sturmflut 1625 angelandet wurde. Zu gleicher Zeit sei der verbindende Erlenbruch zwischen Tesmannsdorf auf dem Festland und der wustrowschen Landzunge Reiherort weggerissen worden. Es ist aber anzunehmen, daß dies schon viel früher geschah, denn keine Aufzeichnung aus dem 17. Jahrhundert bestätigt solche Ereignisse.

Die Meeresküste ist durchweg steil und üppig bewachsen, während sich das fruchtbare Land zum Haff hin abflacht und in sogenannte Salzwiesen ausläuft. Die Landverluste sind durch die exponierte Lage der Küste zeitweise so erheblich wie auf dem Fischland. Die Bäume auf Wustrow wurden von Menschenhand gepflanzt, natürlicher Wald wächst dort nicht.
Das stille, flache Haff kann nur von kleineren Fischerfahrzeugen befahren werden. Es macht einen eigenartigen Eindruck, wenn sich die Boote im Salzhaff, durch die vorgelagerte Halbinsel geschützt, kaum bewegen, während knapp 200 Meter entfernt an der andern Seite der Landzunge die See ihre Wogen rauschend auf den Strand wirft.
„Es ist alles da, doch nichts drängt sich auf", mit diesem Satz meines Vaters ist Rerik wohl am treffendsten charakterisiert. Und ganz gleich, woher man sich dem von der silbernen Spange aus Haff und Ostsee eingefaßten grünen Kleinod auch nähert, eine Art Vorfreude und Neugier teilt sich dem Ankömmling mit.

Etwa 2500 Einwohner hat die kleine Stadt. Über 30000 Urlauber kommen jährlich hinzu. Und wer zählt die Tagesgäste! Trotzdem ist von landläufigem Urlaubsbetrieb fast nichts zu spüren. Das beruhigende Grün der Bäume und Büsche, die stillen Gärten und Anlagen scheinen alles zu dämpfen, was nach Amüsierbetrieb aussieht. Trotzdem kann man tanzen, Konzerte hören, ins Kino gehen, an Sportveranstaltungen teilnehmen. Nichts fehlt. Aber es drängt sich eben nichts auf. Hier ist kein Platz für kalte Protzigkeit von Villen und Pensionen anderer Ostseebäder. Selbst die in den letzten Jahren entstandene Bungalowsiedlung verletzt ästhetisches Empfinden nicht.
Rerik ist ein Fischer- und Bauerndorf gewesen. Es verleugnet diesen Charakter auch heute noch nicht. Alles scheint organisch gewachsen zu sein. Viel Gewese machen die Reriker nicht um sich.
Und doch, 15 Millionen Mark betrug 1978 der Jahresumsatz der LPG „Ostseewelle“, die sich mit der Tierproduktion

befaßt. Eine Großgärtnerei gibt es und die Fischer natürlich. Sie sind Nachbarn des Trainingszentrums der Segler, die am Haff Quartier bezogen haben, auf dem jährlich eine internationale Kinder- und Jugendregatta stattfindet. International sind auch die Handelsbeziehungen des „Landtechnischen Anlagenbaus“. Er exportiert in viele Länder. Hervorgegangen ist dieser Betrieb aus der ehemaligen MAS/MTS.

Wer will, kann im Heimatmuseum Entdeckungen machen. Es lohnt sich, denn es ist auf mecklenburgische Volkskunst und auf das gegenwärtige künstlerische Volksschaffen spezialisiert. Was müssen das für Menschen gewesen sein, die trotz bitterster Armut Aalfanggerät so herstellten, daß es auch noch kunstvoll aussah und noch heute vom tiefen ästhetischen Empfinden seiner Hersteller kündet!

Das alles ist Rerik und findet sich wieder in den Liedern der „Reriker Heulbojen“, dem Männerchor, dessen Gesang via Rundfunk, Schallplatte und Fernsehen weit über Haff und Land schallt.

Angefangen hatte die Zukunft des Badeortes 1946 mit dem Satz: „Lebensmittelkarten werden in Rerik auf gar keinen Fall umgetauscht.“ Wer denkt noch daran, wenn er in einer der gepflegten Gaststätten des Badeortes sitzt, deren Gütezeichen Gediegenheit in Bedienung, Ausstattung und Angebot sind.

Der geheimnisvolle Berg

Sie sind nun schon alle gestorben, die Fischer, Bauern und Tagelöhner, die im November 1872 die furchtbare Sturmflut in Alt Gaarz miterlebten. Die Gaarzer erzählten, daß das Meer damals große schwarze Bohlen aus dem Schmiedeberg herausgebrochen und hinweggetragen habe. Diese Angaben interessierten besonders den Altertumsforscher Professor Robert Beltz, und er beschloß, der Ursache des Gerüchtes nachzugehen.

Zuerst Burg-, dann Schloß- und später Schmiedeberg wurde der sagenumwobene zwanzig Meter hohe Hügel genannt, dem die See die Bohlen entrissen hatte. Professor Beltz hat lange über diesen Fingerzeig nachgedacht. Neben Arkona auf Rügen, so sagte er sich, gibt es nur bei Alt Gaarz unmittelbar an der weiten Ostseeküste einen solchen Burgwall, den dieser Hügel darstellt. Es ist sogar möglich, daß der Kirchplatz noch ein Teil des Walles ist. Auf jeden Fall berichtet die Sage, daß Kirche und Burgplatz durch einen unterirdischen Gang verbunden sein sollen. Um eine Burganlage handelt es sich bei dem Hügel gewiß, sagt es doch der Name des Ortes, denn da Burg auf slawisch mit garad, altslawisch gradu = Burg, übersetzt wird, dürfte Alt Gaarz wohl Alte Burg heißen. Bei wiederholter Betrachtung der Landschaft kam Professor Beltz zu der Überzeugung, daß neben der Burg, die früher die schmale Einfahrt zum stillen Hafen schützte, das in den Lorscher Annalen genannte emporium Reric gelegen haben müsse. Es heißt in diesen Annalen: „Bevor Gottfried heimkehrte, zerstörte er den Handelsplatz (emporium), der, am Ufer des Meeres gelegen, in der Sprache der Dänen Reric genannt wurde und seinem Reiche einen großen Nutzen durch Zahlung von Abgaben brachte.“

Bei vorsichtiger Schätzung mißt der Berg, so stellte der Professor fest, nur noch ein Zwanzigstel der ehemaligen Anlage, alles andere haben Sturm und Wasser nach seiner Meinung abgetragen und zerstört. Man hielt es deshalb für an der Zeit, mit den Nachforschungen zu beginnen, und im Jahre 1935 machten sich Professor Beltz und seine Mitarbeiter, Lehrer Bastian, der als Präparator bekannte Telephonist Hahn und der Facharbeiter Vick, an die Arbeit. Manche Zuschauer mögen sich damals wohl über die Männer gewundert haben, die scheinbar nichts weiter zu tun hatten, as nah oll Pottschürn un Knakens tau purren.

Die Ausgrabungen wurden nicht in horizontaler Abtragung vorgenommen, denn der Wall sollte als Zierde der Landschaft erhalten bleiben. Die Archäologen machten deshalb

Einschnitte, deren Wandungen auch die Profile des Aufbaues zeigten. Pfostenspuren wiesen deutlich auf eine Absteifung des Walles hin, und die Auftragungen ließen erkennen, daß es sich um zwei Bauperioden handelte. Ein straßenartig gepflasterter Streifen im Wall deckte einen Wehrgang auf, und eine bisher noch nicht beobachtete Eigentümlichkeit zeigte der Westteil. Dort ist der Wall durch starke Balken in vier Schichten übereinander mit Knüppelholz und Querbalken belegt. Im Südwesten buchtete die Anlage zu einer Bastion aus, die einen besseren Überblick über den Hafen gewährte.
Die Forscher wurden von dem starken Wunsch getrieben, endlich einmal einen slawischen Burgwall in Mecklenburg gründlich untersuchen zu können, was bisher noch nie geschehen war. Doch mehr als dies lockte die Möglichkeit, einen historisch nicht gleichgültigen Ort, verbunden mit einem Burgwall, zu finden. Dies geht aus einer Mitteilung hervor, die Professor Beltz den interessierten Einwohnern machte. Er verkündete überraschend: „Nicht den Ort einer Schlacht, einer Burg, einer Residenz haben wir gefunden, nein, einen Ort, der am Anfang unserer Geschichte steht, einen, mit dem eigentlich unsere mecklenburgische Geschichte beginnt, das ist der Ort, der den Namen Reric trägt.“ Nicht alle Wissenschaftler wollten dies bedingungslos glauben, doch die entfachte Begeisterung war so groß, daß sie die Bedenken übertraf.
Emporium Reric lag nach Ansicht des Professors auf dem östlich an den Schmiedeberg grenzenden Felde, einer sandigen, zum Haff hinuntergehenden Fläche. Es sollte jener Handelsplatz sein, von dem die Lorscher Annalen berichten.
Seit 1907 verfolgte Professor Beltz diesen Gedanken und kam zu dem Ergebnis: „Reric muß im Obotritenland gelegen haben, hier, bei Alt Gaarz, und nur hier haben wir unmittelbar an der See den Burgwall, der als Schutz der Handelssiedlung erwartet werden mußte. Die Lage von Alt Gaarz entspricht der von Hait-habu, und damit hat die

Gleichsetzung Alt Gaarz-Reric einen hohen Grad von Wahrscheinlichkeit erreicht."
Wie Heinrich Schliemann, so war auch Robert Beltz von einem ihn treibenden Entdeckerwunsch, einer Vorstellung erfüllt, und er behauptete, daß man in wissenschaftlichen Dingen ohne ein solches Bild vor Augen nicht auskommen könne. Als er am Abend vor der Ausgrabung mit seinen Mitarbeitern über das Feld ging, auf dem nach seiner Vermutung die gesuchte Stadt gelegen haben mußte, fanden sie Keramikscherben aus frühslawischer Zeit. Das war ein weiterer Hinweis für den Prähistoriker.
Am nächsten Tage begannen die Grabungen. Die Forscher entdeckten Brandstellen mit zurechtgeschlagenen, nebeneinander gesetzten Steinen, also Herdstellen. Es wurde auch nach Hauswänden gesucht, doch bis auf verbrannte Reste, verweste Balken und Pfostenlöcher entdeckten sie nichts derartiges. Aber sie fanden Gruben mit weggeworfenen Gegenständen wie Pfrieme, ein eisernes Messerchen, drei Spindelsteine, einen Schleifstein, Äxte, Kämme und Tierknochen vom Schwein, vom Rind und vom wahrscheinlich ebenfalls verzehrten Pferd. Merkwürdigerweise fanden sie nur wenige Knochenreste von Wild und keine Gräten von Fischen. In einem Topf befanden sich schwarzer Senf, Gerste, eine Ampferart und Fettspuren, auch eine zum Trinken dienende menschliche Schädelkalotte mit verheilten Schnittwunden wurde gefunden.
Ein aufschlußreicher Fund waren die Keramikscherben. Während eines Vortrages vor den Einwohnern erklärte Professor Beltz: „Die Reriker Keramik hat einen ausgeprägten Charakter. Es sind derbe Gefäße einfacher Formengebung, verziert mit flüchtigen Wellenlinien, sich schneidenden Geradstrichen, eingestempelten Mustern und Kerben, sicher einer Frühstufe angehörend; mit ihr zusammen sind auch solche von ganz anderem, scharfem Brand, dünner Wandung, profilierter Formengebung, bestverteilten gut durchgeführten Mustern gefunden worden. Nahe liegt die Erklärung, daß die erste Gruppe einheimisch

slawisch, die zweite eingeführt wikingisch ist. Auffallend war das Fehlen jungslawischer Keramik aus der Zeit des 11. bis 12. Jahrhunderts."

Diese Grabungen im Jahre 1935 haben zwar mancherlei Funde erbracht, doch etwas Sensationelles ergaben sie nicht, passen sie doch voll und ganz in den Rahmen eines gewöhnlichen slawischen Burgwalles. Das ungefähr ist die Meinung der heutigen Wissenschaftler.

Die Auffassung, daß durch Sturmfluten so bedeutende Teile von dem Schmiedeberg verlorengegangen sind, wie sie Professor Beltz angenommen hat, wird ebenfalls nicht mehr geteilt. Man macht sich von Funden an einem Ort wie dem emporium Reric heute auch eine andere Vorstellung, als es das Ergebnis der Grabungen von 1935 zeigte. Es gibt Wissenschaftler, die behaupten, daß das alte Reric an der Mündung der Schwartau in die Trave lag, auch die Oldenburg in Holstein wird dafür in Anspruch genommen.

Danach geraten also die Hypothesen von Professor Beltz ins Schwanken. Dennoch wird vermutet, und darin hat er recht, daß das alte Reric zwischen Trave und Fulgenbach, nämlich im Land der Obotriten, genauer der Rereger, gelegen haben muß. Die Behauptung, es sei am Salzhaff gewesen, ist allerdings umstritten.

Manches aus der Zeit der Grabungen ist in dem kleinen Heimatmuseum in Rerik aufbewahrt. Mit Liebe und Sorgfalt wurden wertvolle Funde gesammelt und von dem Lehrer Schröder zum Nutzen der Besucher gehegt und gepflegt. Dieser sachkundige und seine Heimat liebende Mann hat viele Stücke selbst zusammengetragen, sie geordnet und als greifbare Zeugen einer vergangenen Zeit gefällig zur Schau gestellt.

Wiederum muß ich einen Satz meines Vaters aufnehmen. „Auch ein Irrtum kann interessant sein". Im wesentlichen haben sich durch neuere Ausgrabungen und Funde zwei Meinungen bei den Wissenschaftlern herausgebildet. Die einen lokalisieren das historische Reric beim Dorf Mecklenburg und haben dort auch schon den Spaten angesetzt.

Andere stimmen Beltz ebenfalls nicht zu, vermuten Reric südlich vom jetzigen Rerik, aber auch nicht im Dorf Mecklenburg.

Wie dem auch sei, ich fragte einen alten Reriker, den Pädagogen Walter Carnein. Er ist als langjähriges Kulturbundmitglied und Chronist ein vorzüglicher Kenner seines Heimatortes, überdies leitet er das kleine Museum. „Rerik", sagt er, „Rerik, das ist erstmal unser Rerik. Wenn Sie aber das historische Reric meinen, tja, wer will das mit Bestimmtheit sagen! Es ist eine Tatsache, daß es entlang der Ostseeküste bedeutende slawische Handelsplätze gegeben hat. Das belegen Ausgrabungen in Ralswiek, Menzlin und Arkona, bei denen man sogar größere Mengen arabischer Münzen gefunden hat. Ein Blick auf die Karte genügt, um festzustellen, daß die bedeutenden Handelsplätze viele Kilometer landein gelegen haben. Sicherheitsinteressen waren dafür ausschlaggebend. Ich neige dazu, anzunehmen, daß das historische Reric weiter landein gelegen haben muß und wahrscheinlich mit der bei Dorf Mecklenburg gefundenen slawischen Siedlung identisch ist. Unser Rerik ist wohl eine Art Außenposten gewesen, dessen Bedeutung vor allem darin lag, Freund und Feind rechtzeitig anzukündigen."

Sollte sich Walter Carneins Hypothese als falsch erweisen, so ist auch sein Irrtum zumindest interessant gewesen.

Viel weiß der Ortschronist zu berichten. Das Konsumhaus ist zum Beispiel das einzige alte Gebäude im Ort, welches in der Urform erhalten ist. Als die armen Reriker in der Beherbergung von Badelustigen Verdienst ahnten, begann die große Zeit des Um-, An- und Ausbauens. Bis auf den heutigen Tag ist davon kein Ostseeort verschont geblieben.

Unaufdringlich lenkt Walter Carnein meine Schritte zur Kirche. „Stimmt alles, was Ihr Vater damals geschrieben hat, aber inzwischen ist von 1970 bis 1975 restauriert worden, und dabei hat man die herrliche Barockmalerei freigelegt, die Hinrich Greve 1668 anbrachte. Sieben Kalkschichten mußten teilweise abgetragen werden."

Füer, Füüer, Füüü-er!

Es mag um die Mitte des 16. Jahrhunderts gewesen sein, als ein junger Mann die Alt Gaarzer Landstraße entlang kam, um nach Arbeit zu fragen. Da es sich ergab, daß die Küsterstelle zu Alten Gaarz vakant war, wurde Severin Hellmich, so hieß der Fremde, mit diesem Amt betraut, zumal es sich herausstellte, daß seine Stimme wohlklingend war und daß er alle Tonlagen, die höchsten wie die tiefsten, vorzüglich beherrschte.

Sein Amtsantritt ließ sich gut an. Es wurde zwar viel gemunkelt, der neue Küster sei nichts anderes als ein großer Schlagetot und einem Heerhaufen entronnen, da man ihn sonst mit des Seilers Tochter vermählt hätte. Der aber, über den dies getuschelt wurde, kümmerte sich wenig um das Gerede. Er tat das Lebensnotwendigste, sang viel und schön, während durch die rohrgedeckten Dächer der Pfarrscheune und des Küsterhauses der blanke Mond und alle Sterne des Himmels schienen. So war der Küster Severin Hellmich wohl eine Zierde des Gesanges, doch das war auch alles, was an Gutem von ihm zu sagen war, und als eines Tages der Pastor Wipperdingk in aller Herrgottsfrühe durch die Kirche schritt, fand er zu seinem nicht geringen Entsetzen die Sakristei erbrochen und das für die Armen der Gemeinde gesammelte Geld gestohlen. Betrübt ging er nach dem Küsterhaus hinüber.

Es mag nun sein, daß dies unbewußt auf leisen Sohlen geschah oder daß Severin Hellmich angesichts seines Reichtums taub war, Wipperdink erwischte jedenfalls den Küster beim Zählen seines Raubes. Der Erzbösewicht erschrak – wie es Menschen mit schlechtem Gewissen zu tun pflegen –, als er unerwartet die Stimme des Pastors vernahm. Er sprang ans Fenster, dann besann er sich wieder und schwor dem Geistlichen, er wolle es nie und nimmer wieder tun, man möge ihm doch verzeihen, es solle derartiges nie wieder vorkommen. Wortlos nahm Wipperdingk das Geld vom Tisch und zeigte dem Schelm unmißverständlich die Tür. Hellmich schlich zögernd hinaus, während der Pastor zur Wedeme, dem Pfarrhaus, hinüberging.

Inzwischen hatte die Sonne ihre Tagesreise begonnen und machte sich auf, über das Haff zu segeln. Die Bauern waren auf dem Felde, die Ernte zu bergen, als einer von ihnen eine Stichflamme aus einem Katen im Dorf schießen sah, der sogleich eine qualmige Wolke folgte. Der Mann sperrte zuerst den Mund weit auf, bis er begriff, was da geschah, aber dann brüllte er, so laut er konnte: „Füer, Füüer, Füüü-er!" In weit weniger Zeit, als eine Böe vom Reiherort auf Wustrow übers Haff nach dem Kuhberg braucht, drang sein Ruf in aller Ohr. Die Bauern warfen die Schlagsensen hin, die Weiber rafften die Röcke, und querfeld rannten sie ins Dorf, jeder seinem Katen zu. Doch der Seewind, stets ein grausiger Kumpan der Flammen, hatte schon seinen Teil zur Zerstörung beigetragen, zumal das Feuer in berechnender Bosheit gelegt ward, so daß der rote Hahn von Dach zu Dach flattern konnte und grell am hellichten Tage den Kamm leuchten ließ.

Die Flammen heulten im Gebälk, Funkenregen sprühte, und die heiße Lohe versengte alles, was sich nicht in achtungsvoller Ferne hielt. Vergebens suchte eine schreiende Mutter ihre Kinder zu retten, eine bettlägerige Bäuerin verbrannte mit ihrem sich um sie mühenden Mann, und in kurzer Zeit zeugten nur glühende Balken und glimmender Schutt von dem noch vor wenigen Stunden friedlichen Dorf.

Zerknirscht und niedergeschlagen standen die Bauern an der Friedhofsmauer. Wat nu, dachte der eine, und worüm, der andere. Sie waren alle beisammen, und während sie hin und her überlegten, woans un wonäw dat köm, wurde die Frage laut: „Wo is denn de Köster?" und lauter: „Wo is de Köster?" Jäh drehte sich Pastor Wipperdingk um. „Dat wier de Füerböter!" rief er entsetzt.

Wortlos eilten drei junge Burschen, von allen Blicken gefolgt, nach dem Küsterhaus hinüber. Die Tür war ver-

rammelt. Sie brachen sie auf. Leer war das Haus, nur das Hoffenster stand weit offen. „Utneiht is he!“ riefen sie, und dann erzählte Wipperdingk, was sich am Morgen zugetragen hatte.
Erregt hörten die Bauern zu. Einer der Jungen sprang aufs Pferd und jagte durch die bereits heraufkriechende Nacht aufs Amt nach Bukow.
Es währte nicht lange, bis Hellmich eingefangen war. Doch der Galgenvogel sang nur kurze Zeit im Käfig, er war bald ausgeflogen und hielt sich über ein Jahr bei einem Hausmann in Detershagen verborgen. Als er dort endlich wieder aufgestöbert worden war, hob ein ellenlanger Streit zwischen dem Herzog, dem Herrn auf Detershagen, und der mecklenburgischen Ritterschaft an, wem die Gerichtsbarkeit über den Brandstifter zustehe. Ob er dann doch noch Hochzeit mit der hanfenen Braut gemacht hat, weiß die Chronik nicht zu berichten. Dafür steht in dürren Worten geschrieben, wie elend es in jenen Zeiten den Bauern erging, die durch Unglück, sei es Brand wie in Alt Gaarz, Hagel oder Krankheit, Haus und Hof verloren hatten oder ihre Steuern nicht mehr aufbringen konnten.
Die Dörfer um Alt Gaarz wurden vom Bauernlegen nicht verschont, so daß die Gutshöfe bald immer größer wurden. In Alt Gaarz legte der Herzog selbst die Bauern und erweiterte nach dem beschriebenen Brand mit dem Bauernland den Gaarzer Hof.
In Neu Gaarz befanden sich 1793 noch vier Halbbauernstellen, 1801 waren sie zu Kossaten- und Handkätnerstellen verkleinert, 1864 wurden sie vererbpachtet, was ebenfalls nicht umsonst geschah. In Blengow wurden 1850 drei Bauern „abgetrieben“, und aus ihrem Land wurde ein Hof gemacht.
1777 wurden alle noch freien Bauern und Kossaten im Dorf gelegt. Einige von den nunmehr Landlosen verbrachten ihren Lebensabend als Altenteiler im Gutskaten.
Auch in Wustrow wurde der Gutshof allmählich auf Kosten der Bauern vergrößert, es blieben aber doch noch einige

Hofstellen verschont. 1793 sind die noch Land besitzenden Bauern nicht nur nach Klein Wustrow verlegt worden, sondern ihre Zahl ist auch von elf Vollbauern, zwei Halbbauern und vier Kossaten auf insgesamt vier Hofbesitzer zusammengesunken. Selbst im Jahr 1838 wurde noch einer von ihnen gelegt, die drei andern mußten damit zufrieden sein, wenn ihre Höfe auf ein Viertel verkleinert wurden.

Ein Name mit gutem Ruf

Nachdem Königin Margaretha von Dänemark, Schweden und Norwegen, so erzählt eine fast vergessene Sage, von Sünden bedrückt gen Rom zur Buße gezogen war, wurde sie auf ihrem Heimweg beim Anblick der dürftigen Kapelle in Alten Gaarz peinlich berührt, und sie entschloß sich, dem Kirchspiel Mittel für einen Bußbau zu überlassen. Die ärmliche Kapelle ward darauf in eine stattliche Kirche verwandelt und für den Priester ein reichliches Salär ausgesetzt, so daß die katholischen Herren bis zur Säkularisierung wohl leben konnten. Die lutherischen Nachfolger aber hatten ein Leben wie der arme Lazarus zu fristen, denn fortan versiegte die Quelle aus barer Münze und um den ihnen zugeteilten Acker war es schlecht bestellt.

Einer, der trotz guten Willens deshalb in der Gemeinde nicht zurechtkommen konnte, war der Pastor Christian Wulf. Da er auch in der Vieh- und Ackerwirtschaft nicht zu Hause war, seine Ehefrau sich zudem gereizt und unfreundlich gab, zeigten sich die Bauern widerspenstig, und ihre Frauen sparten nicht mit groben Redensarten. So steht denn auch im Kirchenbuch zu Beginn seiner Amtszeit anno Domini 1631 geschrieben: „Selbiger Zeit ist wegen des betrübten Krieges gar keine Theilnahme am Gottesdienst gewesen, wegen Fliehung zum Teil nach Lübeck, Rostock und Wismar, auch die Kirche durch die Croaten ausgeraubt."

Zu allem Übel herrschte auf dem Hof zu Gaarz der wilde Rittmeister Graf Blume. Dieser ließ erbarmungslos Abgaben eintreiben und lebte dabei in Saus und Braus, als ob er der böse Feind selber sei. Sein Kornett, der die raubende Horde anführte, hatte es besonders auf die Pfarrei abgesehen, so daß diese nicht weniger als siebenmal ausgeplündert wurde, und dreimal führten sie unter Hohngelächter den Pastor gefänglich fort.

Hierüber schrieb Pastor Wulf: „40 Gulden, so ich Rittmeister Blumen, der auff Ihro Fürstl. Gnaden Hoff Gartz gelegen, Seinem Curnit wegen Lösung des Pfarrhauses gegeben, weil er gedreuet, so ihm diese 20 Rthlr. nicht gegeben würden, woll alle Zimmer desselben anzünden, haben mir auch darauff, bis nahin Cröplin gefenglich wegkgeführt wie Jedermänniglich bewust. Am heiligen drei Könige.

Und weil hernachen des dritten Tages Einquartierung gekommen, ist mir Rittmeister Blumens Quartiermeister Eingelegt mit 4 Knechten, Einem Jungen und 10 Pferden. Dem habe ich müßen 30 Gulden geben, daß er das Pfarrhauß nicht möge ruiniren und niederreißen neben andern Zimmern, wo Ihro Fürstl. Gnaden Unterthanen, allhie wohnend, geschehen, wie leider der Augenschein genugk außweiset.

Und weil ich denn, Leider Gottes: all mein Vieh und Korn habe müssen zusetzen, Bier und andere Victualien genug schaffen, all mein Hausrath ausgeplündert und zu nichts gemacht und solchen Schaden erlitten, daß es die meinigen bei Menschen lebezeiten schwerlich wieder verwinnen können, habe ich dieses mit solchem umständlichen bericht wegen leben und Sterben setzen wollen.“

Der tägliche Kampf gegen die völlige Zuchtlosigkeit der durch den Krieg verwilderten Menschen zerrieben diesen Pfarrer, so daß er eine leichte Beute für die Pest war, die über seinen geschwächten Körper herfiel und ihn 1639 hinwegraffte.

Kurze Zeit danach traf in Alten Gaarz ein junger Mann ein.

Er war stattlich gewachsen, so daß er bereits dem ersten Bauern auffiel, dem er über den Weg lief. Als es sich schnell herumgesprochen hatte, daß der Fremde der neue Pastor sei, wollten die Bauern es gar nicht recht glauben, auch nicht, als er im Chorrock in die Kirche schritt, denn seine Haltung war ungemein wehrhaft.

Dieser Pfarrer, Christian Liskow, stammte aus Prenzlau in der Uckermark und war 1614 geboren. Er studierte in Rostock zu einer Zeit, als Not und Trübsal die Menschen fast erdrückten.

Die Wittib seines Amtsvorgängers war keineswegs über den Nachfolger ihres Verstorbenen erfreut. Sie schlich sich heimlich in die Katen der ihr bisher nicht holden Bauern, um diese gegen den Neuen aufzuhetzen. Er sei nicht einmal richtig gewählt, führte sie gegen ihn ins Feld, bis sie sich bei einem der Bauern das lose Mundwerk verbrannte und zur Antwort erhielt, daß die Kandidaten in solchen Zeiten rar seien und man froh sein müsse, diese solitär präsentiert zu bekommen, zudem sei er Erzieher zu Roggow gewesen und habe im Neuen Buckow eine Gastpredigt in feinen Worten und schönen Bildern gehalten. Also zurechtgewiesen schlich sich die Wittib von dannen.

Liskow schrieb über die Gaarzer Zustände während seiner ersten Zeit im neuen Amt: „Wie mir das Pfarrhaus angewiesen, da war solches nicht allein wüst und schlecht anzusehen, sondern von des seligen Herrn Wulfii Erben bei ihrem Abzug noch schlechter gemacht, indem so gar Nichts bei der Pfarre blieb, kein Brett auf dem Balken, kein Schleth auf der Hilden und habe sonsten Nichts empfangen als einen kleinen Tisch, eine Bettstelle, einen Backtrog und den kleinen Schlagtisch, so nicht in der Stuben fest angemacht ist."

Mit all dem Ungemach war Liskow schließlich fertig geworden, doch es gab noch eine viel schwerere Hürde zu nehmen, den Rittmeister Graf Blume.

Der Sturm blies unbändig vom Haff herüber, als Liskow sich den Chorrock umhing und statt in die Kirche zu gehen, den Weg nach dem Gaarzer Hof einschlug. Als er dort angekommen war, vermuteten die Kriegsknechte anfangs, einen Ritter im Chorrock vor sich zu haben. Als sie ihn aber erkannten, grinsten sie. Der Kornett stellte sich gar lümmelnd in den Weg und fragte höhnisch nach dem Begehr, denn bisher hatte es zu seinem besonderen Pläsier gehört, dem Vorgänger Liskows Stroh und Sparren vom Dach reißen zu lassen.

Kurz und unmißverständlich forderte Liskow Eintritt, worauf ihn der Kornett mit einer Mischung von Staunen und Unsicherheit passieren ließ.

Kornett und Knechte lauschten, doch hörten sie weder des Rittmeisters polterndes Fluchen, noch kam der Pastor mit fliegendem Rock wieder heraus. Bis in die späte Nacht blieben der Rittmeister und sein Gast zusammen, dann kehrte Liskow mit dem Versprechen heim, daß dem Kirchspiel fortan kein Haar mehr gekrümmt werden solle. Niemand aber hat jemals erfahren, welcher Art das Gespräch dort drinnen gewesen ist. Die gute Nachricht lief wie ein Lauffeuer durch die Dörfer am Haff. Die Gemeinde spürte bald, daß sie bei Liskow in guten Händen war. Furchtlos, wie Liskow auf das Gut zu Blume gegangen war, setzte er sich für jeden ein, der hilflos Schutz bei ihm suchte.

Über dreißig Jahre nach dem mörderischen Kriege wirkte dieser Mann zum Wohle der Menschen, stellte er Sitte und Moral wieder her, sorgte er dafür, daß die verfallenen Katen instand gesetzt wurden, und hütete seine Gemeinde, bis sein Leben erfüllt war und mitten unter den Betreuten zur Ruhe kam. Noch heute hängt in der Kirche ein Bildnis von ihm, aus dessen Rahmen er mit prächtigen, klugen Augen herausschaut, und man sieht es ihm an, daß er weder wich noch wankte.

Mit Liskows Tode erlosch der Klang seines Namens nicht, denn der in Wittenburg 1701 geborene Satiriker Christian Ludwig Liskow ist sein Enkel. In geschliffener Sprache und mit scharfem Geist, einem Lessing gleich, wies er

manchen Skribenten durch lachende Wahrheit zurecht, und die frömmelnden Verfechter einer entarteten Orthodoxie hatten das Nachsehen.
Der um die Mitte des vorigen Jahrhunderts lebende Historiker Ernst Boll urteilte über diesen Enkel: „Liskow ist der bedeutendste Satiriker, welchen Deutschland bis jetzt hervorgebracht hat. Seine Schreibart ist rein, gewandt und keck, sein Witz schlagend ... Liskow ist jedenfalls ein Mann gewesen, auf welchen Mecklenburg ein Recht hat, stolz zu sein, und welcher von seinen Landsleuten weit mehr gekannt zu werden verdient, als dies bisher der Fall gewesen ist.“

Zwischen Liebesschlucht und Hellbach

Nach weiter Wanderung durch alte und neue Zeiten wenden wir uns wieder der Gegenwart zu, um mit einer Küstenwanderung Abschied vom Land zwischen Strom und Haff zu nehmen. Auf dem Steilufer bei Rerik verläuft ein gewundener, buschüberwachsener Pfad, so lauschig und schön, daß man gern stehenbleibt, um das kleine Wunderwerk zu betrachten und zu genießen. Die Natur schuf es selbst. In nimmermüdem Wehen und Stürmen hat der Westwind die Zweige der zerzausten, knorrigen Bäumchen so lange gebeugt, bis sie über dem Pfad ein gewölbtes Dach bildeten. Während auf der einen Seite ein kleiner Wald dem Zerren des Sturmes verwegen trotzt, stürzt sich auf der andern die Bruchwand der Grundmoräne steil in die See. Tief unten säumt ein schmaler Strand den buschbewachsenen Hang. Riesige Felsen, einst von den Gletschern aus Skandinavien entführt, liegen verstreut umher. Einer hat einen solchen Umfang, daß sein Gewicht kaum zu schätzen ist. Eine Sturmflut riß ihn aus der Wand, und der Volksmund gab ihm den Namen Elefantenstein. Es ist nur ein Drittel von ihm zu sehen, zwei Drittel sind vom Treibsand verdeckt.

Unvermutet wird das Steilufer durch die Liebesschlucht unterbrochen, die sich tief bis zum Strand hindurchgräbt. Still und schön ist es dort. Zu Füßen leuchtet die See, deren Wellen über den gelben Sand spülen, im zerzausten Wäldchen flötet eine Amsel, und durch den Strandhafer weht sanft der Wind. Über allem wölbt sich ein hoher, klarblauer Himmel . Selbst wenn starke Stürme von Dänemark her über die aufgewühlte See brausen, der Himmel sich verdüstert und die Wogen schäumend bis ans Steilufer jagen, bleibt dieses Fleckchen Erde geschützt und voll stiller Reize. Die Überlieferung will wissen, daß sich ein Reriker diese Schlucht aussuchte, um sich dort mit seinen Liebschaften zu treffen, und so ist dann ihr romantischer Name entstanden.

Weiter läuft der Pfad am Steilufer entlang auf die Windmühle von Meschendorf zu. Zur rechten Hand steht hoch auf einem Hügel der Bastorfer Leuchtturm. Buschumwachsen liegt nicht fern von der See ein Hünengrab, und

bei Meschendorf findet sich der hohe Ilexbestand, eine Stechpalme unter Naturschutz. Würde nicht der Rückweg zu bedenken sein und der Wanderer nur der Nase nach laufen, so wäre bald Kühlungsborn erreicht.
Auch in die entgegengesetzte Richtung lohnt es sich, den Schritt zu lenken. Rechts vom Deichweg liegt das weite Haff. Es ist eine ertrunkene Landschaft. Vor der Litorinaüberflutung, also vor gut 7 000 Jahren, lag dort fruchtbares Land.
Das Haff wurde vor dem 2. Weltkrieg ausgebaggert, und mit der gewonnenen Erde ist der Strand aufgeworfen worden. Gras und Pappeln halten jetzt das einst lose Baggergut fest und bilden gemeinsam einen guten Schutz gegen Hochwasser. Das ausgebreitete Seegras riecht würzig wie eine duftende Apfelkammer. Die grasähnliche Pflanze mit den langen, schmalen Blättern wächst auf dem Meeresboden und wird, nachdem sie reif geworden ist, an den Strand gespült. Die Fischer wenden das Gras so lange, bis es trocken geworden ist, um es dann als Polstermaterial zu verkaufen. An Stangen wehen die zum Trocknen aufgehängten Schlepp- und Treibnetze. Enten und Gänse putzen ihr Gefieder, Fischer staken im Beiboot zur Jolle hinüber, und bald bläht sich das rostbraune Spreitsegel im Wind. Sie fahren hinaus, um am Kieler Ort die Reusen aufzunehmen. Weit draußen, bei Langenwerder vor Poel, segelt ein Zeesenboot, das bei dem schwachen Wind alle Segel gesetzt hat und schwer an dem Netz schleppt. Es ist nicht verwunderlich, daß die Bauern im Mittelalter dieses stille Haff ausnutzten, um von dort ihr Getreide in flachen Booten zu verschiffen. Alt Gaarz wurde bald ein bekannter Klipphafen; so nannten die Städter alle Häfen, die kein Stadtrecht hatten. Die Handelsherren in Wismar aber waren mit dem Treiben am Salzhaff gar nicht einverstanden. Mit dem Recht des Stärkeren beanspruchten sie, daß alle Erzeugnisse, sei es Bauholz, Korn oder Fisch, ihrem Markt zugeleitet werden sollten. Sie setzten auch die Preise so niedrig wie möglich fest, um sie in fernen Landen so

hoch wie möglich schrauben zu können. Brutal drosselten sie jeden Versuch einer Klippschiffahrt, und so kam das Vorhaben der Bauern in Alt Gaarz genauso zum Erliegen wie an der Gollnitz auf Poel und in Boltenhagen im Klützer Winkel.

Es gab keine Macht, die den reichen Kaufleuten Einhalt gebieten konnte. Selbst die Fürsten waren nicht dazu in der Lage. Die Zeit der Klipphäfen ist längst vorbei, und es ist wieder still und friedlich am Haff. Hinter den Feldern liegt Roggow, dessen erster Hof nach slawischer Art in einer Wiese angelegt wurde und dessen Wallanlage noch heute zu erkennen ist. Hinter dem Dorf führt eine Brücke ans andere Ufer des Hellbaches, und der Weg geht dann weiter nach Buschmühlen. Dort stand im Mittelalter schon eine Wassermühle, deren Besitzer Busse hieß, und nach dem der Ort in geringer Abwandlung seinen Namen erhalten hat.

Um den in vielen Windungen fließenden Hellbach liegt ein anmutiges Wiesental. Der Name des Baches ist nicht etwa auf besonders helles Wasser zurückzuführen, sondern er weist auf die in die Landschaft eingeschnittene Niederung hin, denn Hell bedeutet Abhang.

Der Bach ist nur klein und schmal, und er vermag es nicht, das Wasser des Salzhaffs wesentlich aufzusüßen, da die Abschnürung von der offenen See noch zu unvollkommen ist. In der Regel wird unter einem Haff eine vom Meer fast abgeschlossene Bucht verstanden, deren Wasser mehr dem eines Binnensees entspricht, also süß oder brackig ist. Beim Salzhaff ist das so gut wie nicht der Fall, daher wahrscheinlich der Name.

Wenn der Winter das Regiment übernimmt und das Haff langsam zufriert, sammeln sich an der Mündung die Wasservögel, darunter Scharen von Stockenten und viele Gäste aus dem Norden Europas. Unter ihnen fällt besonders die Pfeifente auf. Sie ist kenntlich an ihrer weißleuchtenden Unterseite, die sie gern flügelschlagend heraushebt.

Gelegentlich holt sich dort auf seiner Flugstreife wohl auch

der Seeadler seine Beute. Vor hundert Jahren kreiste über dieser Küstenlandschaft noch der Steinadler. Heute überfliegen nur um die Winterzeit während ihrer Südreise Steinadler aus Skandinavien das Haff, auch der Uhu gehört zu den Durchzüglern.

Weiter westwärts hinter dem Breitling glühen im Abendsonnenschein die roten Ziegeltürme Wismars, und wie ein Filigranwerk steht die Kabelkrananlage der Werft gegen den Himmel.

Inhaltsverzeichnis